小学高段交际活动作文研究与课例

张化万　杨　柳　编著

上海教育出版社
SHANGHAI EDUCATIONAL
PUBLISHING HOUSE

图书在版编目（CIP）数据

小学高段交际活动作文研究与课例 / 张化万，杨柳编著. — 上海：上海教育出版社，2021.11 (2022.2重印)
（新体系作文丛书）
ISBN 978-7-5720-0946-4

Ⅰ. ①小… Ⅱ. ①张… ②杨… Ⅲ. ①作文课—教学研究—小学 Ⅳ. ①G623.242

中国版本图书馆CIP数据核字(2021)第212129号

责任编辑　饶晓敏　方　晨
封面设计　陆　弦

新体系作文丛书
小学高段交际活动作文研究与课例
张化万　杨　柳　编著

出版发行　上海教育出版社有限公司
官　　网　www.seph.com.cn
地　　址　上海市闵行区号景路159弄C座
邮　　编　201101
印　　刷　昆山市亭林印刷有限责任公司
开　　本　700×1000　1/16　印张 16.5
字　　数　238 千字
版　　次　2021年11月第1版
印　　次　2022年2月第2次印刷
书　　号　ISBN 978-7-5720-0946-4/G·0751
定　　价　55.00 元

序　言

吴立岗

放在我案头的是著名特级教师张化万和杨柳老师的专著《小学高段交际活动作文研究与课例》，他们嘱我写序言，我惶恐万分。

张化万是我几十年的挚友，也是我在小学习作教学研究领域的亲密战友。他是浙江省小学语文教学改革当之无愧的领头人。1982 年，他在杭州天长小学创设“玩玩写写”课。语文教育专家周一贯说：“‘玩玩写写’作文教学思想对小学语文教学影响深远。”“玩”是儿童生活的主题，它不仅仅是作文的题材，也是应当追求的作文境界。把“写作文”变成了“玩作文”之时，才是小学作文教改的成功之日。2001 年，《义务教育语文课程标准（实验稿）》刚刚颁布。由张化万任领衔主编，沈大安、王燕骅、杨明明、王崧舟、曹晓红、盛新凤、王莺、虞大明等一大批小学语文特级教师共同制作了一套《基础教育课程改革小学语文资源库》，为全国提供了浙江省小语改革实践的宝贵经验，由中国教育电视台《名师讲坛》播放，引起了广泛好评。2002 年，张化万主编的《现代小学写话与习作教学》被教育部师范司审定通过，作为全国教师教育教材。

诚如语文教育专家朱作仁教授所评价的：“张化万老师在小学语文教学改革上硕果累累，令人瞩目。”特级教师王崧舟认为：“张化万老师主张‘关注人性本真，发展儿童语言’的作文教学，倡导‘激发交往动机，走向目标完成’的作文教学，主张想尽一切方法，提倡学生用学会的作文本领去干预班级、学校、家庭和生活，主张培养兴趣习惯，促进一生发展的作文教学。”

我认为，张化万和杨柳的专著《小学高段交际活动作文研究与课例》基于极为丰富的习作教学经验，同时努力学习世界上先进的作文教学理论，并紧密结合统编教材高段习作的实际，将交际活动作文的理念贯穿在课堂教学的指导策略和组织形式中，具有很强的实用性和可操作性。

本书的第一个特点是理论基础厚实。张化万老师与我、杨文华、张秀丽、施民贵等老师经过反复认真的讨论，十分认同苏联心理学家维果茨基等创立的活动心理学理论，该理论是研究作文教学的基础理论之一。活动心理学理论认为，语文不是一般的工具，而是社会交际的工具。发展小学生语言的交际功能是作文教学的首要任务，也是激发学生作文兴趣的重要保证。小学生语言功能包括概括交流信息、自我表现、根据不同对象施加影响、自我教育、创造新信息等，但这个发展是有年龄特点的，它取决于小学生每个学段的生活(即主导活动)，例如小学低段的学习入门和游戏活动，小学中段比较系统的学习活动，小学高段的人际交往活动。只有根据小学生主导活动和语言交际功能发展的年龄特点来确定习作教学的内容，学生才能言之有情，言之有物。

语言是交际和概括的统一，而思维则是概括的手段。张化万老师和我也十分认同著名心理学家皮亚杰的认知发展阶段理论，这也是研究作文教学的基础理论之一。按照该理论的精神，我们认为，在小学低段，学生想象处于思维的敏感期，要着重进行童话体习作的书面训练，培养学生有意识地重视表象的能力，包括在头脑中有目的地产生表象，确定表象之间的联系和积极地变换表象的结构，以发展想象的流畅性、变通性和独创性。在小学中段，学生观察处于思维的敏感期，要着重进行素描作文的训练，培养学生形成典型表象的能力，包括帮助学生获得丰富而鲜明的感性表象，从五光十色的表象中“筛选”出典型的表象，并让他们通过想象生动地表现典型表象，以发展学生观察的目的性、条理性和独创性。在小学高段，学生从具体形象思维为主向抽象思维为主过渡，要继续进行各种实用作文训练，包括写内容丰富的记叙文、简短的笔记，学习运用抒情、说明、议论等多种表达方式，以通过概念、判断和推理形式，培养思维的深刻性、灵活性、批判性和独创性。

本书的第二个特点是理论密切联系实际，用交际活动的理论去分析小学语文统编教材高段习作教学的基本特点，建构和完善小学高段交际作文的教学组织形式。张化万老师在专著中着重分析了统编教材习作教材的七大特点，即习作能力训练序列清晰，重视交际语境的创造，创设习作单元新结构，应用文强化交际运用，想象作文重思维发展，习作目标指向更明确，习作表述方式多样化。张化万老师尤其重视落实统编教材习作教学的新重点，即追求语言表达能力、教育价值与课堂教学取向的三者统一。统编教材加大了语言表达，特别是书面表达在教科书内容中的比重，希望达到阅读理解和语言表达内容上的均衡。为体现语文“综合性、实践性”的学科特点，统编教材努力设计适合小学生校园生活、家庭生活和社区生活的写话和习作的活动话题，以真实的写话与习作教学，激活学生的表达需求，在表达前、表达中唤起认知体验，努力把静态的、陈述性的写作知识，在动态习作实践活动中，在友好的、动态的师生、生生交互中，融入习作的程序性知识、策略性知识。只有这样，习作的交际运用过程，才得以让知识内化成学生的一种能力，让学生积累语言表达经验，逐步提升语文核心素养。张老师强调以学生语言交际功能为核心，推进真实的习作教学，重视交际意识和交际习惯的培养。

本书的第三个特点是运用小学高段统编教材习作教学的设计实例，具体科学地展示高段交际习作的教学组织，以提供参考和示范。本书提供了 8 个统编教材五年级交际习作教学的设计实例和 7 个统编教材六年级交际习作教学的设计实例，共计 15 个。这些实例图文并茂地展示了在小学高段交际活动作文教学中，有哪些语境要素与作文样态，如何创设适合学生和课程的交际活动语境，如何实施友好互动具体的习作教学指导，如何落实教学过程中交际活动的动态指导，如何搭建学生交际活动作文应用的四大平台（自我应用平台，学校应用平台，家庭应用平台，社会应用平台）。

我花了好几天时间，认真拜读了张化万和杨柳的专著《小学高段交际活动作文研究与课例》，并写下以上文字作为学习体会。我认为这本专著符合《义务教育语文课程标准(2011年版)》和小学语文统编教材编写精神，富有科学性、可操作性和前瞻性，值得小学高段语文教师学习参考。最后谨向张化万老师、杨柳老师以及其他合作伙伴们表达敬意，并道一声“你们辛苦了”。

(上海师范大学研究员)

目　录

第一章

小学交际活动作文的内涵与价值

第一节 小学交际活动作文的内涵

小学交际活动作文是什么？小学交际活动作文不是一家之言，它基于传统的作文教学宝贵经验之上，是在吴立岗作文教学思想引领下的全国优秀教师的群体创新，是一个不断发展完善的作文教学新体系。交际活动作文的灵魂即如吴立岗先生所言："小学作文训练是个复杂的大系统，其中起决定作用的主系统，是学生语言交际功能发展的系统。"除了交际功能发展这个主系统，作文训练还包括三个子系统：一是语言文字技能训练系统，即老师们熟悉的字、词、句、段、篇的运用，遣词造句、布局谋篇、修辞语法等；二是一般心理能力系统，特别是思维能力训练，它说明应根据学生的一般发展水平来确定相应的训练形式；三是思想内容积蓄训练系统，它说明应根据学生各阶段的主导活动确定相应的作文内容（吴立岗，《吴立岗作文教学研究论集》，上海教育出版社，2018 年 1 月）。

小学交际活动作文将发展学生的语言交际功能列为作文教学的首要任务，千方百计鼓励学生以课堂内外真实或模拟的交际活动为语境，以学生的主动参与、主动探索、主动思考、主动实践为主要手段，让学生在体验生活、学习生活、表达生活、创造生活的"自我、家庭、校园和社会"四大交际平台中，获得和提升对生活的感受与认识，发展思维，从而使习作成为学生主动倾吐情感、完善语文技能、学习个性化表达、融入社会生活、提升多方面能力的一个成长过程。交际活动作文是符合习作本质意义、习作教学基本规律、儿童认知规律、语言学习规律的习作教学观与可以操作的教学范式。

习作是儿童生活的一部分。习作的本质是学生与自己的内心、与周围人们互动的一种交际活动。交际活动作文敬畏语文教学规律和儿童认知规律。教授作文时，要让学生明白，习作是来自真实生活的体验感悟，而不仅仅是遣词造句、谋篇布局的技能。习作是学生同自己和世界的"对话"，是对言语生命的积极建构。

交际活动作文是儿童生活的一部分。儿童生活中有酸甜苦辣，小学生的作文不应当只反映学生的苦恼。小学生作文不是文学创作，而是习作，是交际活动。著名小学语文教育家杨再隋先生说过："作文教学不是简单的语言文字的组合、排列，不只是要求学生吟风弄月、描山绘水，自我欣赏或供人欣赏，还要求学生运用语言这个工具去反映世界、认识世界，从而改造世界。""要让学生真切感受到作文不仅仅是欣赏品味的'玩具'，而是随着社会生活的变化而变化，一切服从表达的需要、交流的需要。"（杨再隋，《小学语文教育求索集》，学苑出版社，1999 年 10 月）

以学生的语言交际功能为核心，推进交际活动作文教学，重视交际意识和交际习惯在作文教学中的培养和运用，应当是习作教学的当务之急。作文教学是立体综合的系统。脱离习作交际活动的本质，想当然地编设一个所谓的环环相扣、首尾相连的语言文字表达的"科学训练序列"，犹如画饼充饥。

要顺利地进行小学高段交际活动作文教学，需要完善我们对习作教学的认识。

（一）高段交际活动作文必须以学生的交际活动为核心

书面语言是人类交际活动的工具，只有在交际活动中才能体现出价值和意义。书面语言又是人类交际活动的产物，也只有在人类交际活动中才能形成并发挥作用。无论是写给自己看（跟内心交流），还是写给他人看（与他人对话），所有的写作都是为了满足某种交际需要而开展的。因此，作文教学必须密切结合学生交际活动实践，以学生的交际活动为背景，引发交际需要，激发交际动机，指导学生交际实践，并最终为学生交际实践服务。

进入小学高年级，学生除了系统地学习书本知识外，还要积极参加各种课内和校外社会实践活动，交际已超出家庭和学校的范围，人际交往逐渐成为他们的主导活动。活动中，学生要学习更直接、感性地认识社会，同时要学习用社会要求的思想、道德来处理人际关系。高段主要发展学生根据不同对象施加影响和自我教育的语言能力。高年级学生进入少年期，人际交往开始成为他们的主导活动，他们的自我意识也迅速增强。此阶段的学习应与学生的智力发展和心理发展相适应。

吴立岗先生主张：培养学生的语言交际功能不只限于写日记、书信、建议、便条等应用文，记事、写人、状物、写景，甚至读后感等，均可培育学生言语交际能力。因此，高年级交际活动作文不应只限于应用文，而是要涵盖整个习作体系。只要创设交际语境，搭建满足学生交往表达需求的渠道和平台，交际活动功能就能实现。历届“新体系作文教学大赛”的作文课，不论是试写电影宣传海报，或借助绘本学介绍、做绘本，还是让人物“动”起来，甚至描写“舌尖上的美食”等原本归类状物的习作，都努力创设交际语境满足学生交际活动表达的需要。离开了具体的交际活动，高段作文教学就容易沦为盲目的写作技能训练，从而失去了交际意义。

（二）高段交际活动作文是儿童的言语生命，也是规范的“语篇”

交际活动作文主张习作从写话开始都是“语篇”训练，而不只是“句子”训练。老师常以为写话只是造句训练，和孩子的情感没有关系，以为学生一两句的心情日记、简单的梦幻式童话不过是信手涂鸦。但在交际功能写作教学观下，这都是学生童心、童真、童言的表达，是简单的“语篇”。例如获得“冰心文学奖”一等奖的一年级小朋友郦思哲写的一篇日记：“前段时间妈妈去杭州学习，去了好长时间，可能有一个月吧。今天妈妈终于从杭州回来了，我非常高兴，因为妈妈的怀抱很温暖，因为妈妈回来会给爸爸过生日，因为妈妈在家里会给我读书……妈妈不在家的时候，我很想她。想妈妈的感觉就是一种想哭的感觉。”读起来是不是特别好，特别感人？儿童在意义表达中是能体会到写作的价值的。尽管他们的表达不够完整、不够清楚、不够具体，但反映了儿童完整的语言生命需求，与单纯的用词写句显然不是一个等级。小学生的交际活动作文教学像“滚雪球”，随着学生年龄的增长、言语能力的提高，“雪球”由小到大，由简到丰，由蓬松到结实，而“雪球”的内核——饱含童心、童真的言语生命却是不变的。

进入高年级，学生的抽象概念思维开始成为思维的主要形式，我们要通过思维训练培养学生归纳推理和演绎推理的技能。所谓抽象概念思维，就是使用概念，通过判断、推理等思维形式达到对事物本质特征和联系的认识。活动心理学认为能够完整地体现语言的社会交际功能的只能是成篇的文章。要让高年级交际活动作文遵循“由动机指向目的”的心理学规律，激发学生的表达动机，使其明确“为什么写”“写了用来干什么”，形成强烈的写作动机，然后在交际活动中，运用已经或将要习得的比较系统的篇章结构知识，让学生学会写整篇文章。

（三）高段交际活动作文要全程培养学生的语言交际功能

写作是交际活动作文的中间环节，而不是交际活动作文的全部。交际活动作文理论认为，小学生作文从产生交际需要、引发交际动机、选择交际素材、完成交际构想，到完成文章写作、应用于交际实践、评估交际效果、总结交际得失，是一个完整的交际活动流程。

写作是重要的中间环节。学生要写出真情实感，感受作文的价值和意义，教师必须将作文教学置于交际情境中，让学生“为用而写”“有所为而作”。教师要努力营造适合学生的交际活动情境，让学生在交际语境中习作。作文是只给老师看，还是写给特定的“读者”、不同的交际对象，效果大不一样。

美国“超级营地”创始人爱立克·詹森认为，影响学习的两个核心因素是状态和策略。“状态好”是指课堂呈现最佳的学习氛围和学生拥有积极的学习心态。学生心中有“人”，写作方能主动真实，积极而流畅，就能在交际表达中提升“语力”。在特级教师李文执教的五年级作文课《与父母沟通》的课堂上，学生的状态特别活跃，因为有真实的交际动机——为了与爸爸妈妈交流，写作状况就大不一样。这证明“状态大于方法”。“策略佳”告诉我们教学要符合习作规律和儿童认知规律。交际活动作文教学是全程的。要创设交际活动的语境，激活写作动力，还要把学生习作过程当作真实的交际活动过程，在师生、生生习作过程中完成友好的、动态的交际活动指导。张化万在兰州执教五年级作文课《办法总比困难多》时，习作试写后，有位小男孩急不可耐地跑到台前要求读自己的习作，可刚听到另一位同伴的交流，就悄悄请求老师：“让我下去吧！”随着交流的进行，他神情变得越来越急切和尴尬，反反复复嘟囔着。老师问他为什么，他不好意思地说：“我写的和他们比太差了，让我下去吧。”在善意的笑声中他“逃”回座位。在修改习作时，老师和他一起讨论修改，最后让他在全班朗读修改后的习作。全场师生热烈的掌声让他获得了交际活动成功的满足。

高段交际活动作文不以习作的完成为终点,终点是学生依托习作进行真实的交际应用活动,正如叶圣陶先生在《文章例话》中指出的:“生活就如泉源,文章犹如溪水,泉源丰盈而不枯竭,溪水自然活泼地流个不歇。……写文章不是生活上的一种点缀,一种装饰,而就是生活的本身。”

以往教师往往只关注写作本身的立意、选材、构思、表达等是否达到要求,而不考虑学生交际活动实际,更不将文章写后的运用放在心上。交际活动作文不能到批分就结束,它要满足学生交往需要,在真实或模拟的交际情境中用起来。

例如,寒暑假让学生写信,开学进行假期书信展,交流假期生活,分享同学书信;捡到或丢了东西,学写启事;亲友生日,制作贺卡送达;学校运动会,给学校广播台写稿;“三八节”、母亲节、父亲节、重阳节,给家长写信表达慰问、感谢。与家长交往是所有交往的起点,只有亲子交往,才能使父母成为儿童发展的积极力量。同伴交往在儿童的个性和智力发展上也有着特殊的作用。皮亚杰认为:儿童从自我中心解放出来的重要途径是与同伴发生交互作用。因为与同伴交往中,儿童才会把自己与别人的观点比较,从而认识有别;也正是与同伴交往中,才开始摆脱权威束缚,懂得相互尊重、协作。交际活动作文要想尽一切方法提倡用学会的作文本领去参与班级、学校、家庭和社会生活。

交际活动作文应用是多层次、多渠道、多形式的,可以鼓励学生在家庭、班级、学校、社会等四个不同层次的情境中尝试交际运用。例如:为爸爸、妈妈提供节日菜单,为爷爷、奶奶写问诊信;为师长、同学在电视台点播节目,为班级发通知、出板报稿;向校长提建议书,为学校艺术节、科技节、联欢会设计广告语和海报;为好交警、好医生、好事情写表扬稿并寄送到有关部门,为家乡的城市建设提建议,批评社会上乱用错别字现象,投诉违纪违法的事件……让所有学生都有张贴自己满意的作文的园地;让学有余力的学生以自己喜爱的方式编写各种各样的报纸,录制个人的语文学习视频,编辑自己的优秀作品集;帮助和鼓励学生参加作文大赛、投寄作品等;指导学生为班级或学校的活动课程撰写报告……一句话,让不同层面的学生找到适合自己交际活动的应用方式。只要是有助于学生语言的实际应用的一切可能的办法、形式、机会,我们都没有理由放弃。

现存交际活动作文教学的成功案例和今后我国作文教学的发展,都将证明吴立岗先生的“交际活动作文”是有效的作文教学范式之一。

第二节　小学交际活动作文的由来

(一) 小学交际活动作文的发端

改革开放以后,我国作文教学实践与理论研究迎来了蓬勃发展的新时期。

张田若、朱作人、吴立岗、李海林、荣维东、董小玉、潘新和、魏小娜、郑桂华、董蓓菲、叶黎明等是理论研究的代表人物。他们从写作功能、写作心理、写作原理、写作动力、写作运思、写作文化、写作主客体等多个侧面开展了深入研究,揭示了写作与写作教学的规律。专家们一致强调写作的读者意识、文体意识、目的意识、语体意识,从不同方面提出对写作交际功能的关注。特别是吴立岗先生的《小学作文教学论》,对小学作文教学涉及的各个方面作出了全面、系统、深入而又符合当时中国小学作文教学实际的写作交际功能的理论探讨。近年荣维东教授出版的《交际语境写作》一书,系统地阐述了交际语境写作的理论和实施路径,对我国写作教学研究作出了重要新贡献。专家们的研究为小学交际活动作文发展奠定了坚实的理论基础。

20 世纪 80 年代初期,我国涌现出一大批有影响力的习作教学实验:山东李昌斌、马兆铭等主持的习作分步训练,东北农垦系统进行的习作分格训练,北京刘曼华主持的习作“先放后收”训练,广东丁有宽主持的“读写结合”训练,江苏李吉林的“情境作文实验”,徐州于永正的“言语交际表达实验”,浙江张化万的“游戏作文、科学实验作文、活动作文”等,都在国内产生了广泛的影响。

《语文课程标准(实验稿)》发布后,小学作文教学实验与研究呈现百花齐放、百家争鸣的大好形势。上海徐家良、徐鹄“生活中的作文”的教学实验，江苏吴江薛法根、管建刚“用自己的话写自己的事”的教学实验，浙江杭州蒋军晶的“作文九问”有效习作、张祖庆的“创意作文”，浙江奉化张晨瑛的基于能力的习作教学研究，浙江杭州施民贵的“童话体作文”，江苏南京吴勇的“童化作文”，广东深圳张云鹰的“开放式作文”，福建安溪李冰霖的“自由习作”……所有的实践探索都注重发展小学生的语言交际功能，激发习作内在动机，使小学生作文变无病呻吟为因需而作。这些作文教学实验一方面继续强调作文要“言之有序”，另一方面又提出习作要“言之有物”，即习作教学既要培养学生用词造句、布局谋篇的能力，还要培养学生观察事物、分析事物的能力。

20 世纪众多小学作文教学实验中，吴立岗和贾志敏合作进行的“素描作文”实验颇有影响。吴立岗借用美术教育中的“素描”概念，将苏联的“描写文”训练改造成我国小学中年级习作训练体系——小学作文素描教学体系，并根据系统论“组合质变”的原理，从学生智力活动、作文内容层次、语言表达形式几个方面，对素描作文进行了纵向、横向的研究，把三条线综合成小学中年级最优化的作文训练序列。“素描作文”强调创设具体生动的生活情境，在情境中学习观察、描写，有利于学生兴趣、动机的激发，为小学交际活动作文理论体系的形成奠定了第一块基石。

（二）浙江小语改革团队的实践历程

李吉林创立的“情境教育”让儿童在生活情境中写作文，代表性课例有《和大画家范曾见面》《写借条》等；于永正进行的“言语交际表达训练”代表性课例有《转述通知》等；吴立岗和贾志敏的“素描作文”实验风靡全国。这些作文改革实验让人眼前一亮。课堂上高涨的学生表达热情，高水平教师的引领，点燃了浙江小学语文教师习作改革的热情。

1982 年，张化万在杭州天长小学创设“玩玩说说”课。他认为教学适合学生时，学生会忘记课堂，忘记自己，不会感到学习的负担和艰辛。1984 年，这一实践探索变成文字报道，在“小语界”颇有影响的《教学月刊》第四期刊登。实验迅速被一线教师热议，他们模仿学习的热情一直不减。周一贯在《小学语文教师》2018 年第 3 期指出：“‘玩玩写写’作文教学思想，对小学语文教学影响深远。‘玩’是儿童生活的主题，它不仅应当是主要的作文题材，也是应该追求的作文境界。当把‘写作文’变成了‘玩作文’之时，才是小学作文教学的成功之日。理性的作文教学不应定格于书本世界而脱离儿童的生活世界、心灵世界。其实，游戏作文、交际作文等都是面向儿童真实生活的作文观，它可以真正唤醒儿童的生活体验。一个‘玩’字蕴含的是儿童生命成长的需求、渴望和期待，是所有学习活动的成功之道。在今天乃至未来，‘玩玩写写’‘玩玩读读’的教学思想必将随着时间的推延越发显示出它夺目的光彩。这也正是张化万老师对我国小学语文教育作出的突出贡献！”

1986年，张化万撰写的《小学作文教学最优化》一文，被多家刊物发表转载。在西安召开的全国作文教学研讨会上，张化万执教的“科学实验作文”《烧不破的手帕》获《人民教育》等十几家杂志组织的教学设计评选一等奖，教学光盘正式发行。浙江省小学语文教材编写组还将此教学设计编入高年级习作教材之中。1993年，张化万的作文教学实验课例《吹鸡毛》《乒乓打架》《抓住题眼叙述具体》被收录到《张化万小学作文教学专辑》，由山西电教馆制作，作为赠送联合国儿童基金会的礼物和国家教委电教司远程继续教育教材。1996年10月，汇集16年实践研究成果的《张化万作文教学》录像课由山西教育音像出版社、中国教育电视台《名师讲坛》节目组拍摄并多次播放。

《义务教育语文课程标准(实验稿)》发布后，张化万和沈大安、王燕骅、杨明明、王崧舟、曹晓红、盛新凤、王莺、虞大明等一大批浙江小学语文名师制作了一套《基础教育课程改革小学语文资源库》(张化万任主编)，为全国提供了浙江小学语文课程改革的实践与思考，由中国教育电视台《名师讲坛》播放。汪潮教授认为，张化万提出了建立开放性作文教学体系的基本思路:1.作文教学要向学生的家庭和社区开放，充分利用家庭、社区、家乡的自然资源和人文资源，努力实现作文教学的生活化。2.作文教学要向学校各科教学开放。作文教学不能囿于作文本身，而应该与学校的其他学科教学联系起来，相互渗透，形成一个和谐的教学整体；加强沟通，充分利用学科差异资源；主动向各科开放，相辅相成。他赞同张化万老师的创新：向数学课开放，编写游览预算计划书；向音乐课开放，编写儿童歌词；向现代信息技术开放，利用电脑写作；向劳技课开放，为家庭设计节日菜单及制作说明；向综合性学习开放，写专题研究报告。3.作文教学向研究性活动开放。把作文教学与培养学生的实践能力、创新精神联系起来。4.作文教学向教育“全域”开放。把作文教学放在全局、全过程、全领域的教育背景下。小学生是语言文字的学习者，也是语言文字的应用者，教师必须引导学生将学会的作文本领去实践应用，绝不能只在作文本上写家信，在试卷中发通知、写启事。要让作文本领尽一切可能，在尽可能大的范围里，尽可能丰富的层面上得到实际应用或模拟应用。只有充分的实践运用才能激发小学生学习作文的积极性、写作的社会责任感和创造精神，提高他们的作文能力和全面素质。

21世纪初，张化万在“全国‘小语会’习作教学研讨会”上执教《摔不破的鸡蛋》，创设适合儿童的交际活动情境，在实验探索和成果交流的过程中，激活学生的探索欲和表达欲，让学生开动脑筋寻找鸡蛋从四楼窗口掉下去而蛋壳不破的办法，给学生留下广阔的探究路径和充分的个性化表达空间。一时间，各地教师纷纷仿效，习作课、科学课上纷纷开展“摔鸡蛋”的实验。

2002年，张化万主编《现代小学写话与习作教学》，由教育部师范司审定通过作为全国教师教育教材。张化万提出：“把生活与作文结合起来。”生活作文是学生“把家园、校园及村坊街市和社区活动中的感悟和体验，成长的欢乐和苦涩，向往和梦幻，用自己的语言，充满激情地真实自然地记录、倾吐和交际的过程。这样的生活作文应当是学生真实生命的组成部分”。他认为，学校是小学生生活的第一场景。第一，学习是生命成长的重要方式，学校就是学生每天成长的主要生活场地。第二，首先是学习生活，然后才是获取素材。作文教学要关注学生玩乐、学习等全部生活过程，引导学生从中感悟生活、体验生活意义，并形成积极健康的情感、态度和价值观。第三，习作不仅记录生活，还应当引导学生用手中之笔积极介入社会生活，学做主人，提高生活质量。应用作文适宜于所有的应用性的写话和习作训练，如：通知、请假条、留言条、借条、书信、启事、电报、会议记录、贺卡、毕业赠言等，也适用于学校大型活动时的广告海报、科技节会徽设计说明、邀请书等。

2003 年，由浙江省教育厅和杭州市人民政府主办的西湖博览会名师名校长论坛“张化万阅读教学与习作教学研讨会”上，张化万执教高年级活动作文课《我发现 ……》。学生学习用筷子自制最简单的“天平”，称气球的重量；述说在水盆中扎猛子的感受，体会空气对人生存的重要性；吹足气球然后放飞，让彩色气球在空中飞窜，感受空气压缩后产生的动力……这样的活动符合儿童天性，学生充满激情，全身心地活动着。他们在探究活动中发现的不只是空气的性质，还发现了探究的快乐、活动交往的快乐、习作的快乐。张化万的学员王莺执教高年级习作课《心的建议》。学生选择在课外调查发现的问题，以小组合作的方式当堂撰写给杭州市相关部门的“建议信”，并通过互联网发送到杭州市人民政府网站。王崧舟指出：诚如全国著名语文教育专家朱作仁先生所评价的那样，张化万“39 年来，在小学语文教学改革上成果累累，令人瞩目”。“张先生主张‘关注人性本真，发展儿童语言’的作文教学；倡导‘激发交往动机，走向目标完成’的作文教学；主张想尽一切方法，提倡学生用学会的作文本领去干预班级、学校、家庭和社会生活，‘培养兴趣习惯，促进一生发展’的作文教学。”

2004 年，高等教育出版社出版张化万的《我的语文人生》(中国当代教育家丛书)。江苏孔凡成教授在专著《中国教育名家语境教学发展》第四章“张化万在虚拟语境中指导写作知识学习”中指出：“张化万的作文教学强调实践应用，充满着浓郁的语境教学精神。”孔凡成强调：“张化万认为实践应用的主要渠道有四条，即自我应用、家庭应用、学校应用和社会应用。”他赞同：“当我们的教学走向生活交际，当孩子们用天真稚嫩的笔触关注我们身边的生活和社会发展进程时，他们就会认识到写作是社会的需要，可以用自己学到的知识去认识社会，干预生活，为社会服务，感受到因生活的需要而习作的乐趣。习作要有真实的交际对象，做到语言得体，符合自身的身份。”他还对张化万《学写启事》和《制作导游卡》教学课例进行了评析，他指出：“教师用产生于真实背景中的问题启动学生思维，给学生提供比较丰富的各类学写资源和认知工具，从而将知识具体化、语境化，使知识的建构成为解决现实生活问题的需要，使知识的接受过程变成在特定的虚拟语境中的交际过程。”

2016 年，江苏凤凰教育出版社出版了《玩出精彩作文——张化万活动作文教学经典策略》一书。张化万认为：活动作文课堂的活动，源自学生真实的生活，但又区别于儿童自然状态下的活动。一旦进入课堂，它必定是根据课程标准和年级特定的习作教学要求及具体的学生实际，科学周到、精密设计的模拟的、浓缩的、精选的“活动”。小学活动作文教学应做到：1.提供活动背景，预热酝酿。2.制造多元冲突，开掘价值。“活动”的丰富内涵，像蕴藏宝玉的毛坯，不精心开掘显不出它的价值。要将学生的兴趣点、活动冲突点与习作训练点结合，三点尽可能重叠。善于抓住矛盾冲突，激发学生的探究欲望，开掘教学的价值。一让活动与认知相冲突，二让活动与情感相联系，三让活动与习作相匹配。3.重视感悟反思，提升认识。对“活动”的感悟反思，是促成学生把活动转化为有意义的生活经历的重要策略。活动作文教学的活动不是游戏，不只是追求学生浅层次的快乐，也不只是给习作提供表达的素材。活动作文教学的“活动”应促进学生身心全面和谐的发展。“活动”是为了建立表象，推动表达意象的完成，为学生个性的情感倾吐与语言表达提供支持；同时促进学生认知成熟，情感丰盈，人格成长；还让学生逐步学会观察与思考的方法，初步养成表达习惯，形成表达能力。“活动”是活动作文教学的核心内容。语文教育专家杨再隋先生指出：“小学活动作文是由若干动作链条组成的系统，无论是形之于外的言语活动（口头、书面），还是隐伏于内的智力操作（想象、思维），都是一种活动。直接以‘活动’为切入，将有利于探索小学作文教学的规律。”“张化万的小学活动作文教学有许多不同凡响之处，比较突出的有三点：一是拓宽了作文的视野。小学生作文不再局限于写哥哥妹妹、小猫小狗、花花草草，也不只是描写山水，吟风弄月，而是让学生通过作文去发现、探索，既学会了表达，又增长了智慧。二是小学生作文不只是反映生活的表层，随着年龄的增长，还要引导他们去亲历生活、干预生活。三是跟常规教学不同，师生之间不再壁垒分明，课内课外的分界也不再过分强调。课堂上常有欢笑声、感叹声、惋惜声，学生有时还会发出惊叫声。这样的课堂看起来有些越界出格、不合常规，但实践证明，正是这些看似不寻常的做法，使课堂分外活跃，学生格外快乐，思想更加开放，言语更为精彩。这不正是我们多年期盼的小学作文教学的新气象吗?”

张化万的作文教学改革探索是由全国劳动模范、小学教育改革家、天长小学老校长李承龙先生引领，由特级教师罗云仙、宋寿潮、沈大安、王燕骅、杨明明、王崧舟、曹晓虹、王莺、俞国娣、虞大明等一大批师长和青出于蓝而胜于蓝的年轻人帮着、推着前进的；是受到杜威的“生活即教育”，陶行知“解放儿童的思想”，巴班斯基的“教育最优化”理论，列昂杰夫的活动理论的召唤的；是得到朱作仁、杨再隋、吴立岗、刘力、汪潮、周一贯等国内一流专家教授点拨提携的。它受到浙江“敢为天下先”的勇气鼓舞和浙江小语民主自由争鸣的文化滋养；是理论与实践的交融促进了它。张化万是浙江交际活动作文实验研究的一员。小学交际活动作文教学思想历尽磨砺，终于汇集在一起，走向新的起点。

传统作文是师本作文，不是生本作文。过往是煞费苦心地寻找适合习作的儿童，而不是寻找适合儿童的习作。现在，重要的是要唤醒儿童对习作的需要，激活儿童习作表达的欲望、运用的意识，而不只是进行习作知识灌输，教授系统的写作技巧。

习作是儿童生命的一部分，是成长发展的记录和证明。只有全身心投入到习作中去，把习作当作一种学习生活，一种情感抒发，一种思想与语言的倾吐，这样才是生本习作，才会有勃勃的生机。而交际活动作文追求的就是这个目标。

（三）小学交际活动作文形成的标志

小学交际活动作文作为重要的作文教学流派，一个重要的时间点是2018年4月14日。那天，由上海浦东新区贾志敏教育进修学校主办、上海师范大学小学语文教学研究中心协办，得到《语文教学通讯》《小学语文教学》《小学语文教师》和《作文世界》多家刊物提供学术支持的“2018‘浦东之春’语文教学高峰论坛”举办。来自21个省、直辖市、自治区的600多位语文教育工作者齐聚一堂，共同研讨小学语文教学，主题就是“吴立岗作文教学思想暨小学交际活动作文体系专题研讨”。

论坛上，全国小学语文教学专业委员会原副理事长兼学术委员会主任吴立岗作了《构建小学交际活动作文新体系》的讲座，从交际需要是习作的动力，思维训练是习作的关键，生活经历是习作的源泉，表达能力是习作的目标，读写结合是习作的基础五个方面，分阶段、成系统、有针对性地为小学六个年级的习作教学提出了切实可行的内容、形式和方法。

全国小学作文教学研究会原副会长、浙江省特级教师协会副会长张化万在题为“吴立岗作文教学思想与作文教学改革”的发言中说，吴立岗醉心于小学作文研究，一方面认真学习国外教育学、心理学的最新研究成果，一方面着手总结我国作文教学的新鲜经验，20 世纪 80 年代就在上海几所小学开展作文教学的实验研究，几十年如一日，最终形成了丰硕的成果。吴立岗先生提出应“以儿童的语言交际功能发展为主线构建作文教学训练序列”，除了交际功能发展这个主系统，还要抓好三个子系统：一是语言文字技能训练系统，二是一般心理能力系统，三是思想内容积蓄系统。吴立岗先生“一主三辅”交际活动作文的思想是基于实践又高于实践的论断，对一线师生的习作生活，对我国作文教学的改革走向，具有重要的指导意义。它必将引领小学交际活动作文健康快速发展。

2018 年 8 月吴立岗主编的《小学生交际活动作文》(12 册)由上海教育出版社出版。2020 年 11 月，吴立岗与其学生杨文华合著的《小学交际活动作文理论与实践》由上海教育出版社出版。至此，小学交际活动作文实践与研究拉开了新的一幕。

第三节　小学交际活动作文的依据

(一) 课程标准是小学交际活动作文的根本依据

《义务教育语文课程标准(2011 年版)》是国家对义务教育阶段语文教育性质、目标的具体描述，具有法定的性质，是我们进行教育教学的根本依据。我们进行小学交际活动作文的研究与实践，不是心血来潮地想“标新立异”，而是依据教育部颁布的《义务教育语文课程标准》，对习作教学研究与实验作出的冷静、科学、有价值的探索。

《义务教育语文课程标准（2011 年版）》在前言明确提出：“语言文字是人类最重要的交际工具和信息载体，是人类文化的重要组成部分。”“语文课程致力于培养学生的语言文字运用能力，是一门学习语言文字运用的综合性、实践性课程。”要“在大量的语文实践中体会、把握运用语文的规律。同时应密切关注现代社会发展的需要。拓宽语文学习和运用的领域”。《义务教育语文课程标准（2011 年版）》强调“时代的进步要求人们具有开阔的视野、开放的心态、创新的思维，对人们的语言文字运用能力和文化选择能力提出了更高的要求，也给语文教育的发展提出了新的课题”。

依据“课标”的规定，交际活动作文教学研究必须开放、多维、创新。“开放”指小学作文教学向各学科、家庭和社会开放，形成开放的教学体系。观念开放，训练时空开放，不拘泥于语文学科，更不局限于每周作文课，课内外、校内外，时时处处都可进行作文训练。“多维”指习作不是进行单纯的文字技巧训练，而要提高学生整体素质。教师不应只关注少数尖子生，而是要让所有学生提高语言交际功能。作文教学正是提高学生整体语文素养的一种操练。从生命教育的角度看，学生是独立的人，他们要用作文去关注、参与、干预学校、家庭和社会生活，这也是多维教学的目标。而“创新”是指在交际活动作文实践中要培养学生的创新精神，因为他们是语言文字的学习者，也是语言文字的应用者。

《义务教育语文课程标准（2011 年版）》在“课程标准与内容”中再次强调第三学段学生要“懂得写作是为了自我表达和与人交流”，要“珍视个人的独特感受”，“能写简单的记实作文和想象作文，内容具体，感情真实。能根据内容表达的需要，分段表述。学写读书笔记，学写常见应用文”。在习作的“教学建议”中指出，“写作是运用语言文字进行表达和交流的重要方式，是认识世界、认识自我、创造性表述的过程”。写作教学的重要策略“应贴近学生实际，让学生易于动笔，乐于表达，应引导学生关注现实，热爱生活，积极向上，表达真情实感”。为更好地发挥习作语言的交际功能，在“注重评价主体的多元与互动”中指出“根据需要，可让学生家长、社区、专业人员等适当参与评价活动，争取社会对学生语文学习的更多关注和支持”。

教育的终极目的是立德树人。小学交际活动作文是给立德树人打基础，给学生成人成才涂抹底色的重要途径。它依据“课标”，让习作教学“贴近学生实际，让学生易于动笔，乐于表达”，“注重培养学生观察、思考、表达的创造的能力”。高段交际活动作文高度重视现代儿童认知水平的差异性和个性，关注真实性习作，设计适合小学生校园生活、家庭生活和社区生活的习作活动话题，让学生在真实或模拟的语境中写话与习作。以真实的交际活动激活学生的表达需求，在表达前、表达中认知体验，努力把静态的、陈述性的写作知识融入动态写话与习作教学的实践活动中。在具体的、动态的师生、生生的友好交往中，融入写作的程序性、策略性的知识，在习作后进行多种多样、丰富多彩的交际活动作文的评价与运用。交际活动作文的全程教学会让学生一方面获得表达需要的内容与情感，另一方面习得交际表达的言语经验，让知识内化为学生的语言交际功能，逐步提升语文核心素养。

（二）统编教材是交际活动作文内容、路径改革的基本依据

小学作文的主要任务是有顺序地发展学生语言的各种交际功能，例如自我调节、概括交流信息、自我表现、个别影响、自我教育、创造等功能。为此，统编教材开创了以习作能力发展为重点的习作单元体系，还将其他单元的精读课文、略读课文、口语交际、习作与语文园地，融合构建为语言表达能力培养的整体，尽可能联系学生已知的生活经验，做到读写融合，做到课后小练笔与单元习作要求相匹配。在语文园地“词句段运用”“初试身手”等栏目安排句群和段落的练习，把加强书面语言表达能力落实到每课、每单元设置的相关板块中。努力激活学生的交往动机，强化应用，让学生的作文用起来，在交往的过程中提高他们的语言实践运用能力和综合素质。

高段4册教材安排了29次习作，其中介绍说明2次，写信、写读后

感、写倡议书、写作品梗概、缩写故事和推荐一本书各1次，共有7次应用与实用文，占24.14%。高段还安排了以交际运用为主体的综合性学习2次。例如，五年级下册的《综合性学习：遨游汉字王国》，让学生“感受汉字的趣味，了解汉字文化，并为汉字的规范使用做一些力所能及的事情”。六年级下册的《综合性学习：难忘小学生活》，学生可以制作成长纪念册，设计毕业联欢活动策划书，给老师、同学，甚至20年后的自己写信，制作并赠送毕业赠言纪念卡等。

高段其他写人、记事、状物、写景的习作都鼓励学生树立“读者意识”，尝试交际运用。五年级上册第1单元《我的心爱之物》是状物记事习作，提示学生写好习作后“办一期习作专栏，贴上习作和图片，和同学分享”。六年级上册记事作文《________让生活更美好》要求：“写完后，开展一次‘共享美好生活’主题班会，共同分享各自的心得体会。”六年级上册第8单元写人习作《有你，真好》，提示学生“拿起笔，表达你真挚的情感吧！写的时候，可以假想这个‘你’就在眼前，你在用文字和他对话”“写完后读一读，看看是不是把事情写具体了，是不是融入了自己的情感。如果有可能，把这篇习作与文中的‘你’分享”。六年级下册第1单元记实作文《家乡的风俗》要求：“写好以后和同学分享，根据同学的意见进行修改、完善。如果有条件，可以将全班同学的习作集中在一起，编成一本民俗作品集。”六年级下册第4单元习作《心愿》提示：“你的心底埋藏着哪些心愿呢？选择你最想和别人交流的心愿，写下来。写之前想一想，选择什么材料能够更好地表达你的心愿，再根据想表达的内容，选择一种适合的方式进行表达，如记叙故事、写信或者写日记、创作诗歌……写好以后认真读一读，用修改符号修改不满意的地方，使语言更加通顺流畅，意思更加清楚明白。”就连六年级上册第1单元虚拟的想象作文《变形记》也重视交际活动，要求学生“写完后和同学交换习作，看看他们对你的世界是不是感兴趣，再根据他们的意见修改自己的习作”。

高段习作教材贯彻“语文课程标准”精神，强调习作的实践应用，作出系统性、结构性设计安排，这就是交际活动作文内容和路径创新的教材依据。

（三）国内外写作教学理论与活动心理学思想是小学交际活动作文重要的理论依据

1. 国内写作教学理论的启示

叶圣陶早就强调作文要“有所为而作”。他说：“我谓实际作文，皆有所为而发，如作书信，草报告，写总结，乃至因事陈其所见，对敌斥其谬妄，言各有的，辞不徒作。……而作文为社会生活中不可缺少之技能，非语文教师强加于学生之作！”“所谓善写，非为饰美，务切实用，工作所需，生活所需，咸能畅达，斯为善矣。”“心有所见，情有所动，而后有所撰写。”叶圣陶先生还说：“尽量运用语言文字并不是生活上一种奢侈的要求，实在是现代公民所必须具有的一种生活的能力。”“语言是一种工具。工具是用来达到某个目的的。工具不是目的。”语言是基础性工具，而工具只是手段，“目的”是为了每一个学生今天和今后的学习与生活。

吴立岗认为，交际活动作文的主系统是发展学生的语言交际功能的系统。副系统的内容一是语言文字技能训练；二是心理能力，尤其是思维能力训练系统；三是思想内容积累的系统。交际活动作文继承和发展了叶圣陶先生“有所为而作”的思想精髓，强调作文训练首先要密切联系生活需要，激发写作动机，明确写作的对象、目的，把作文的交际运用价值放在首位。同时，以作文的实际交际效果为依据，确定作文评改的标准要求，把作文评改与交际效果评价联系起来，遵循“从动机走向目的”的心理学规律，实现需要、动机、目的与作文技能训练的有机统一。

传统作文教学的一个致命问题是只把作文当作每周两节作文课的事，作文成了单纯的语言文字操练，甚至只是为了应试。教学的策略注重的是审题立意、选材组材、开头结尾等布局谋篇的技巧问题，关注的是学生遣词造句的本领，重心是语言文字的操练。很多教师把打分作为训练的终结，没有让学生在作文全过程中实践应用的意识。小学生最费力费时的学习活动，只在师生间做一对一的信息传输。不仅是简单的记叙文，就是实践性极强的应用文，也只是在作文本上“装模作样”地操练。如，写给亲人的信，亲人无法收到。因为写信只是为了完成作业。学生学习的结果，常常得到的是慢慢吞吞、模模糊糊的反馈。在片面功利的思想指导下,小学生很难感受习作成功的愉悦和习作的实际作用。

习作的本质是习作者与他人的一种书面交际活动。写作文不光是语言学习的需要,还是为了让儿童健康地、自然地宣泄感情,和别人沟通,向别人倾诉。教师必须让学生的作文有更多的读者来阅读、欣赏,让学生得到健康的情感满足。在交际应用中,应培养学生良好的交往习惯,提高学生应用祖国语言文字的意识和交往实践中的情感调节能力、自控能力,让学生获得成功的心理体验,懂得写作文的意义,增强写作的社会责任感。

小学交际活动作文遵循习作学理,其习作教学旨在培养有血有肉、有情感、有个性、追求真善美的人。

习作不仅是练笔,更是儿童生命成长的需要。它是儿童生活、情感、思维、语言的一个活的整体。言语表达是儿童生命的自然抒发,是儿童认识世界的反映,是儿童情感的真实流露,是他们鲜活的生命的成长记录,也是儿童与自己、与他人心灵沟通的桥梁。

写作心理学是国内在 20 世纪 80 年代开始的新的心理应用研究。它揭示与探讨习作主题在写作活动中的心理规律,写作活动各个阶段的特点,写作者在各个阶段心理活动的特点,外部条件和内在因素对写作活动的影响等。最有影响的是上海师范大学吴立岗的《小学作文教学论》和小学语文教育专家朱作仁主编的《小学作文教学心理学》。

关注儿童写作心理,让我们懂得习作不仅是对储存信息的提取,而且是对信息形成的表象进行想象、分析、整理的复杂心理过程。它受情感、态度、价值观和校内外环境要素的影响。当下儿童对习作的厌烦、畏难,重要原因是我们疏于对儿童心理的理解和研究,把习作的交际活动从儿童的学习生活和复杂的心理发展过程中剥离开来,只进行单纯的写作知识和文体结构的教学。只有关注儿童写作心理,才能让儿童“为了自己生活的快乐”,为了天性而写作。我们只有关注儿童写作心理,才能让交际活动作文给学生建立美好的第一印象。例如,让学生真实地走进生活交际情境,学会写借条、制定图书馆规则、制定旅游计划,在小区调查刷牙、读书等等问题,并学写调查报告。让学生写的新闻、倡议书能在班级园地、校园广播站、社区宣传栏上得到真实使用,只有这样,学生习作的兴趣、情感、内生动力才会持续不断地提升。

2. 国外写作教学理论的启示

西南大学荣维东教授是写作理论的研究专家，在他的代表作《交际语境写作》一书中，高屋建瓴地对国外写作教学的现状与主张做了科学的梳理。他认为当下国外写作有三大范式：

(1) 写作即结果——文章中心。写作教学的内容围绕审题、立意、构思、选材、组材、修改等进行，评价和衡量教学的依据基本上是看写作结果，如主题正确、内容丰富、结构完整、语言通顺等，把写作看成是一个"刺激—反应"的过程。这种范式常常"重控制，轻自主；重范文，轻情境；重结果，轻过程"。

(2) 写作即过程——作者中心。这种范式强调过程与流程可教可学；重视思维心理过程和写作策略开发；强调主体意识和能动作用，认为写作不仅是外在的机械流程，也是复杂的心理过程；课堂写作教学更重视师生互动交流的过程。

(3) 写作即交流——读者中心。这种范式强调写作不仅仅是一种产品，一个过程，还应该是一种基于社会真实情境的社会交流和意义建构。这种理论范式由"写作即过程"，即单纯关注作者心理认知过程，转到更关注真实生活、写作语境、读者、问题、语域、真实的交际目的和真实交际功能，倡导在"真实世界中写作""在真实学习中写作""跨课程写作"等，教学环境应该也尽可能还原或者成为真实学习和生活的一部分。

根据荣维东教授准确清晰的概括，我们认为目前我国小学习作教学，绝大多数处在第一种写作范式下，追求写作知识传授，追求习作结果——考试得一个好分数。课程改革前后有许多优秀中青年教师，进入了第二种写作范式的研究与实践中，重视学生写作的过程，关注学生的自主性、能动性，教学出现了令人鼓舞的生动局面。在语文课程改革的热潮中，以荣维东为代表的专家把第三种范式介绍到中国，开始了大胆扎实的"交际语境写作"的研究和实验，取得了深刻广泛的影响。

这三种写作范式既是国内外写作教学现状的真实写照，同时也是写作教学在不同阶段发展的真实进程。小学高段交际活动作文以发展学生的语言交际功能为首要任务。在此前提下,我们认为"文章中心"是一种关注"结果"的点状写作;"作者中心"是一种过程化的线性写作;"读者中心"是一种相对丰富复杂的交际写作。这三种写作范式各有价值。小学高段交际活动作文希望通过实践研究,将三种范式优势互补,有机融合,逐步形成三维立体、真实的习作教学范式。

3. 活动心理学原理的重要启示

苏联心理学家列昂节夫在《活动·意识·个性》一书中指出,活动是人的意识发展与个性形成的基础。他认为:"人的主体性的发展是以活动为中介的,是通过内隐与外显活动的无数次交替而逐步形成、发展和完善的。活动是人的主体性的生成和发展机制,也就是说,人的主体性是活动生成,活动赋予,并在活动中发展的。"巴拉诺夫更断言"活动之外不存在发展"。学生的学习活动显然是生成与发展主体性活动的主要内容和主导因素。交际活动作文教学以小学生乐于参加的交际活动组织教学,无疑能激发学生的习作兴趣和表达热情,为提高习作教学质量创造了适宜的教育教学背景。

统编小学语文教材执行主编陈先云指出:"作文教学研究仅仅依靠语文教学法理论是远远不够的,还必须积极吸收借鉴现代教育学、语言心理学、发展心理学成果,特别是活动心理学的研究成果。"他认为小学交际活动作文吸收了活动心理学和语言心理学的理论精髓。20 世纪 70 年代末,吴立岗就将苏联作文教学以及心理学研究成果引进到国内,对我国作文教学研究产生了重大影响。"小学交际活动作文"的主要理论来源,就是苏联维果茨基学派的活动心理学和语言心理学理论(其代表人物是维果茨基、列昂节夫、拉德任斯卡雅、达维多夫、玛尔柯娃、斯卡特金等)。维果茨基学派认为,语言的本质是人类的交际工具,掌握语言的各种交际功能是社会生活的需要。语言活动是交际和概括的统一。交际需要概括,而人的思维可以实现这种概括。这一理论为交际活动作文提供了重要心理学依据。维果茨基学派主要成员列昂节夫根据活动和意识相统一的原则创立了活动心理学理论,为交际活动作文研究与实践提供了重要理论依据。

据此,交际活动作文理论强调:儿童语言的发展必须以现实的交际活动为背景，重视在真实的交际情境中激发学生的作文动机，培养语言的交际功能应该成为语文学科的主线。

认知发展阶段理论也为小学交际活动作文提供了心理学依据。瑞士著名心理学家皮亚杰认为儿童认知发展是分阶段的。在连续发展的每一阶段都有主要行为模式作为标志，前一阶段是后一阶段的基础和准备。这一理论揭示了儿童心理发展与年龄阶段的关系。依据认知发展阶段理论，交际活动作文根据不同学段儿童的认知活动及思维发展特点，构建了与之相适应的年段训练序列。

此外，小学交际活动作文还从人本主义心理学得到理论启示。根据马斯洛的"需要层次论"，交际活动作文强调：要使学生产生强有力的作文动机，就必须激发他们较高层次的社会性需要，如交往和认知的需要，审美和取得成就的需要，以唤醒学生真实的言语生命动机，为作文提供活动内驱力。

用理论支持学术观点，以实践验证理论，再由实践提升、完善自己的观点和认识，形成富有特色的理论和操作体系，这是交际活动作文研究最显著的特点。

（四）掌握书面语言的心理机制是交际活动作文遵循的学理

作文是学生用语言文字进行交际活动的重要方式，是完成概括信息、交流信息、自我表现、对别人施加影响，以及自我教育等语言交际功能的重要工具。

吴立岗、杨文华在《小学交际活动作文理论与实践》一书中指出，高段学生进入少年期，人际交往已逐渐成为他们的主导活动，抽象思维已成为他们主要的思维方式，他们言语交际表达的重点变了，变成用抽象概念思维，使用概念，通过判断、推理等思维形式达到对事物本质特征和联系的认识。

高段交际活动作文应先通过记叙文训练，初步培养学生归纳推理和演绎推理的能力，再通过简单的说明文和议论文，进一步培养这两种技能，使学生的思维逐渐具有针对性、逻辑性、灵活性和独创性。实用性习作的心理机制培养也要渗透在表达习作材料的一般能力和特殊能力之中。在五年级，教师可以以专题培养学生搜集习作材料的能力，如通过观察周围事物寻找习作材料，通过图书馆、网络、影视等寻找习作材料，通过阅读古代优秀诗文和现代课外读物学写读书笔记。到六年级可以以专题培养学生整理习作材料的能力，包括分类整理材料，把文章各个部分联结成统一的整体和编拟写作提纲。

高段习作教学依据库伯"体验学习圈"理论，通过具体体验、反思观察、抽象概括、行动应用，让学生在体验学习中掌握书面语言，提高习作能力，从而提升语文学科素养。场域体验学习的语言习得过程就是学生置身学习现场，通过往复性的身体感觉，强化对学习场域中各种学习信息的接受和传递，产生内应性的刺激和反应，加工和连接新旧知识，内化和顺应知识结构的认知活动，其语言习得心理机制如下图所示：

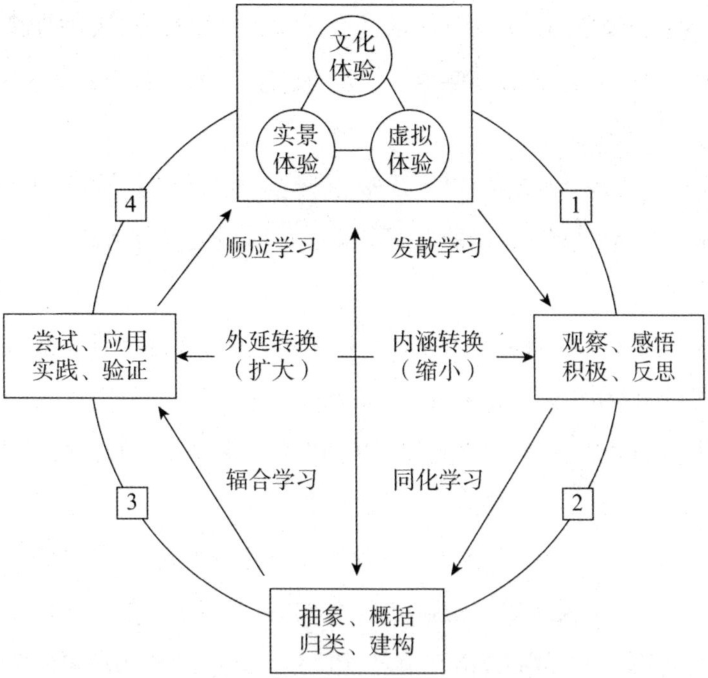

下面以统编教材五年级下册《综合性学习：写简单的研究报告》一课为例，阐述帮助学生习得语言的过程。

写简单的研究报告

第一阶段　发散学习

学生在创设的场域内进行自主发散性学习，在具体体验、反思观察中，广泛地获取与学习内容相关的信息、数据、资料等信息，为应用文写作积累第一手的素材。

教授《写简单的研究报告》前，必须设计“阅读日”活动方案——一次语文综合性实践活动。活动前，每个学生都根据自己的能力选择任务；活动中，师生分工进行记录和整理；活动后，师生共同小结和展示。

第二阶段　交流展示

（1）分组呈现：学生在宁波大学少儿图书馆内阅读的场景照片和8个小组展开各项调查活动的照片。

（2）分小组交流活动收获。

① 交流评点

小组代表上台交流：在五年级3个班进行调查时记录下的家长带孩子买书、看书相关的内容和数据。

教师点评：带着问题调查、访问和记录，数据整理清楚。

小组代表上台交流：到宁波大学少儿图书馆采访图书管理员，获得的2020年学生最喜爱的十大图书排行榜数据(展示学生自制的采访视频以及整理的数据)。

教师点评：调查访问、查阅资料，获取真实数据，让交流有说服力。

② 同化学习

利用反思观察到的信息、数据、资料等，联结和利用已有的实用文储备知识，对其进行抽象、概括、归类和建构，初步形成新的知识内容和结构。完成初步归类和构思，拓宽和扩大原有的知识经验范围。

学生运用各式图表，将搜集的信息进行归类、概括和建构，为撰写研究报告积累鲜活、真实、可信的内容。

师：怎样利用图表来提取、整理这些有用的信息呢？我有一份大家开展语文综合实践活动时的调查统计表(出示课件)。我根据这些数据，利用信息技术课上学习的图表知识，把它设置成了饼状图，请对比一下，跟你们做的有什么不一样？

生：饼状图比较形象、直观，数据统计后看起来非常清晰。

师：还可以用什么方法来统计数据呢？

生：折线图、柱状图等。

师：运用图表，将复杂的数字进行统计，使它们变得有条理，便于大家阅读和比较。

出示学习要求：以小组为单位，选择一种图表，对在语文综合实践活动调查时搜集到的信息进行整理和分析，用笔记本电脑完成小组合作任务。

分组展示学习成果。（学生展示饼状图、折线图和柱状图）

师点评：同学们搜集到数据，利用计算机，选择不同的统计方法进行了整理，制作了不同的图表，使数据呈现得更加清晰，更加容易对比。同学们还用关键词语对信息进行了概括提炼，语言简洁有条理。通过各种途径获取信息很重要，利用各种载体有效提取、整理信息也很重要。

第三阶段　辐合学习

学生在创设的场域内进行实践运用，将概括出来的实用文习作知识和技能应用于实践中。根据所规定的写作任务进行辐合学习，利用新习得的知识经验或方法，按照一定的方向，有范围、有条理、有步骤地去思考、尝试和习作。

学生要根据整理、提取的信息，开展合作学习，撰写研究报告。

学习活动要求：

1. 小组展开讨论，从数据中得出有关结论，形成文字，做好记录。

2. 分工合作，把结论填写在研究报告单上，要求格式正确、数据真实、语言简洁。

第四阶段　顺应学习

学生在完成知识的应用验证后，积累“真实”或“正确”的经验，顺应了原来的知识结构，形成新的默会知识，又在创设的场域内进行更高层次的具体体验，通过师生、生生间的互动交流、展示、评价、修正，逐步将实用文知识从感知获取上升到领悟获取，从而内化成自身知识体系结构的一部分。在这一阶段，学生经历着知识的内涵及外延的变化：内涵变化即将实用文知识内化，内化通过反思和概括得来；而外延变化则是将自己概括出来的实用文习作经验进行实践，再次进行验证的过程。

学生合作完成研究报告后，在组内、组际，师生、生生间进行充分的交流、展示、评价、修正,并根据实际需要,寄到相关部门。学生再次进行验证、修改、完善,初步掌握了撰写简单的研究报告这一实用文体的习作知识,同时也习得了简洁、富有条理性和科学性的语言表达能力。

遵循学理,研究高段学生掌握书面语言的心理机制,对于落实好交际活动作文的目标有着积极而深远的作用。

第四节　小学交际活动作文的价值

交际活动作文的价值是多重的:一指多维的教育功能,有认识、反映社会生活的育人功能,学习和综合运用语言文字的训练功能,培养实践能力与创新意识的功能,开发"获取、筛选、分析、重组、输出信息"的信息素质功能。二指内容和方式多种多样,记叙、想象、应用、说明都要训练。既一如既往地要求孩子写身边的生活,做到有真情实感,实事实说;还鼓励学生大胆想象,写"梦幻生活"。不论是写"真实的生活",还是写"生活的真实",中心都是写"真实",讲"真诚",追求"真善美"。

(一) 让习作真实发生

交际活动作文关注人性本真,发展儿童语言,让学生写真情实感,做到习作内容真实、具体。

不能脱离学生实际要求立意深刻新颖,更不能为了追求语言文字的表层效果,放任学生在记实作文中胡编乱造。习作若是失去心灵自由和本真情思,"立意"纵使再高,也不会拔高。

作文训练自然讲写作技巧,布局谋篇,遣词造句。小学作文语言训练的中心任务是发展儿童的语言。学生习作不强求选材典型,结构严谨,但要求学生文句具体、通顺。具体、通顺是小学生学习语言合理合适的要求,文通句顺,把事情写得比较具体清楚,学生通过努力能够做到。让学生用自己的语言写作文,是作文教学语言文字训练的关键要求。只有训练和发展儿童的语言,作文教学才有价值。分层、个性、差异的作文要求,能激活学生习作的兴趣。儿童用自己的语言表达儿童生活和情感才是顺畅的、自然的、优美的。这样的习作最有教育意义,最吸引人和感动人。

硬要学生用成人的思想、思维和语言，表达小学生的生活和情感，这不是小学作文教学的要求，也不是小学生语言学习的成功，更不是教师教学的成功。

交际活动作文最有希望激发交往动机，走向目标完成，开启真实的习作教学。李海林指出："真实作文的含义——真实的言语任务；真实的言语环境；真实的言语成果。……真实的作文，不只是指写的内容的真实性，更是指'写作'这个行为的真实性。"

1. 真实的言语任务——读者是真实的

真实性习作的首要问题，是建立读者意识。正如夏丏尊先生所说，"读者意识就是最大的写作技巧"。读者是真实存在的，习作是写给特定读者的，而不只是给教师一人。通过习作和自己内心、和别人交流，交际活动作文才变得真实。读者在场的意识，是写作教学最上位的问题。有了读者意识，大部分的表达技巧问题都会迎刃而解。

习作教学的最大悲哀是无视习作的交际运用功能，人为堵塞了习作交流的通道，截断了习作付诸运用的途径，把习作本该面对的真实丰富的"读者"，变成永远不变的老师，把习作原本的交际运用功能异化为小学生语言作业和考试的抓分工具。这是习作教学的突出问题，也是学生习作提不起精神的重要原因。

读者是真实的，作者就会充分考虑到读者的需求，努力表达读者愿意接受、能够接受的东西。"从读者出发"不仅是一种态度，更是表达的动力。当学生意识到习作是写给真实的那个读者的，自然就会面向读者进行言语表达、心灵沟通，就会借助基本的表达知识技能来增强自己习作的"表达力"。《"漫画"老师》的习作写完后要读给那位老师听；《推荐的一本书》的习作要给全班同学看；《我想对你说》这封信要送给爸爸妈妈仔细阅读……学生一旦知道习作是有真实读者的，他们一定会精选词语，写好句子，尽量准确表达意思，并努力完善自己的认识和言语表达。

尽管习作都应有读者，但并非在报刊发表才算获得读者。培养"小作家"不是"语文课程标准"的要求，也不是大多数学生和家长的追求。习作教学只把精力放在少数学生作文的报刊发表上，不是课程改革的目标。

因为它脱离了习作教学的规律和价值追求，远离了绝大多数学生的童心童真。同学、爸爸妈妈、门卫叔叔、食堂阿姨、送你生日礼物的邻居、跳蚤市场的新顾客等等，这些都是每个学生可以真实面对和进行交流的“读者”。

真实的言语任务，真实的读者，不仅能唤醒学生表达交流的欲望，也有利于他们在习作交际运用的全过程提升写作能力，完成习作教学立德树人的目标。

2. 真实的言语环境——过程是真实的

习作过程真实首先指习作过程是完整的。它包含：习作前，师生对特定习作话题的观察、思考与酝酿；习作时，师生、生生友好合作互动，讨论碰撞与点拨梳理；习作初成后，按照真实的言语任务，对自己和同伴习作的阅读、欣赏与修改；习作改定后，作品面对真实读者的交际运用。当下最容易忽略的是习作前的观察、思考与酝酿，最难突破的是习作完成后在真实读者群的交际运用。

其次指习作过程是动态的。真实语境下的习作，要根据读者和交际情境确定习作内容和方式。学生的主要困难是交际语境下习作内容的不确定，表达不够恰当。教师一要创设适合当下学生和习作训练任务的交际环境，二要帮助学生选择适合交际语境的习作内容和方式，三要引导学生在习作完成后进行交际运用，检验习作与交际语境诸要素的契合度。

最重要的是保证学生为主体。要让他们经历体验过程，习得生活经验；在动态的习作过程中，在对案例的碰撞、思考中，逐步习得表达方法，习得言语经验。真实的言语任务——读者是真实的，解决了“为谁写”的问题。“写什么”“怎么写”这两个问题主要靠学生自己解决，最好的方式是让生生、师生展开讨论，让学生选择写作内容和写作方法。

笔者曾执教《学写启事》习作课。开课前一天，我让学生关注我身着的新夹克衫的特点。上教时，我创设了不慎丢失新衣，要写寻物启事的交际语境。那么，怎么写寻物启事呢？首先我让学生从各类“启事”的比较中了解格式；在学生会写寻物启事后，讲述了现实中因失物招领书写不当，被他人冒领的故事，激活了学生表达的欲望，并在比较中发现“寻物启事”与“失物招领”表达的不同。随后我任意抽取课堂学生的文具盒等用品，由学生创设“丢失或拾取”的不同交际情景，自主撰写“寻物启事”或“失物招领”。最后开展“失物招领”现场言语交际活动，走实交际活动作文每一步，直面读者交际运用的过程。交际运用不仅仅让学生学习交际礼仪，更为重要的是让学生真实有效地进行言语交际。

3. 真实的言语成果——作文是真实的

习作靠学生真实生活经验的习得和真实言语经验的习得。记实作文写的是学生个性化的生活经验、真实的生活事件，是每一位个体心灵深处流淌出来的情感与语言。小学生记实作文需要内容的真实、情感的真实。

真实的习作针对特定“读者”或“读者群”，是学生为主体的习作。这时的表达，没有必要胡编乱造，也不用绞尽脑汁拼凑文字，一定要是最接近生命本质的表达。这种状态下的习作，学生关注的不全是分数，是“我手写我心”的真实，是在友好安全的交际环境中，在交际运用中获得的存在感和自我价值实现的愉悦。

高段交际活动作文坚持依照“课程标准”，坚持“从动机走向目的”，创设真实或虚拟的交际语境，努力激活学生表达运用的欲望，在真实的交际活动过程中，开发思维，读写融合，提升学生的语文素养。

（二）让现代语文课程理想落地生根

《义务教育语文课程标准(2011 年版)》是新中国成立以来给我们提供的美好的语文课程愿景。课程理想需要适合的教材与教学方式作为载体才能落到实处，美好的语文课程愿景才能在中华大地生根开花。交际活动作文的研究与实践即是鲜活的例证。从哲学角度看，语言文字表达能力属于形式和手段的范畴，而语言交际功能是人们为了实现某种交际目的而进行的语言活动，它属于内容和目的的范畴。内容决定形式，目的决定手段。

交际活动作文教学的实践，让语文课程理想的落地生根变得顺利而具体。

1. 开拓儿童视野

交际活动作文和现实的生活相结合，重视习作的实践与应用，让学生学到许多课堂上学不到的知识、技能和积极的生活态度。笔者执教过程中，经常鼓励学生将生活中观察到的问题、矛盾或自己的心声，用留言条、建议和书信的方式，向有关人员或单位发出。有一个班的学生在教师节前寄出了44封邮件，有的学生向微信公众号投稿赞颂老师默默奉献的精神，有的为启蒙老师的住房问题向有关部门发出申述、恳求。发现河道水质污染、小区夜间违规施工、垃圾分类不够科学合理等，学生们纷纷寄信向有关部门投诉。在查找错别字的活动中，杭州天长小学学生综合调查情况，向市长发信呼吁"纯洁"旅游景点的语言文字……他们在报纸上看到了市长赞扬小学生查找错别字信件的回信，收到区委信访办公室回的公函，还收到新华书店送来的感谢信和赠送的画册……这些让学生明白了"人民政府为人民""我们是祖国的小主人"的具体含义；懂得了运用习作交际功能，行使小主人权利的方法和意义；明白了文责自负，写好作文的价值与意义。

2. 增强主体意识

交际活动作文重视创设交际活动的习作实践应用情境，学生从"要我写"转到"我要写"，以主人的姿态投入训练。比如，学生利用暑假编"书"，有一个班共44位学生，开学向老师交了40本"书"。作文不再是为了向老师交差，而是作为自己的学习成果和别人交流。学生关注的重点不再是成绩，而是交际的实际效果。当学生在心理上感到安全，不再为别人的嘲笑或讥讽分心时，就能很好地发挥自己的创造性。一位写作困难的学生，在假期编"书"时进入最佳学习状态，怕钢笔写错难改，就用铅笔誊抄，仔细修改，将书取名为《我的杰作》。当他得知有8位同学赞成将他的书评为"优秀图书"时，兴奋地对妈妈说："我在班里的地位提高了！"

3. 品尝成功欢乐

"学生学习行动的满足感受两方面因素支配，因学得好而受到称赞、奖励，获得学习荣誉的满足，这是外在因素；通过学习，获得某种启迪和灵感，受到教益，思想开了窍，或学会了某种技能，有了真本领，从而获得知识和技能的价值感满足，这是内在因素。""行动满足的反馈，会使学习的动机、愿望得到强化，使兴趣转化为动机，或直接加强动机。"（李镜流《教育心理学新论》,光明日报出版社,1987 年版)交际活动作文重视实践应用,旨在让更多的学生品尝成功的快乐。当自己制作的小报在学校橱窗展出时,孩子们会放弃休息,在橱窗旁倾听老师和同学们的赞扬与批评;电子小报由学校微信公众号推出,孩子们会在网上互相关注、点赞;一所小学的一个孩子为 STM(小发明创造)写简介的照片被《宁波晚报》刊登了,宁波电视台少儿栏目还专门为此拍摄了《大科学家和小科学家》的专题电视片,这个学生异常兴奋,告诉亲友,请他们收看电视,分享他成功的快乐。儿童心理学告诉我们:"一个人只要体验一次成功的欢乐、胜利的欣慰,即使是一个小小的成就,也会激发起继续奋斗的志趣。"当学生看到交际活动作文在实践应用的成功,他们的欣喜绝不是教师给的高分所能代替的。

4. 激发兴趣,养成习惯

兴趣是最好的老师。要学生对作文产生兴趣,交际活动首先要真实有趣。活动不仅是学生放松身心、劳逸结合的形式,不仅能增加作文的素材,还是他们认识自己和周围事物的主要渠道之一,更是他们亲近大自然,亲近生活和伙伴,发挥潜能、陶冶情操、增进学识、锻炼能力、进行创造的舞台。活动形式要丰富多彩,可以让学生做"烧不破的手帕""纸桥载重"的实验,编《电脑智能猫灭鼠》《蛇蛋的秘密》《种子的旅行》的故事等。

作文评价交流的方式方法要有趣。可分层弹性打分,实行 A—AA—AAA 制:优秀的为 A;作文写得特别优秀的,达到上一个年级水平的评为 AA;作文在报纸刊物上发表的,评为 AAA。实现评价主体多元化:自评,同学互评,教师评,家长评等。让所有的学生在各自的基础上都不同程度地获得成功,要坚持分层次要求,进行差异指导。

习惯是一生的朋友。交际活动作文教学在改革的实践过程中,把培养良好的习惯作为一个重要的教学策略。交际活动作文着重培养下列习惯:独立主动地读书看报的习惯,听广播看电视的习惯;将观察到的情况用一句话记录,做素材笔记的习惯;做剪报等词句段积累的习惯;认真读题审题的习惯;限时作文、快速作文的习惯;认真修改的习惯;保存、整理作文本的习惯;积极主动进行交际应用的习惯;等等。

5. 重迁移,提素养

交际活动作文是培养学生迁移能力的好机会。交际应用是一种反馈,是对习作优劣的检验,必将促进认识、构思、表达和修改等能力的整体发展。要达到迁移的效果,必须具备两个先决条件:一是两种学习间有共同要素,二是学习主体要对先期学习进行归类或概括。如编辑书报,需要收集少儿报刊,从阅读分析中知道报纸的分类、版面分工、配图设计等;要收集信息、分析重组信息,选择和修改自己的习作,誊抄美化,甚至还要考虑选择张贴小报的最佳地点和时间。学会了制作思维导图卡后,举一反三,制作复习的多音字卡、词语解释卡、随文练笔卡等。掌握了编辑电子小报后,可以触类旁通,编辑《我的童话集》《成长日记》等电子书。在开展综合性学习时,让一部分学生编《小学语文六年级复习故事》,他们会像模像样地写序、编目录、作后记、写上理想中的出版社的名称,连统一书号、条形码、版权页、文字勘误表、彩色压印、贴塑封面、电脑彩图、激光打印等,也能在实践应用中逐渐学会。交际活动作文的实践促进了学生阅读、动手操作和交际的能力。这是传统的命题作文训练达不到的。

高段交际活动作文作为载体让语文课程的美好愿景生根开花,使学生的习作能力得到和谐健康的发展。交际作文不仅能提高语言表达能力、思维能力,还是一种真实的儿童生活,一种真实的交际活动,一种让人欣喜的、真实的全人教育,一种渗透在学科教学活动中的真实有效的立德树人教育。

第二章

统编教材高段习作教学的基本特点

第一节 统编教材习作的七大特点

统编教材改变了以阅读为中心的编排体系，增加了语言表达内容，特别是书面表达在教材中的比重。整套教材努力按照阅读与表达同时推进的思路综合编排，以引导语文教学更加关注表达，促进学生语言运用能力的提高。

基于这样的编写理念，统编教材三至六年级的习作编排主要有七大特点：

（一）习作能力训练序列清晰

统编教材习作编排自成体系，每个单元篇章页右下方的“语文要素”中，均有一条指向表达能力的表述。

统编教材共安排了60多篇习作话题训练（见表1），依据《义务教育语文课程标准(2011年版)》中的习作类别来划分，60多篇习作主要包含记实作文、想象作文和应用文。其中记实作文35篇（含写人、记事、状物、写景以及说明性习作），想象作文12篇，应用文习作14篇，还有两篇习作属于“跨界”文体表达：一篇是编诗歌集，另一篇是“写自己的心愿”，形式更自由，包含了记实、诗歌、应用文三种文体。

表1 统编教材三至六年级习作内容一览表

册次	记实作文				想象作文（12篇）	应用文（14篇）	其他（2篇）
	人(8篇)	事(16篇)	物或景（8篇）	说明性（3篇）			
三年级上册	第一单元:写同学	第八单元:写玩的经历	第五单元：写观察的事物或场景 第六单元：写身边美景		第三单元:看词编童话 第四单元:看图编故事	第二单元:写日记 第七单元:对生活现象写想法	

（续表）

册次	记实作文				想象作文（12篇）	应用文（14篇）	其他（2篇）
	人（8篇）	事（16篇）	物或景（8篇）	说明性（3篇）			
三年级下册	第六单元：写身边人	第二单元：看图作文 第三单元：写过节 第四单元：写实验	第一单元：写植物朋友	第七单元：介绍大熊猫	第五单元：命题想象故事 第八单元：编动物童话		
四年级上册	第二单元：写家人	第五单元：写印象深的事 第六单元：写游戏 第八单元：写事情中的感受	第一单元：推荐一个好地方		第四单元：想象与神话、童话主角相处一天的故事	第三单元：写观察日记 第七单元：给亲人写信	
四年级下册	第七单元：写自画像	第一单元：写自己的乐园 第六单元：写学会做的事	第四单元：写动物朋友 第五单元：写游记		第二单元：写自己的发明 第八单元：故事新编		第三单元：写诗歌，合编小诗集

（续表）

册次	记实作文				想象作文（12篇）	应用文（14篇）	其他（2篇）
	人(8篇)	事(16篇)	物或景（8篇）	说明性（3篇）			
五年级上册	第二单元：“漫画”老师		第一单元：写心爱之物 第七单元：观察自然现象	第五单元：运用说明方法介绍一种事物	第四单元：二十年后的家乡	第三单元：缩写故事 第六单元：给父母的信 第八单元：推荐好书	
五年级下册	第四单元：写一个人的情绪及表现 第五单元：写一个人的特点	第一单元：写自己的成长经历		第七单元：介绍中国的世界文化遗产	第六单元：编人物探险故事	第二单元：写读后感 第三单元：写汉字研究报告 第八单元：写漫画的启示	
六年级上册	第八单元：写温暖自己内心的一个人	第二单元：写校内外活动 第三单元：写美好的生活体验 第五单元：围绕中心意思写事(或故事) 第七单元：写自己的拿手好戏			第一单元：想象自己变形后的故事 第四单元：虚构生活故事	第六单元：写倡议书	

（续表）

册次	记实作文				想象作文（12 篇）	应用文（14 篇）	其他（2 篇）
	人（8 篇）	事（16 篇）	物或景（8 篇）	说明性（3 篇）			
六年级下册		第一单元：写家乡风俗或参加风俗活动的经历 第三单元：写事表达自己的真情实感			第五单元：写科幻故事	第二单元：写一本书的梗概 第六单元：写毕业联欢会策划书；写毕业信	第四单元：写自己的心愿

统编教材的习作编排注重习作目标的横向延展，从三年级起步阶段开始，习作内容就覆盖了学生的日常生活及交际活动中必需的表达形式，这样的安排体现出教材始终以“儿童的生活”为本位，坚持“写作的目的是为了发现、认识自我和周围世界，认识超然或具体的真理，为具体的社会目的服务”。如三年级上册除了说明性习作外，其余都安排了相应的训练；三年级下册第七单元习作则以学生熟知的国宝动物“大熊猫”为写作对象，安排了初次的说明性习作，既能激发学生的表达兴趣，又降低了习作难度。从习作类别看，第二学段和第三学段的习作内容在横向安排上各有侧重。如三四年级重视学生叙事、对身边事物的观察与感受，以及想象的能力奠基。而五六年级则明显侧重学生社会性、应用性习作能力。

统编教材尤其注重习作能力的纵向发展，我们可以清晰地发现习作内容主要从能力维度来设计编排，突出学生认知水平和表达能力内在发展的系统性和序列性，呈现出螺旋递进的特点。以写人习作内容的编排（见表 2）为例，下面简单地说明这种内隐习作能力的编排梯度。第一，要求逐年提高。写人离不开人物的特点，统编教材安排的七次写人的习作，几乎都包含关于人物特点的习作要求，但难易程度呈螺旋式上升，梯度非常清晰。三年级上册的《猜猜他是谁》要求学生可以选取人物的外貌、性格、爱好、特长等来写；三年级下册《身边那些有特点的人》的要求就提高了，不仅要聚焦性格、爱好、特长等方面，还要求用一个词准确地概括人物的特点；五年级下册《把一个人的特点写具体》的要求进一步提高，要运用描写人物的基本方法，把一个人的特点写具体；六年级上册的《有你，真好》不仅要求把人物的特点写具体，还要把自己的感情融入其中。这种随着年级升高，对习作能力的要求也逐年提高的阶梯性特点非常明显。此外，要求的逐年提高还体现在表达方式上。《猜猜他是谁》只需要学生抓特点概括介绍，简单叙述；《身边那些有特点的人》要求通过一件事来反映特点，增加了描写；到了六年级上册的《有你，真好》，则不仅要求要有叙述、描写，还要用上抒情的表达方式。第二，这种梯度的螺旋式上升还体现在最基本的字数、段落上。三年级上册只要求学生写几句话或一段话，到了四年级上册就要求写几段话，五年级下册则要求选取典型事例写具体，已经不拘泥于段落和字数，而上升为是否能展开叙述、描写了。

表 2　统编教材中的写人类习作序列表

册别	单元	习作内容	习作能力要点
三年级上册	第一单元	猜猜他是谁	选印象深刻的一两点，用几句话或一段话写一个人。
三年级下册	第六单元	身边那些有特点的人	用上表示人物特点的词语，通过一件事写出人物的特点。
四年级上册	第二单元	小小“动物园”	通过想象写出人物特点。
四年级下册	第七单元	我的“自画像”	把自己的外貌、性格、爱好、特长等介绍给新班主任。
五年级上册	第二单元	“漫画”老师	结合具体事例写出人物特点。
五年级下册	第五单元	把一个人的特点写具体	运用描写人物的方法，选取典型事例，把一个人的特点写具体。
六年级上册	第八单元	有你，真好	通过几件事写出人物特点，融入自己的情感。

习作能力的螺旋式上升，习作方法、习作技巧的科学合理安排，不仅体现在写人的训练中，还体现在记叙文、想象作文和应用文的训练中。教师在使用统编教材的过程中，需要深入、细致地研读，找到每种体裁习作的训练序列，领着学生一步一步地迈上这些阶梯，最终达成培养习作能力的总目标。

（二）重视交际语境的创设

统编教材重视习作交际语境的创设，每个单元的习作内容都分成“为什么写”“写什么”“怎么写”“怎么评”四个板块进行呈现。

四个板块的内容都为学生创设交际语境。如五年级上册第一单元习作是《我的心爱之物》。为什么要写心爱之物？写什么样的心爱之物？教材以非连续性文本的方式，分别从“玩具”“动物”“衣物”“纪念品”等四个角度提供了写《我的心爱之物》的范例，并以“……”提示学生还有更多的物件可以写。这样编排的目的是帮助学生打开思路，启发学生思考的方向，让学生明白可以写什么，并充分展开交流讨论，确定习作内容。这是课堂语境下的交际活动。又如六年级下册第一单元习作《家乡的风俗》该怎么写呢？教材中有这么一段话：“如果是介绍一种风俗，写之前，先查资料或问问长辈，深入了解这种风俗，想一想这种风俗的主要特点是什么，可以分几个方面介绍，重点介绍什么。在介绍的时候，可以适当写写自己对这种风俗的实际体验。”引导学生在习作前搜集资料或请教长辈，了解当地的风俗活动，在调查访问的过程中进行交际，积累习作素材，为接下来的习作练习作好铺垫，这是课前交际活动的语境。五年级下册第四单元习作《他________》，学生写完后该怎么评改呢？教材最后有这样一句话：“写好后，和同学交流，看看有没有把人物当时的表现写具体，反映出他的内心，然后对不满意的地方进行修改。”这句话直接指向评改，要求学生根据评价目标，把人物当时的表现写具体，在组内、组际充分进行交流、评价、修改，这是课后语境下的交际活动。教材同时更重视习作修改完善后进行的真实的交际活动，如宣讲、展示、发表。六年级上册第四单元《笔尖流出的故事》要求在班里开故事会，交流自己最喜欢的故事；六年级上册《学写倡议书》要求把倡议书张贴在校园的公告栏、小区的布告栏；《家乡的风俗》建议全班学生将作品集中在一起，编成一本民俗作品集等。这是统编教材将习作后的交际活动向纵深推进的显著标志。

（三）创设习作单元新结构

统编教材在三至六年级每册各设置了一个习作单元，具体见表3：

表3 统编教材中的习作单元列表

册别	单元主题	习作能力要点
三年级上册	观察	仔细观察，把观察所得写下来。
三年级下册	想象	发挥想象写故事，创造自己的想象世界。
四年级上册	写事	把一件事写清楚。
四年级下册	写景	按游览的顺序写景物。
五年级上册	写物	搜集资料，用恰当的说明方法，把某一种事物介绍清楚。
五年级下册	写人	初步运用描写人物的基本方法，尝试把一个人的特点写具体。
六年级上册	围绕中心意思写	从不同方面或选取不同事例，表达中心意思。
六年级下册	表达真情实感	习作时，选择合适的内容写出真情实感。

习作单元由六个部分组成，采用单元整组编排的形式："单元导语"点明习作要求，"精读课文"学习表达方法，"交流平台"梳理总结表达方法，"初试身手"初步尝试运用表达方法，"习作例文"进一步感悟、积累经验，"单元习作"呈现本单元的学习成果。如五年级下册第五单元的核心要素是：学习描写人物的基本方法，尝试把一个人的特点写具体。因此，教学中教师要做到：第一，要引导学生在"精读课文"中发现写作方法，在经典的样本语篇中，发现习作方法所产生的表达效果；第二，用"交流平台"引导学生归纳、提炼习作方法，真切感受到习作方法在具体语境中体现出的价值；第三，通过"初试身手"让学生进行片段性的习作尝试，为学生顺利完成习作铺设阶梯；第四，用"习作例文"让学生感受习作方法在不同风格、不同类型，甚至不同语体中所呈现的多样性，体会由了解习作方法走向言语实践的动态过程；最后，通过"习作"引导学生根据自己的表达内容，运用习作方法，自由表达，真正实现活学活用。

（四）应用文强化交际运用

统编教材在应用文习作的编排上，呈现出鲜明的特点：

1. 立足生活，交际运用

统编教材里应用文习作出现了14次。这样的安排意在强调交际运用。统编教材编排了写信、给中国的世界文化遗产写简介、制定班级公约、写倡议书、设计海报、策划文案等真实的交际运用应用文。从种类来看，有寻物启事、留言条、倡议书、演讲稿、策划书等。这些不同类型的应用文加强了学生应用文习作的交际性，提高了学生的语言表达能力，引导学生树立家国情怀，培育文化信仰、民族气概，增强学生的社会责任感、法治意识和创新精神。

2. 阶梯安排，由易到难

统编教材围绕课标要求，根据学生认知规律和习作水平，将应用文习作由易到难有序分布于各学段，呈螺旋上升态势：

从训练目标看，由二年级的学写留言条到三四年级的学写日记、通知、寻物启事，再到五六年级学写读后感、演讲稿、倡议书、策划书，习作对学生思维的深刻性和能力要求逐年提高。

从内容看，也是由简单到复杂。仅以写日记为例，三年级上册安排学生学写日记，四年级设置了学写观察日记。观察日记作为一种特殊的日记，比普通日记在选材、形式和文字表达方面有着更加严格的要求。

从体量看，留言条、通知、寻物启事这类应用文以小练笔的形式在二三年级的学习园地中呈现，体量较小；书信、倡议书、读后感等安排在单元习作中，体量较大；而研究报告、策划书这类实践性较强的应用文则安排在五六年级的综合性学习单元中，考虑了学生能力的发展规律。

3. 方法指导，不拘一格

统编教材中对应用文习作有着明确的指导方法，形式多样，不拘一格，便于教师开展习作指导。

例文示范。教材中对部分应用文的指导方式为直接用例文示范，不仅完整地出示例文，而且以批注的形式在例文上清晰地标注出相应的格式要求，简洁直观，一目了然。如六年级上册的“学写倡议书”，例文以规范的样稿呈现，并在右侧标注出有关标题、称呼、正文、署名和日期等注意事项，便于学生学习、模仿。

直接阐述。对于有些应用文的写作方法，编者直接用文字阐述，重点突出，操作性强。如五年级下册"写读后感"，明确提出写读后感的方法——"简单介绍一下文章或书的内容，可以重点介绍那些给你留下最深印象的内容。选择一两个让你感触最深的内容，写出自己的感想，感想要真实具体。可以联系自己的阅读积累和生活经验，也可以引用原文中的个别语句"。这样的文字指导有的放矢，针对性强，避免学生习作走进只"读"不"感"的误区。

寓导于读。统编教材单元阅读教学也渗透了对应用文的指导。如六年级下册第二单元习作是"写作品梗概"，为了使学生更好地了解梗概的特点和写作方法，本习作所在单元编排了《鲁滨逊漂流记》《骑鹅旅行记》《汤姆·索亚历险记》三本外国文学名著的节选，课后还展示了各种阅读摘要的形式。此外，"快乐读书吧"特意安排了"漫步世界名著花园"主题学习，巧妙地将写法指导与阅读有机结合起来。

4. 关注读者，语境习作

读者意识是现代作文教学观，倡导在近似真实的情境中进行写作。长期以来，我们的习作教学过于将重心放在"写什么""怎么写"这两个方面，却忽视了"为什么写""写给谁看"的习作本质。统编教材在习作编排中，注重唤醒、重拾读者意识，以此增强学生的写作动力，倡导在语境下写作。这一点在应用文习作的编排中也有很好的体现。

五年级上册《推荐一本书》中有这样的一段提示："读一本好书如同交一个好朋友。把读过的好书推荐给同学，就像把好朋友介绍给他们一样。写好后，把自己的习作读给同学听，看看谁的推荐能够激发起大家阅读的兴趣。"当学生有了具体明确的习作对象后，他们就会根据对象的阅读兴趣，选择相应的好书进行推荐，并写清楚推荐的理由，使得推荐能够最大程度地被推荐对象接受，从而引发阅读兴趣。这样的习作已不再是教师布置的任务，而是源自学生交际的真实需要。

（五）想象作文重思维发展

整个小学阶段，统编教材安排了14次想象作文训练（见表4）。二年级至四年级童话类习作内容共有9次，五年级下册新增了编探险故事，而且还单独编排了“想象”习作单元。这种安排更好地体现了课程标准中的习作要求：“写自己想说的话，写想象中的事物”“能不拘形式地写下自己的见闻、感受和想象”“能写简单的记实作文和想象作文”，强化了对学生思维的培养，有利于发展学生的想象力。

表4　统编教材中想象类习作(写话)安排表

册别	单元	习作话题	习作能力要点
二年级上册	第七单元	小老鼠在干什么	看单幅图，想象写话。
二年级下册	第四单元	有趣的经历	用上表示时间的词，看多幅图想象写话。
三年级上册	第四单元	续写故事	运用预测，尝试续编故事。
三年级下册	第三单元	我来编童话	大胆想象写童话。
三年级下册	第五单元	奇妙的想象	发挥想象写故事，创造自己的想象世界。
三年级下册	第八单元	这样想象真有趣	根据提示，展开想象，尝试编童话故事。
四年级上册	第四单元	我和________过一天	选一位神话、童话中的人物，想象一下会发生什么故事。
四年级下册	第二单元	我的奇思妙想	展开奇思妙想写清楚想发明的东西。
四年级下册	第八单元	故事新编	新编《龟兔赛跑》等，重新构思故事的经过、结局，创编一个新故事。
五年级上册	第四单元	二十年后的家乡	列提纲，分段叙述，把重点写具体。
五年级下册	第六单元	神奇的探险之旅	展开合理想象，编一个惊险刺激的探险故事。
六年级上册	第一单元	变形记	发挥想象，把变形后的经历写出来。
六年级上册	第四单元	笔尖流出的故事	根据提供的环境和人物，展开丰富的想象，创编故事。
六年级下册	第五单元	插上科学的翅膀飞	展开想象，写科幻故事。

由表4我们可以发现：不同年级（年段）的想象作文，生发点是不一样的。统编教材的14次想象习作有4个生发点，这4个生发点跟学生所处年龄阶段的思维特点直接相关。

1. 对童话故事的大胆创编

低中年级学生会赋予大自然中的一切以人的灵性，所以特别适合读童话、写童话。孩子从出生到三年级，听过、读过不少童话故事。孩子读的每个优秀童话故事，都会在脑海中留下有趣的故事情节、有意思的人物形象以及温暖人心的主题，并在习作过程中"发芽开花"。三年级的三次想象习作均为创编自己的童话故事，想象力求大胆奇妙。

2. 对别人故事的再造想象

四年级安排了两次想象习作——写一个自己与书中人物的故事以及按自己的想法新编故事。跟三年级的三次创编自己的童话故事相比，四年级习作更侧重对他人故事的移情想象与再造想象。例如：习作《我与________过一天》，那个人的性格特点是由原作决定的，学生要想象的是一天中要做的事，"他"可以来到"我"的世界中，"我"也可以去到"他"的世界里。新编故事同样要以原来的故事为基础，进行情节、人物形象的反转或者改变。

3. 对未来事物的想象

对未来（未知）事物的想象是人类进步的基石。四年级下册与五年级上册的两次想象习作是《我的奇思妙想》和《二十年后的家乡》，这是对未来事物的想象，需要以现实中的东西或景物、人物、生活为基础，去深入思考：自己想发明的某种东西，会突破多少现有的局限与不足？家乡哪些地方会发生巨变？家乡哪些人会有变化？自己会有怎样的巨变？重回巨变后的家乡，重逢巨变后的人，会发生什么样的故事？

4. 对现实生活（未来生活）的感受、思考与想象

随着年级的升高，学生对现实生活的感受与理解能力不断提升，对现实生活的想象也更具有理性思辨的含量。高年级的探险故事想象、科幻故事想象乃至生活故事想象，不同于低中年级的童话故事想象。低中年级的孩子写童话故事会自然而然地赋予万事万物人的思想、情感、言行，

而高年级孩子所想象的故事其背后往往要表达的是对现实生活的感受与思考。

例如，六年级上册的习作《变形记》有这样的提示语："如果你变成了一盏路灯，你将无法移动，每天都有形形色色的人从你面前走过，你会看到很多发生在路上的故事……"这个内容的提示会让人联想到王尔德的经典童话《快乐王子》：透过快乐王子的眼睛，看到的是现实世界中穷人的种种悲苦；透过燕子的眼睛，看到的除了穷人的悲苦，还有快乐王子的善良与悲悯。根据习作提示，学生对化身路灯、大树等的经历的想象背后是其对现实生活的观察与感受。六年级上册《笔尖流出的故事》中也有类似的提示。该单元学习的几个故事是虚构的，读起来却像在生活中发生过一样，这些故事都能从生活中找到影子。

五年级下册的探险故事想象是要满足学生对现实中无法经历的探险生活的想象。而六年级下册的科幻故事是要借助科学技术对未来的人类生活进行大胆的幻想，或者对人类生存状况进行深度思考。

（六）习作目标指向更明确

统编教材的每次习作，从单元导语的习作要素到本单元的习作练习，目标指向清晰明确，一看就懂。每次习作训练的切入点都非常小。例如，五年级上册第六单元的《我想对您说》，练习的重点就是心理描写；五年级上册第七单元的《________即景》，训练重点是描写景物的动态和静态美，写出景物的变化。这样的编排便于教学，易于操作。再如，六年级上册第七单元《我的拿手好戏》，教材先启发学生发散思维——你的拿手好戏是什么？接着引导学生采用填图示的方式，把自己的拿手好戏是怎么练成的，在练习的过程中有哪些有趣的故事表现出来，让学生明确哪些内容作为重点写，哪些内容可以写得简略一些。通过填图示，学生相当于做了一次习作前列提纲的准备。最后要求学生把写好的习作读给同学听。写什么，怎么写，目标明确，步骤清晰。

（七）习作表述方式多样化

统编教材单元的习作表述方式经常采用图文并茂或图式化的非连续性文本，形式活泼，富有童趣，能激发小学生的习作兴趣。如在安排写人的习作训练中，写自己，用《我的“自画像”》；写家庭成员，用《小小“动物园”》；写老师，用《“漫画”老师》等。教材对学生习作成果的展示方式要求也更加多样，多次建议用列表式、图文组合等形式呈现习作成果，既考虑到了学生的身心发展水平和习作兴趣，更是对时代发展趋势的呼应。

第二节　落实统编教材习作教学的新重点

统编教材习作教学追求语言表达能力、教育价值与课堂教学取向的三者统一，加大了语言表达，特别是书面表达在教材内容中的比重，希望达到阅读理解和语言表达训练的均衡。体现了语文实践性、综合性的学科特点，努力设计适合小学生校园生活、家庭生活和社区生活的写话和习作的活动话题。在教材设计中营造和引领学生在真实或模拟的语境中写话与习作，以真实的写话与习作教学，激活学生的表达需求，在表达前、表达中认知体验，努力把静态的、陈述性的写作知识，在动态习作教学实践活动中，在友好的、具体的、动态的师生、生生的交互中，融入写作的程序性、策略性知识。习作的交际运用活动过程，可以让知识内化成学生的一种能力，积累语言表达经验，逐步提升语文核心素养。以学生的语言交际功能为核心，推进真实的习作教学，重视交际意识和交际习惯的培养，是统编教材习作教学的重点。

高段习作设计更重视引领学生将表达放到身边的校园生活、家庭生活和社区生活的交际运用中。高年级习作让学生写《父母之爱》《我想对你说》《我推荐的一本书》《介绍一个地方》《写读后感》《学写倡议书》和《毕业赠言》，每一项都有交际运用空间。即便是传统的写人类的习作，统编教材高年级设计的《“漫画”老师》也令人耳目一新，它重视交际运用，引导学生“让我们把这些可爱的老师用文字‘画’出来吧！……写完后，可以读给你写的老师听，问问他对你的习作有什么评价”。

统编教材习作教学定位在实践性、综合性的根基上，把书面语言的表达由单纯关注习作结果和作者心理认知过程，转移到倡导“在真实世界中写作”“在真实学习中写作”，教学环境也尽可能还原或者成为真实学习和生活的一部分。

习作单元是新增的特殊功能单元，是统编教材编写体例的创新，由 6 部分组成。“单元导语”中的“语文要素”是圆心，“精读课文”“交流平台”“初试身手”“习作例文”“单元习作”是围绕圆心的各个组成部分。习作单元教学用两个回合推进：第一个“小回合”，从精读课文中发现习作知识；“交流平台”由具体到抽象概括，明晰知识要点；“初试身手”运用习作知识要点尝试实践和能力内化，进行片段练习。第二个“大回合”，有了重点段落的习作经验，习作知识运用从段走向了篇。学生完成单元习作，落实“交流平台”“初试身手”的语言表达训练。

习作能力单元的设计抓住了课程标准学段习作要求的重点，贴近学生的实际能力。例如五年级上册习作单元的教学目标是：把某一种事物介绍清楚。说明文的“清楚”表达由几部分组成——特征明确、观察细致、要素齐全等。如《鲸》，写鲸不是鱼，而是哺乳动物，特征明确，观察细致，推理表述层次分明；如《太阳》，写太阳本身的特点和太阳与人类的关系，层次清晰，情感真挚，语言规范、准确、简洁、平实，符合阅读对象要求。习作单元是以语文要素为统领，以习作资源为内容，以习作训练为过程，以习作的言语交际活动为终点的课程体系。

如何整合单元的习作资源，更好地促进学生言语交际表达素养的提升，现以统编教材五年级上册习作单元为例进行阐述：

一、表达要素：围绕“习作单元”聚合“习作资源”

表 5　统编教材五年级上册第五单元（习作单元）内容编排

项目	具体内容
单元导语	人文主题：说明文以“说明白了”为成功。
	语文要素： 阅读简单的说明性文章，了解基本的说明方法。 搜集资料，用恰当的说明方法，把某一种事物介绍清楚。
精读课文	《太阳》
	《松鼠》
交流平台	以《太阳》和《松鼠》为例，解说如何用恰当的说明方法，把某一事物介绍清楚。

（续表）

项目	具体内容
初试身手	1. 选择身边的一个事物，试着运用多种方法说明它的特征。 2. 查找资料，试着将课文《白鹭》第 2—5 自然段改成一段说明性文字，体会散文和说明文不同的交际目的、表达方法与效果。
习作例文	《鲸》
	《风向袋的制作》
习作	选择一种你了解并感兴趣的事物介绍给别人。

本单元指向写作的语文要素是：“搜集资料，用恰当的说明方法，把某一种事物介绍清楚。”

指向语文要素的写作资源：

1. 精读课文

《太阳》课后题(1)想一想：课文是从哪些方面介绍太阳的？(2)读下面句子，结合课文内容，说说作者是运用哪些说明方法介绍太阳的，体会这样写的好处。

太阳离我们约一亿五千万千米远。

约一百三十万个地球的体积才能抵得上一个太阳。

到太阳上去，如果步行，日夜不停地走，差不多要走三千五百年；就是坐飞机，也要飞二十几年。

《松鼠》课后题(1)默读课文，把从课文中获得的有关松鼠的信息分条写下来。(2)读下面的句子，找出课文中相应的内容，体会表达上的不同。

松鼠体形细长，体长 17—26 厘米，尾长 15—21 厘米，体重 300—400 克。

它们面容清秀，眼睛闪闪发亮，身体矫健，四肢轻快，非常敏捷，非常机警。玲珑的小面孔，衬上一条帽缨形的美丽尾巴，显得格外漂亮。尾巴老是翘起来，一直翘到头上，自己就躲在尾巴底下歇凉。它们常常直竖着身子坐着，像人们用手一样，用前爪往嘴里送东西吃。

2. 交流平台

说明性文章可以帮助我们认识事物，获得知识。

说明性文章为了说明抽象、复杂的事物，使它们变得通俗易懂，往往会使用打比方、列数字、作比较等说明方法。

直接描述也可以反映某一事物具体而鲜明的特点。

说明性文章的语言风格多样，有的平实，有的活泼，但无论哪种风格，都要准确、清楚、有条理。

3. 初试身手

（1）选择身边的一个事物，试着运用多种方法来说明它的特征。

（2）如果将一篇散文改写成说明性文章，会变得怎样呢？查找资料，试着将课文《白鹭》第2—5自然段改写成一段说明性文字，体会它们有什么不同。

4. 习作例文

《鲸》的课后习题：对照批注和课文内容，说说课文运用了哪些说明方法来介绍鲸的特点。

《风向袋的制作》的课后习题：了解文章是如何把制作风向袋的过程介绍清楚的。

5. 习作

（1）如果选择一种你了解并感兴趣的事物介绍给别人，你打算怎么介绍？

（2）写之前，细致地观察要写的事物，并搜集相关资料，进一步了解这种事物，想清楚从哪几个方面来介绍。

（3）写好后，与同学分享。如果别人对你介绍的事物产生兴趣，并从中获得了相关知识，你就完成了一次成功的习作。

基于上述内容，可以发现习作单元的习作资源主要有以下特征：

一是具有潜在性。习作资源是教材为本单元习作教学所作的一种铺设。在习作单元中，习作资源分布在精读课文的段落、课后练习、初试身手、习作例文等板块中，比较集中。这些习作资源是习作教学和习作练习的素材，需要教师有意识地去搜寻和发掘。在单元整组教学之前，需要精心选择，让隐性的教学素材成为显性的习作资源。

二是具有向心性。尽管习作资源在单元内以分散的状态存在，但却形散而神不散，聚合习作资源的“神”就是指向习作能力的单元语文要素。

在习作单元中，但凡能体现或者促成“搜集资料，用恰当的说明方法，把某种事物介绍清楚”这一要素的教学内容都属于习作资源。我们可以作这样的解读，在一个完整的单元中，指向习作能力的语文要素是圆心，与语文要素有关的“重点段落”“课后练习（练笔）”“交流平台”“初试身手”和“语文园地”中的“词句段运用”则构成了围绕圆心的圆周，见下图：

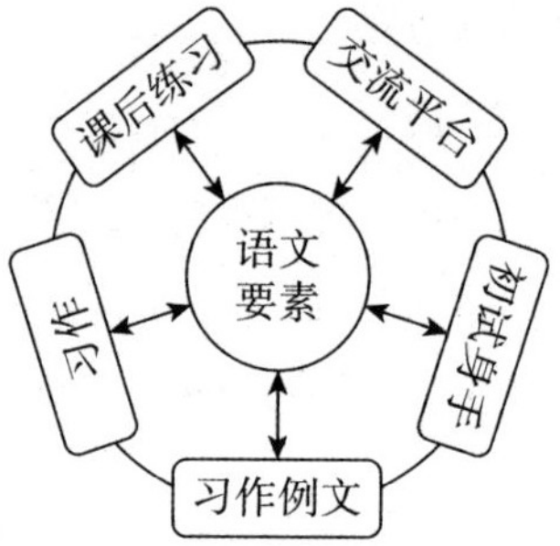

统编教材五年级上册习作单元习作资源一览表

三是具有中介性。习作资源是实施单元整组教学的平台和载体，它既是语文要素的“实践体”，也是习作方法的“承载体”，更是连接语文要素和习作方法的一座桥梁。

二、习作方法：引导“习作资源”对应“单元目标”

统编教材重视基于能力体系建构的“方法”和“训练”。“习作”是习作单元最高的达成目标，处于单元“金字塔”的塔尖，为此，习作资源从不同角度分别指向和对应这个目标。就“介绍一种事物”而言，教材提出如下要求：(1)写清楚事物的主要特点；(2)试着用上恰当的说明方法；(3)可以分段介绍事物的不同方面。在单元教学中，作为教师，应当让这些目标在单元整体中找到对应的习作资源。

1. 写清楚事物的主要特点

精读课文《太阳》课后练习 2 如下：读下面句子，结合课文内容，说说作者是运用哪些说明方法介绍太阳的，体会这样写的好处。

（1） 太阳离我们约一亿五千万千米远。

（2） 约一百三十万个地球的体积才能抵得上一个太阳。

（3） 到太阳上去，如果步行，日夜不停地走，差不多要走三千五百年；就是坐飞机，也要飞二十几年。

"初试身手"中的练习 1 要求:选择身边的一个事物,试着运用多种方法来说明它的特征。"习作例文"《鲸》的课后练习中提出:对照批注和课文内容,说说课文运用了哪些说明方法来介绍鲸的特点;《风向袋的制作》的课后练习则直指特点:说说课文是如何把制作风向袋的过程介绍清楚的。

2. 试着用上恰当的说明方法

运用"恰当的说明方法"最根本的目的是"写清楚事物特点",而选择"恰当的说明方法"的前提是学生可以搜集到写作对象的资料。不同视角对应着事物的不同特点,不同品质的资料呈现出不同的表达风格。

精读课文《松鼠》课后练习 2 的设计颇具匠心:读下面的句子,找出课文中相应的内容,体会表达上的不同。共有三句,其中一句是这样的:"松鼠每年春、秋季换毛。每年产仔 2—3 次,一般在 4、6 月产仔较多,每次产仔 4—6 只。"而课文中却是这样描述的:"松鼠通常一胎生三四个。小松鼠的毛是灰褐色的,过了冬天就换毛,新换的毛比脱落的毛颜色深些。"在比较中,让学生真切体会"把数据说明用在自然的叙述"中,对于松鼠特点的呈现更恰当。

"初试身手"第二项练习则彰显说明性文字的独特风格:如果将一篇散文改写成说明性文章,会变得怎样呢?查找资料,试着将课文《白鹭》第 2—5 自然段改写成一段说明性文字,体会它们有什么不同。

即使同一种说明方法,在不同类型的说明性文章中,呈现的方式也需要"恰当"。例如"列数字"在"习作例文"《鲸》中是这样呈现的:"我国曾经发现过一头近四十吨重的鲸,约十七米长,一条舌头就有十几头大肥猪那么重。"而在《风向袋的制作》里,说明方法则有些"变异":"剪下 4 根长约 10 厘米左右的塑料绳,在袋口边缘分别扎 4 个小洞,将 4 根塑料绳穿过 4 个小洞……"引导学生进行前后对比,学生就会对"恰当的说明方法"有更真切的理解,从而明白表达要"自然、便捷、流畅"。

不同的习作资源给"恰当的说明方法"作出了全面而直观的诠释,让"恰当"从模糊走向清晰。

3. 分段介绍事物的不同方面

要把一种事物介绍清楚,仅从一个视角介绍就会略显单薄,所以介绍事物的视角要尽量多维多元，立体呈现。精读课文《太阳》课后练习1是想一想：课文是从哪些方面介绍太阳的？《松鼠》课后练习1则异曲同工：默读课文，把从课文中获得的有关松鼠的信息分条写下来。“习作例文”《鲸》则从“鲸”的体型巨大、进化过程、种类繁多、生活习性等视角出发，让学生看到了鲸的“全景”。习作单元资源“职能”分明，让抽象的习作目标在整组单元不同板块的细节中都能“看得见”“摸得着”，可以直接转化和生成可操作的习作方法和教学策略。

习作单元是体例严谨、结构完整的整体，单元语文要素、习作资源、习作目标在这个整体中能够逐一匹配与对应。单元语文要素是习作单元的教学起点，习作目标是习作教学的终点。从起点到终点，言语交际活动中的习作资源是外显的桥梁，习作方法则是内在支撑。在习作单元教学中，要借助习作方法贯通语文要素、习作资源和习作目标，使之“三位一体”，在提升学生的习作能力的过程中发挥更大的教学价值。

三、习作练习：引导“习作资源”走向“习作课程”

统编语文教材中，习作资源是静态的教学存在，而利用习作资源开发与生成习作方法进行系列习作练习，则是一个动态的课程化过程，这是编排习作单元的最大价值。所谓习作资源课程化，就是习作单元的教学设计化，单元习作资源的结构化，是将习作资源变成语文要素并使其落地生根，成为推动学生习作技能、习作能力发展的过程。

习作单元中的“习作资源”走向“习作课程”，需要经历怎样的教学历程？还是以五年级上册习作单元教学为例谈一谈。

1. 立足文体，准确定位教学目标

五年级上册习作单元的习作内容是“介绍一种事物”，是状物类作文。这类题材的习作，在统编教材中共编排了8次，在此之前已经训练了5次，具体见表6。

表6 统编教材“介绍一种事物”题材习作内容及习作要求序列

教材分布	习作内容	习作要求
三年级上册习作5	我眼中的缤纷世界	将印象最深的一种事物或一处场景写下来，读给同学听。

（续表）

教材分布	习作内容	习作要求
三年级下册习作 1	我的植物朋友	从名称、颜色、气味等方面写一写你的植物朋友，读给同学听。
三年级下册习作 7	国宝大熊猫	围绕几个方面，查找资料，介绍一下大熊猫，和同学交换习作。
四年级下册习作 4	我的动物朋友	向别人介绍你的动物朋友。同桌评一评，看看是否写出了动物的特点。
五年级上册习作 1	我的心爱之物	办一期“我的心爱之物”习作专栏，贴上习作和图片，和同学分享。
五年级上册习作 5	介绍一种事物	用恰当的说明方法，介绍自己感兴趣的事物，写好后，与同学交流分享，让同学产生兴趣。
六年级上册习作 3	让生活更美好	说明与叙事相结合，并融入议论。写后，开“共享美好生活”主题班会，共同分享各自的心得体会。
六年级下册习作 1	家乡的风俗	分清主次，有详有略地介绍风俗或写参加风俗活动的经历。写好以后和同学分享，根据同学的意见进行修改、完善。如有条件，将全班同学的习作编成一本民俗作品集。

对照表 6 和本次习作提出的三项要求，不难发现“写清楚事物的主要特点”在前五篇习作中都有涉及，其中四年级下册习作 4《我的动物朋友》目标尤为鲜明——写出动物特点。“可以分段介绍事物的各个方面”的要求，在三年级下册习作 1《我的植物朋友》中“从名称、颜色、气味等方面写一写”里首次提出，三年级下册习作 7《国宝大熊猫》中再次要求“围绕几个方面，查找资料，介绍一下大熊猫”。通过这样的“回顾”，五年级上册习作 5 的教学重点清晰可见——试着用上恰当的说明方法将一种事物介绍清楚，这在状物类习作中第一次涉及。在这个习作单元中，我们要让学生充分感知“恰当的说明方法”，这是将一种事物介绍清楚的最核心的训练点。

2. 结合例文，精准提炼习作方法

本单元提供的“精读课文”共有两篇，只要对照一下《太阳》和《松鼠》，便能精准地找到“恰当的说明方法”。看看以下两个典型语段：

玲珑的小面孔，衬上一条帽缨形的美丽尾巴，显得格外漂亮。尾巴老是翘起来，一直翘到头上，自己就躲在尾巴底下歇凉。它们常常直竖着身子坐着，像人们用手一样，用前爪往嘴里送东西吃。（节选自《松鼠》）

其实，太阳离我们有一亿五千万千米远。到太阳上去，如果步行，日夜不停地走，差不多要走三千五百年；就是坐飞机，也要飞二十几年。（节选自《太阳》）

第一段文字介绍的是动物——松鼠，第二段文字介绍的是事物——太阳。这两个片段虽然都是说明性文字，但是运用的说明方法截然不同。《松鼠》这一课，作者采用的是“直接描述”，而《太阳》这一课，作者采用了“列数字”“作比较”“举例子”和“打比方”等说明方法。教材这么安排，就是因为前者介绍的“松鼠”是一种活泼机灵的动物，用“直接描述”更能表现松鼠的特点；而“太阳”科学性较强，作为科普文，用上“方法说明”会更加直观和准确。通过这两个片段，就可以将“恰当的说明方法”落地细化，提炼出体现文体特征的恰当的习作方法，使得“语文要素”真正将本单元的习作资源打通，形成一条扎实有序的教学路径。

3. 循序渐进，构建训练序列

习作资源在统编小学语文教材中有特定的编排顺序，在习作资源课程化的进程中，应当沿着习作资源的相应位置，设计一条训练路径，让习作练习相机而生，根据学生的习作需求，突破学生的习作困境。

（1）作前预写。

在单元习作前，挖掘精读课文中与单元语文要素吻合的关键语段，发现“怎样写”的表达方法，并进行相应的读写结合训练，为单元“习作”的重点、难点作好铺垫。

练习一：仿照《松鼠》的第一段，分别描写“书包”“仙人球”“小龙虾”的样子。

练习二：结合下面的资料“小贴士”，试着用多种说明方法来介绍电视塔的特征。

小贴士：

1. 电视塔高 368 米。

2. 一般楼层大约 3 米高。

3. 法国埃菲尔铁塔高 300 米，天线高 24 米，总高 324 米。

4. 电视塔底座是主干，是 3 根直径 9 米的空心柱，还有 3 根直径 7 米的斜柱支撑着。

5. 整个塔身分下、上、顶三个球体，每个球体的直径 48 米左右。

练习三：查找资料，试着将课文《白鹭》第 2—5 自然段改写成一段说明性文字，体会改写前后有什么不同。

作前预写“练习一”和“练习二”侧重说明性语段的语言结构，而“练习三”则侧重说明性语段的语言风格，这些都是说明性文章的基础练习，直接关系到本次习作的成败。

(2) 作中创写。

在单元习作中，从整篇入手，但不面面俱到，针对学生本次习作可能遭遇的困境，结合具体任务情境，为学生提供恰当的习作方法，搭建必要的习作支架，直接指向单元习作核心目标。

讨论：介绍一种事物，“直接描述”和“用方法说明”，你觉得哪种更好？

小结：其实，最好的方法是“直接描述”和“用方法说明”相结合，让一种事物的某个特点更加鲜明，使读者印象更加深刻。

“直接描述”和“用方法说明”怎样结合？一起动笔试试吧！

出示：

狗的视觉神经分布密集，嗅觉细胞数量巨大。即使在很远的地方，它也可以“闻香而至”；即便味道很细微，它也能辨析出来。狗的嗅觉记忆很长，它能凭借记忆找到失散多年的主人。

① 小作者采用了“直接描述”，可否加些“用方法说明”？

② 在哪儿可以加上“列数字”？在哪儿可以添上“作比较”？在哪儿可以添上“举例子”？

③ 动笔改一改吧。

搜集相关资料。

> 小贴士：
>
> 1. 人的嗅觉细胞只有500万个。
>
> 2. 狗的嗅觉细胞大约为1.25亿—2亿个。
>
> 3. 狗大约可以分辨两万种不同的气味。
>
> 4. 福克斯新闻网曾报道，一条警犬可以从装有320箱水果的仓库里嗅出仅有15克的毒品。
>
> 5. 电影《一条狗的回家路》中，斗牛犬贝拉小时候被迫送往千里之外的新墨西哥州，因思念主人，独自踏上回家路，凭借嗅觉记忆，历经一年，终于与主人相遇。

作中创写练习，以作前预写练习为基础，将学生此前获得的可以提升说明效果的“直接描述”和“用方法说明”进行整合，形成稳定的表达支架，让每个学生懂得：在介绍一种事物的某个特点时，可以通过观察，聚焦某个方面的独特之处，提炼出“特点”；然后搜集资料，运用“列数字、作比较、举例子、打比方”等说明方法，将这个特点充分展示出来。

（3）作后研写。

在单元习作后，针对习作中出现的典型而集中的问题，采取进一步的细化练习，让目标更聚焦，确保单元语文要素落地转化成每个学生的习作能力和习作素养。“直接描述”加“用方法说明”的习作方法，是学生第一次遇到，加上这次习作是他们第一次写真正意义上的说明性文章，所以，在试教中发现，学生习作之后存在这样几种问题：一是资料与所要表达的事物特点不相匹配；二是说明方法对所表达的事物特点作用不大；三是“直接描述”和“用方法说明”之间衔接得比较生硬，缺少逻辑关联。因此，作后研写应需而生，让学生的作后强化练习在动物、植物、事物、物品之间不断切换，直至他们能熟悉和初步把握说明性表达的特点。

值得说明的是，我们不能太高估习作指导的功能，因为任何指导都要以练习为基础。只有质的“指导”，没有量的“练习”，学生的习作能力和习作素养是很难形成的。作后研写练习，将习作核心训练变得更加细致，更具有针对性。

当然，针对本单元语文要素，结合习作单元提供的各种习作资源，对一些有强烈习作兴趣、习作能力较强的学生，可以进行不拘一格的提升练习。可以给学生提供这样一系列可以交际分享的习作题目，见表7：

表7　五年级上册第五单元交际分享习作一览表

与动物有关	与植物有关	与物品有关	与美食有关	其他感兴趣的
恐龙	菊花	灯	涮羊肉	火星秘密
袋鼠的自述	热带植物大观园	扫地机器人	怎样做酸菜	草原旅游指南
动物的尾巴	种子的旅行	溜溜球的玩法	我的美食地图	中国传统吉祥物

从表7提供的素材中可以发现：从选材角度看，有介绍一种事物的，有介绍一类事物的；从表达风格看，有第三人称的介绍，有第一人称的自述。因为本次习作是学生第一次写说明性文章，在教学中，教师为了降低习作难度，一般不会提出"自述"或者将习作与项目化学习结合起来的表达要求。可是当习作完成之后，对一些有能力和兴趣的学生，可以引导他们尝试"介绍一类事物"——写写《我的美食地图》《中国传统吉祥物》，也可以引导学生尝试"项目化学习习作"——《热带植物大观园》《动物的尾巴》等。当然，还可以鼓励他们改变表达风格，用活泼的"自述体"分享习作成果。

作前预写练习、作中创写练习、作后交际分享都力求紧贴教材，确保习作紧跟学习进度，使得单元习作训练循序渐进，落实语文要素。这一系列练习贯穿整个习作单元学习进程，形成开放的习作训练序列，成为统编教材"习作能力体系"构建的亮点。

习作资源不仅存在于"习作单元"中，教材中的每个单元都有，只不过"习作单元"的习作资源更为集中，更加鲜明，指向更为明确。因此，开发和利用好"习作单元"的习作资源，推进"习作单元"习作资源的课程化，对教材其他单元习作资源的发掘和实践有着"样本"意义，使得"读写结合"在统编教材的背景之下能发挥更加深远的教学意义。

第三节 完善拓展高段习作例文的新结构

习作例文,顾名思义,是为学生的习作专门编写的作为范例的文章。例文贴近学生生活,是学生熟悉感兴趣的内容,易于激发学生的阅读兴趣。从心理学的角度来看,例文就是儿童习作的“原型”,具有启发和示范作用,因为例文本身的属性和特点决定了它与学生习作具有相似之处。从建构主义角度来看,习作例文又是一种先行的认知“图示”,学生以此可以推想习作的言语和结构模型。

作为一种课文类型,习作例文由来已久。原人教版小学语文教材曾设置“习作例话”板块,苏教版教材曾有“习作例文”内容的安排……它们普遍受到一线老师和学生的欢迎。在统编教材中,习作例文回归了。这次“习作例文”有很清晰的定位,安排在三至六年级每册教材的习作单元中,每次安排两篇例文。具体见表 8。

表 8 统编教材习作例文一览表

册别	单元主题	习作能力要点	习作例文
三年级上册	观察	仔细观察,把观察所得写下来。	《我家的小狗》《我爱故乡的杨梅》
三年级下册	想象	发挥想象写故事,创造自己的想象世界。	《一支铅笔的梦想》《尾巴它有一只猫》
四年级上册	写事	写一件事,把事情写清楚。	《杏儿熟了》《小木船》
四年级下册	写景	学习按游览的顺序写景物。	《颐和园》《七月的天山》
五年级上册	写物	搜集资料,用恰当的说明方法,把某种事物介绍清楚。	《鲸》《风向袋的制作》
五年级下册	写人	初步运用描写人物的基本方法,尝试把一个人的特点写具体。	《我的朋友蓉蓉》《小守门员和他的观众们》

（续表）

册别	单元主题	习作能力要点	习作例文
六年级上册	围绕中心意思写	从不同方面或选取不同事例，表达中心意思。	《爸爸的计划》《小站》
六年级下册	表达真情实感	习作时，选择合适的内容写出真情实感。	《别了，语文课》《阳光的两种用法》

在习作单元中，“习作例文”被安排在“精读课文”“交流平台”和“初试身手”之后，“习作”之前。它承上启下，既与精读课文互为补充，又发挥了指导习作的作用，还弥补了以往教师寻找例文不典型、不规范、缺乏系统性、效果有限等弊端，可谓一举多得。但在实际教学中，很多教师对如何用好“习作例文”存在困惑。如何体现编者意图，在教学中用好习作例文呢？下面以六年级上册习作单元《围绕中心意思写》为例进行阐述。

一、把习作例文用实

六年级上册习作单元围绕着语文要素“体会文章是怎样围绕中心意思来写的”“从不同方面或选取不同事例，表达中心意思”安排了四个板块的内容。第一板块选编了《夏天里的成长》和《盼》两篇精读课文。精读课文的作用在于让学生体会文章是如何“围绕中心意思来写的”。《夏天里的成长》以“夏天是万物迅速生长的季节”这一中心句开篇，安排了“生物长”“山川、道路长”“人也在长”三部分内容。其中，第一部分的“生物长”是课文的重点，这部分用一系列表示时间的词语，描写了夏天常见的植物、动物快速生长的状态，展现了夏天的蓬勃生机。《盼》一文描写了“我”盼下雨，盼穿雨衣。写得最具体的部分是第 4—7 自然段，具体写了“我”在放学路上惊喜地发现下雨了，兴冲冲地跑回家，想借买酱油的机会穿上新雨衣，却未能如愿的心理活动，将反复、曲折、真实、矛盾的“盼雨”的心理描写得细腻生动，让读者感同身受。两篇文章风格不同，组合在一起形成互补，在习作知识上给学生一个较为完整的概念。与普通单元精读课文不同，这两篇课文不再把重点放在研究“写了什么，文本的人文意义是什么”，而是放在让学生从阅读中学习表达的方法上。第二板块为“交流平台”和“初试身手”。“交流平台”从选材的角度对这两篇课文进行了总结，进一步帮助明确习作目标：要选择不同方面或不同事例表达中心意思，还要将重要部分写详细。“初试身手”的第一题让学生通过判断，知道怎样的材料是能够表达中心意思的；第二题让学生通过审题，讨论选择哪些材料可以凸显题目中的关键词，为后面的单元作文作好铺垫。第三板块安排了《爸爸的计划》《小站》两篇习作例文，以批注的形式告诉学生，作者如何“围绕中心意思”选择材料，并提示了把重点事例写具体、选择相关的事物衬托中心等写作方法。第四板块是“习作”，让学生结合汉字本身丰富的内在含义，联系生活体验或展开想象，“围绕中心意思，从不同的方面或选择不同的事例来写”。

统编教材“习作单元”的编写采用的是递进式的单元结构，因此进行习作教学设计时必须整体考虑单元内容，明确“习作例文”的教学目的，既要避免与“精读课文”混为一谈，把两篇习作例文当精读课文进行烦琐的分析，加重学生负担。同时要避免一带而过，草读了事，没有切实发挥出“习作例文”帮助学生进一步感悟“围绕中心意思写”的方法，降低习作难度的作用。

基于这样的解读，这两篇习作例文的教学目标可以作如下设定：

1. 自读两篇例文，进一步体会可以从不同方面或选取不同事例，使中心意思表达得更全面、更充分，激发习作兴趣。

2. 互动交流，感受《爸爸的计划》有详有略地记叙典型事例、凸显中心和《小站》最后两段揭示中心、升华主题的表达效果，并在习作中模仿、迁移。

根据本习作单元特点，围绕习作例文的教学目标，更好地凸显例文助力单元习作的教学价值，在引导学生完成习作《围绕中心意思写》时可以分为以下几个环节：

第一，明确习作内容，请学生们找到本单元习作题目“围绕中心意思写”。教师在揭示习作题目后进行课上学情调研：“如果让你现在动笔，有多少同学有信心写好？”此时举手的学生常常寥寥无几，可见如何“围绕中心意思写”，对于六年级学生来说的确是个难点。于是教师引入“习作例文”，告诉有困难的同学，编写教材的叔叔阿姨为了帮助大家，特意安排了两篇习作例文。

第二，引导学生交流“什么是习作例文”，学生会谈道：“习作例文就是帮助我们写好作文的例子。”“习作例文可以让我们学会怎样围绕中心意思去写。”交流让学生看到了习作例文在帮助完成习作方面的意义，唤起他们探究“习作例文”的热情。

第三，学生结合课后题和文中的批注，自读两篇习作例文《爸爸的计划》《小站》，通过独立阅读和互相交流，感悟两篇“习作例文”是怎样从不同方面或选取不同事例，使中心意思表达得更全面、更充分。

第四，比较两篇例文的不同之处，发现它们不同的表达特点，体会不同的表达效果。

教师灵活调整单元教材顺序，先让学生了解“习作”内容，明确习作要求，再根据学情适时引入“习作例文”，同时对两篇“习作例文”进行整体处理，而不是一篇接一篇地串讲。这样既节省了教学时间，还让学生在两篇“习作例文”的整体阅读交流和比较中提高了学习效率，加深了对习作方法的了解，达成了单元教学目标。

二、把习作例文用活

对于六年级学生来说，阅读两篇习作例文并不是难点。通过以往的课内外阅读，学生对围绕中心意思，从不同的方面或选择不同的事例进行习作已有所了解。但在围绕一个意思表达时，如何将重要部分写得详细些、具体些，让读者留下更深刻的印象，不少学生还是觉得困难重重。统编教材执行主编陈先云老师建议在使用统编教材时要树立“六个意识”，其中之一就是要有“主体意识”，即让学生成为学习的主人。因此，习作的指导也要根据学生出现的问题采用恰当的教学策略。例如：

1. 出示学生有问题的练笔片段。

拿到试卷，我万分沮丧。下课铃响了，我还在磨磨蹭蹭地整理书包，想晚一点回家。

2. 出示习作例文《爸爸的计划》中的段落。

一到订计划的时候，爸爸便眉飞色舞。“七点起床，八点做语文作业，九点读外语，十点……”他每写上一条，我就像多缠上一道线的陀螺，被搞得晕头转向。望着那长长的计划，我试探地问："爸爸，这计划中是不是加一条游泳啊什么的……""什么？"爸爸仿佛不认识我似的瞪了我好一会儿，"我订的计划是最最全面的。你看，午睡、吃饭、休息，什么都有了。"于是爸爸又订了一个如何执行计划的计划：作业由他亲自检查，午睡、吃饭由外婆监督。

让学生对比读读后思考：同样是把重要部分写具体，两段话有什么不同？

学生通过对比，感受到习作例文里的这段话综合运用了多种人物描写的方法，有神态描写、动作描写、语言描写等，写得很具体。

3. 老师播放微课，总结提炼将重要部分写具体的方法：综合运用多种人物描写方法，借助环境描写加以烘托刻画。

4. 师生一起对有问题的片段进行修改完善。

出示学生修改后的片段：拿到试卷，我万分沮丧。看着眼前大大的红叉，我的眼泪不自觉地落了下来，感觉周围人都在嘲笑我。我默默地低下了头，心想：要是考试时我再认真检查一下，没准就写对了，都怪自己太粗心了。这个分数该怎么跟爸爸妈妈说呢？下课铃响了，我还在磨磨蹭蹭地整理书包，想晚一点回家。

由这个教学实例我们可以看出："习作例文"给学生习作上的启发是多方面的，可以是选材上的，可以是语言表达上的，也可以是谋篇布局上的。

教学不能贪多贪全，想要通过一篇"习作例文"解决学生习作的所有问题是不现实的。最有效的做法是根据盲写时学生普遍出现的问题，有选择地使用"习作例文"。既可以像上述教学实践中只取其片段感悟体会，学习将重要部分写具体的方法，解决描写不具体的问题，也可以针对学生观察与搜集信息的能力比较弱，难以驾驭事物特点，习作篇幅很短，言之无物的问题，整篇地使用"习作例文"。总之，"习作例文"的使用并没有固定的模式，教学时可以根据学生需求灵活调整，切实发挥其帮助学生解决习作中存在的问题的作用。

三、把习作例文用足

虽然统编教材中习作单元的习作总是安排在习作例文之后，但并不意味着单元习作指导必须在习作例文的教学之后。实践证明:例文用在习作之前,可以发挥其示范、激趣的作用;例文用在习作之后,则可实现其诊断、评价的功能;若是例文与习作紧密融合,灵活穿插,以解决问题为导向,效果也很好。举一反三,对于习作单元的习作例文,教师可以把握时机,灵活运用。

1. 前移

根据教材安排,学生先学习作例文,再进行单元习作。教师通过引导学生阅读,体会表达方法,使他们在单元习作时"有法可依"。学生可以自读习作例文,进一步明确怎样"围绕中心选取不同事例,把重要部分写得详细、具体",提高习作能力。

2. 穿插

习作方法的获得要靠学生在探究中感悟。当学生产生困惑时,教师可以将同一例文反复穿插使用或者将不同例文递进呈现。本单元中,学生因为习作能力有差异,部分同学较难将重点部分写详细、具体,也不太容易通过选取不同的事例把中心意思表达得更全面、更充分。为此,在习作练习的过程中让学生回读《爸爸的计划》,深刻体会"围绕中心意思,从不同的方面或选择不同的事例来写",并确定一个中心,运用不同图示记录,打开学生习作思路。深入探究《小站》的最后一处旁批:"最后两段没有再写小站的'小',这在表达上有什么作用?"感受作者借助环境描写烘托、刻画小站精致温馨的笔法,尝试用这样的方法进行具体描写,突破难点。

3. 后置

在学生不知如何修改时,教师出示例文,引导学生在对比鉴赏中感悟语文表达的技巧,充分感受例文的魅力,学生再度审视自己的习作时,语言表达会更具体、更生动、更丰富,习作质量也会提升。如学生在习作中已尝试了"借助环境描写烘托刻画",通过对比,会明确不仅要"借助环境描写烘托刻画",还要"抓事物的特点进行侧面烘托",这样才能提高学生的表达能力。

四、把习作例文用巧

习作例文在教学中发挥了重要的示范作用,但习作例文也存在着局限。统编教材在全国各地推行至今，关于习作例文引入教材，学界也存在着疑惑和争议。习作例文能帮助大多数学生从不同角度、不同层面学习习作方法，提高习作能力，但有学者认为例文对习作能力突出的学生几乎没有积极影响。指导不当会限制学生的思维，影响学生个性化的表达。要消除使用习作例文可能产生的消极影响，建议根据单元习作要求，将习作例文拓展设计为由不同风格、结构、体裁的三到五篇习作组成的例文群，丰富习作例文资源，给学生提供更多思维的空间，满足不同层级学生习作能力的发展需求。

如统编教材六年级上册习作单元《围绕中心意思写》的例文，可以增加以下两篇习作组成新的例文群。

笑的魅力(片段)

笑能给人温暖，给人幸福和力量，还能使人与人之间友好相处。

有一次，我去医院看病，看着各种医疗设施，我很紧张。医生阿姨一边给我治疗，一边微笑着和我谈话，我顿时觉得连病痛都减轻了许多。

还有一次，我在教室里不小心碰掉了同学李丹丹的钢笔，我忙弯腰捡起来。一看，笔尖弯了！我早就听说，这支笔是李丹丹的爸爸从北京买回来的，她一直当宝贝那样珍惜，这下却被我摔坏了，她会怎么样呢？她会哭起来，说不定还会骂我，叫我下不了台……

当我忐忑不安地找到李丹丹，告诉她笔摔坏了，表示要赔钱时，李丹丹先是一惊，脸就变了！但她大概是看到我很难过，随即脸色又缓和了，笑着安慰我："不要紧。"看着这动人的微笑，听着这亲切的话语，我觉得如释重负。

玩　伴

我是一个性格腼腆的人，我人生最初的玩伴和人没关系，也和玩具没关系，而是一堆奇奇怪怪的东西。现在回想起来，那大约是我业余生活最丰富也最自得其乐的时期了。

小学的暑假，我顶着烈日，不辞辛劳地捉蜻蜓。捉住蜻蜓，我把它当自己的临时宠物。我到处捕蚊子，杀死蚊子喂给蜻蜓吃。大多数时候，蜻蜓都是有骨气的，不吃嗟来之食。或许是我捕到的蚊子不合它的胃口，喂了又吐，吐出来我还接着喂，乐此不疲。

幼时，在所有的玩伴中，称得上真正意义上的宠物的只有我的猫。至今每年夏天去郊区，经过沙沙作响的玉米地，我还会想起它，想起它侧躺在玉米地边的树荫下乘凉，慢慢摇着尾巴的样子。它乘凉，我冒着踩到蛇的危险，在玉米地里给它捉蚂蚱。我捉住一只，双手奉上，猫咪一口咬住，三两下就吞咽下肚，从来也不与我交流味道怎样。

我不稀罕知道蚂蚱的味道，但有件事，至今想起来都恨恨的。那是许多年后，我读的一篇科普文章说，猫对甜味是没有知觉的。我年少时，自己都舍不得花的零花钱，许多都给我的猫买了甜甜的米花糖。它每次都狼吞虎咽，吃得喉咙里发出满足的咕噜声，演技真好啊！我真想揪住它，让它还我米花糖。

10岁左右的一个雨天，我在我姐的书包里翻出一本《安徒生童话》，里面有篇《海的女儿》，我来来回回读了十几遍。那个暑假剩下的时间我都在“神游”中度过，想象着美人鱼海藻般的长发在深海里飞舞的样子；想象着她与女巫交易，每次踮起脚旋转，脚像踩在刀刃上一般有锥心之痛；想象着她在逐渐变成泡沫飞往天堂的半空中，看着她最亲爱的王子，离她越来越远，越来越远……

我长大了，蜻蜓安全了，猫咪安全了，它们不用担心我没事就去骚扰。我有了新的玩伴，儿时的夏天结束了。

第三章

高段交际活动作文的教学组织

第一节　交际活动作文的语境要素与作文样态

小学高年级学生自我意识迅速增强，人际交往活动开始成为他们的主导活动。要发展他们的语言功能，作文训练应该从观察作文转向记实作文和想象作文，如，中心明确的记叙文、简单的议论文、说明文和读书笔记等。

吴立岗先生认为决定小学生习作训练的要素有 5 个：生活、兴趣、思维、阅读和语言手段。他认为“生活是习作的源泉，兴趣是习作的动力，思维是习作的关键，阅读是习作的基础，表达是习作的重点”。交际活动作文需要在适切的交际活动语境下进行。

（一）高段交际活动作文的语境要素

国内外一般将交际活动语境要素分为“三要素说”“四要素说”和“五要素说”三种。三要素一般指读者、作者、信息；四要素一般指读者、作者、目的、题目；五要素一般指作者、读者、话题、语言、目的。作者、读者、话题、语言、目的五要素之间存在什么关系呢？可以通过图 1 来表示它们两两之间的关系。从下图中我们可以发现：语境决定语篇。在写作的过程中，创设语境是非常必要的。交际活动作文就是通过将语境要素明确化，从而自然而然地生成写作的动机、目的和内容。这种机制能够激发写作动机、写作兴趣等。

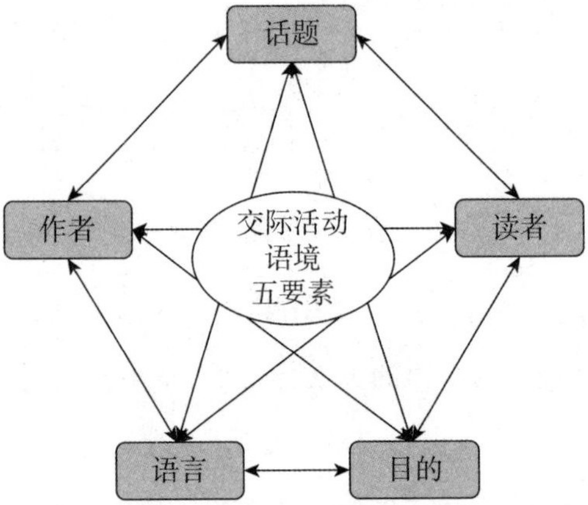

图 1　交际活动语境五要素

（二）高段交际活动作文的样态

交际活动作文就是作者充分分析交际活动语境要素，明确潜在的读者，依据目的对语言、文体、内容作出选择之后形成的作品。以应用文为例，交际活动作文的教学样态可以分为规约式交际语境下的体验习作、实景式交际语境下的体验习作和虚拟式交际语境下的体验习作。

1. 规约式交际语境下的体验习作

学生在规约式交际语境下进行体验学习，感受中华优秀传统文化、社会主义先进文化，积累丰厚的素材，完成初步构思，在语境下进行应用交际，通过自身的尝试、实践，同伴的评价、修正，形成自身的应用文体默会知识和写作技能。如图 2：

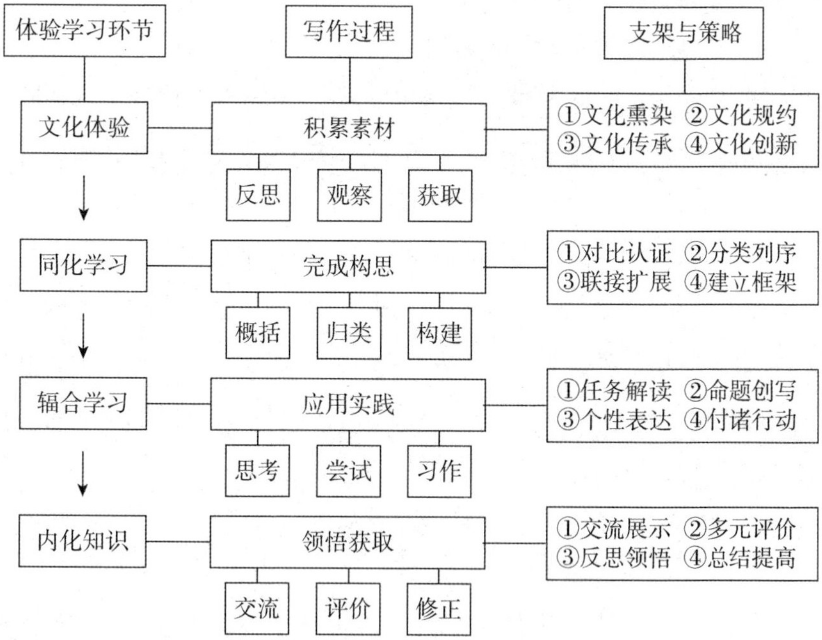

图 2　规约式交际语境下的体验习作学习机制图

2020 年春天，学生们见证了中国共产党带领全国人民抗击新冠肺炎的可歌可泣的历程。在这样的真实情境中，学生会自觉地进入社会公民的角色，承负起公民的职责和义务。如，学生宅在家中进行网络学习时，制作“宅家学习指南”，设计“疫情防控攻略”，制订“社区出行规则”，撰写

"英雄颁奖词",完成"防控调查报告"等。

图3 "疫"网情深应用文习作微课程内容框架图

上图以资讯时政中传递的语境作为"'疫'网情深"应用文习作微课程内容,让学生进行阅读、习作、思考、领悟,落实相应的训练要素。教师在真实的交际语境中进行习作训练,提升学生的语言表达能力,培养学生搜集信息、整理信息的能力,潜移默化地进行生命教育、健康教育、责任教育和感恩教育。

2. 实景式交际语境下的体验习作

学生在老师的组织下到图书馆、博物馆、电影院等地方进行体验学习。在实景式交际语境下,通过调查访问、查阅资料等体验活动,获取真实的数据。这些活动和资料,使应用文的创写和应用有了鲜活的内容。而对体验活动进行整理、交流和评价,能使学生语言表达、搜集信息、处理信息、合作交往的能力不断提高。如图4:

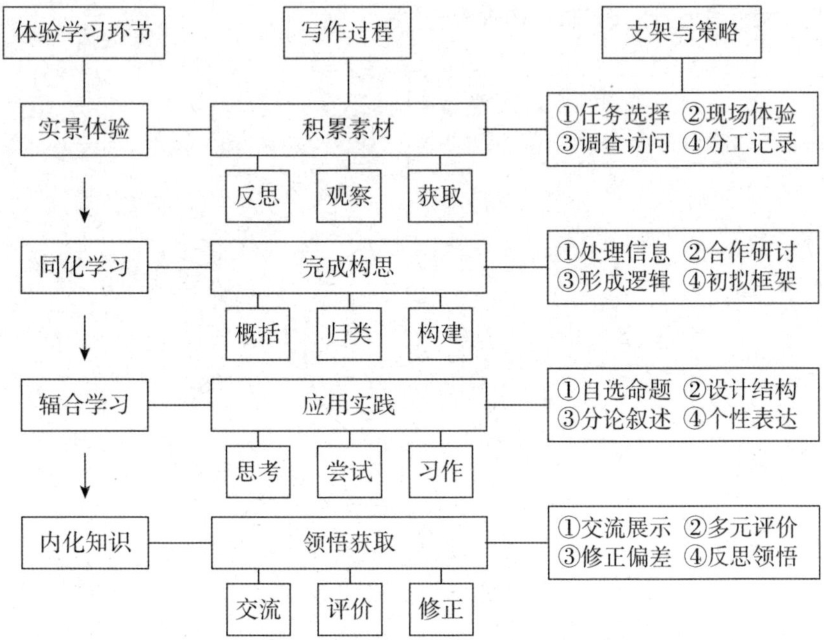

图 4　实景式交际语境下的体验习作学习机制图

统编教材五年级下册综合性学习指导学生写简单的研究报告。习作前，教师可组织学生到图书馆开展语文综合性实践活动。活动前，每个学生都根据自己的能力选择任务；活动中，师生分工进行记录和整理；活动后，师生共同进行小结和展示。

通过语文综合性实践活动，学生语言表达、搜集信息、处理信息的能力都将得到提升。更重要的是，在调查采访中，他们会获得许多有价值的信息和真实的数据，这些一手资料将为他们撰写研究报告提供丰富的习作素材和依据。

3. 虚拟式交际语境下的体验习作

这类体验习作根据各类应用文的文体特点，创设有趣的生活情境，策划丰富的体验活动，创造一个个习作训练的话题。如，指导学生写新闻报道时，课堂就可以创设“一分钟吸乒乓球赛”等小型体育竞赛活动；写导游词时，教师播放当地景点风光微视频等。这样创设情境、组织活动，可以使应用文习作教学得以真实有效地进行。如图 5：

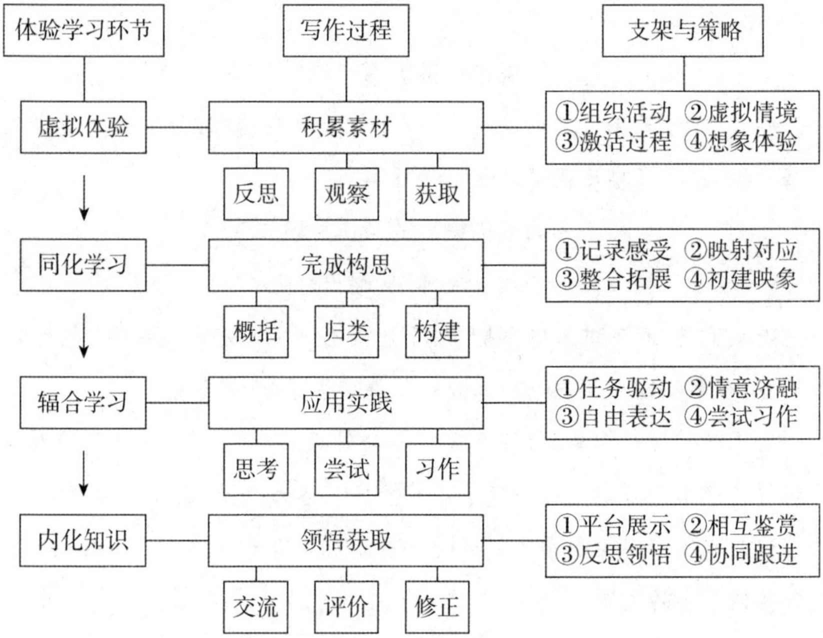

图 5　虚拟式交际语境下的体验习作学习机制图

五年级下册拓展性习作课程《学写新闻报道》可以创设这样的虚拟式交际语境，请看课堂回放：

师：听说昨天上文体课的时候，我们班进行了吸乒乓球比赛的预赛。哪两位同学进入了最后的决赛？请上台来，自我介绍一下。（两位同学进行介绍）

师：咱们这节课就来进行决赛。为了比赛的顺利进行，我邀请两位同学上来当裁判，统计乒乓球的个数。其余的同学当小记者。请你们认真观看比赛，关注比赛结果。在比赛之前，先来重温一下比赛规则：1 分钟内将指定筐中的乒乓球用吸管吸住，并运送到另一个指定筐中，个数多者为胜。

师：我们请同学用电脑来计时，听到哨声，计时开始。准备好了吗？同学们，激动人心的决赛马上就要开始了！（学生开始比赛）

教师在教室里用动情的讲述或借助图片、音乐、录像等媒介为学生创设虚拟的交际语境，让学生在语境中进行应用文的写作，提升课堂的实效性。下图是同一位学生在语境创设前后的习作呈现，进步是明显的。

语境创设前的习作片段

昨天下午，五年级三班举行了“一分钟吸乒乓球”比赛。黄天睿获得了男子组冠军，布卓凡获得了女子组冠军。

语境创设后的习作片段

“气量大师”新鲜出炉

昨天下午，五年级三班举行了“气量非凡——一分钟吸乒乓球”比赛。黄天睿、布卓凡过五关、斩六将，分别获得了男子、女子组冠军。

决赛进行得非常激烈，黄天睿以一分钟吸三十八个乒乓球的绝对优势获得了冠军。布卓凡在一度落后的情况下奋力拼搏，最终取得了胜利。

这是宁波市实验小学体艺节的一项活动。据悉，近期，五年级组还将进行其他赛事的决赛。

第二节　创设适合学生和课程的交际活动语境

交际活动作文教学要获得成功，必须尊重语文教育规律和儿童语文学习规律，努力设计适合小学生校园生活、家庭生活和社会生活的交际活动话题，创设交际活动语境，实现语境下的真实写作。我们的实践与研究表明，可以创设以下五类交际语境。

（一）活动型交际语境

此语境以活动为载体，引导学生参与体验。通过引导学生细致观察、感受，让学生学会描写人物的表情、动作等，并学习按一定的顺序叙述事情的经过。常见的组织形式有游戏、主题活动等。

活动作文以学生的主动参与、主动探索、主动思考、主动实践为主要手段，鼓励学生以课堂内外各种活动的经历为基础，让学生在体验生活、学习生活的过程中获得并提升对生活的感受与认识，从而使作文成为学生倾吐情感、学习个性化表达、提升多方面能力、融入社会的一个手段。将学生喜闻乐见的游戏、小型体育活动等体验性活动引入课堂，激活学生观察、说话、思维和表达的潜能，是活动作文最显著的特征。高段习作教学更加注重活动型交际语境的创设。

在六年级上册第二单元习作《多彩的活动》中，我们可以创设三次交际活动语境：一，课前布置学生小组合作，收集以往参加的活动照片或相关物品；二，课中创设大队部“多彩的活动”主题征文情境，唤醒学生生活体验，创设交际平台，激活表达热情，突破习作重点；三，课后指导学生小组合作制作成“美篇”，将成果发布在校园微信公众号上进行展示分享。请看课堂回放（节选）：

师：大队部将举办“多彩的活动”主题征文活动（屏幕展示活动电子海报），希望同学们都能踊跃参加。咱们先来讨论一下，同学们参加过哪些活动？

（生自由发言，展示参加活动的照片、物品）

师：我也想起了一些活动，还整理了一些照片（屏幕出示电子相册），帮助同学们进行回顾。在这些活动照片中，有没有找到你的身影？有没有回想起曾经的活动场景？请看大屏幕。

师：回忆起来了吗？你看到了谁？

生：我看到了李昶熠，他获得了“玩转乐器秀”金奖。这是首届STEAM玩创嘉年华颁奖活动。

师：你的反应最快。在一个月的玩创嘉年华活动中，还有哪些令你难忘的活动？

生：有泡泡大咖秀、玩转乐器秀、神奇小车秀，还有生态种植秀。

师：再回忆回忆，在学校活动中，除了玩创节活动，你还参加过哪些活动？

生：我参加过运动会。参加了跳高、跳远比赛。

师：我想起来了，你还获得了跳高第一、跳远第二的好成绩。厉害！

师：除了参加学校活动，大家有没有参加过校外活动呢？

生：我参加过“宁波市才艺达人秀”活动，初赛弹奏了琵琶，决赛表演了舞蹈。

生：我参加过少儿图书馆组织的志愿者活动，帮助图书管理员整理图书，还帮助来借阅的小朋友查找图书。

师：老师为你们点赞！参加公益活动，帮助他人，自己会感到快乐。其实活动分很多类，请看大屏幕(教师整理学生的发言，呈现示意图)。

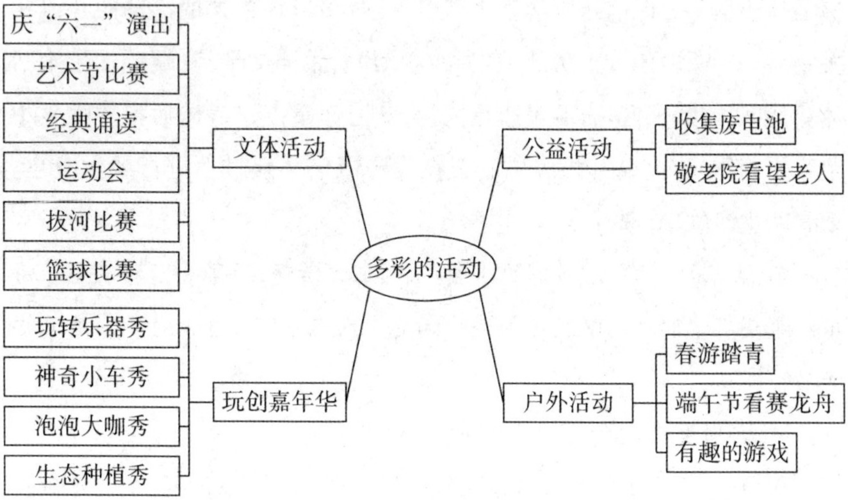

师：今天写一次活动。你打算写什么活动？小组讨论，填写活动意向单。

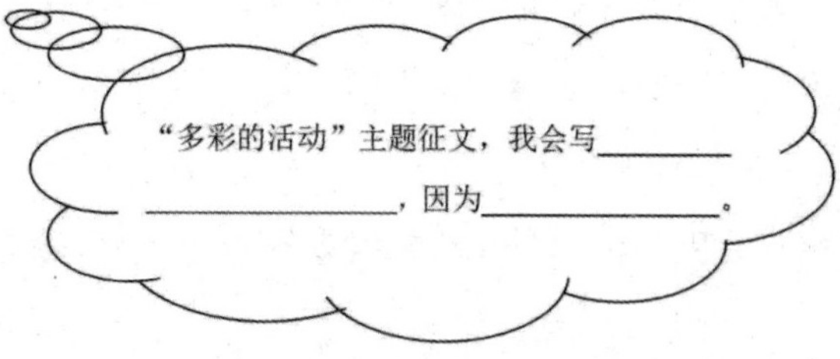

课前引导学生根据习作要求设计“课前预写单”，让学生带着预写单，以小组为单位参与学校的首届“玩创嘉年华”活动，全程做好记录。课中组织学生分享学习成果，进行充分的交流互动，为习作表达做好铺垫。

在保障安全的前提下，课内安排5分钟左右的时间让小组合作参与班级的“玩创嘉年华”活动。活动结束后，根据习作要求，把活动过程记录下来，师生、生生充分交流、分享、评价、修正，为发表做好准备。

创设活动型语境是交际活动作文实践过程中最常见的组织形式，五年级上册第八单元的《推荐一本书》、五年级下册第六单元的《神奇的探险之旅》、六年级上册第三单元的《________让生活更美好》、六年级下册第一单元的《家乡的风俗》、六年级下册的综合性学习《写毕业联欢会活动策划书》等都可以这样进行操作和实践。

（二）对话型交际语境

通过搭建平台，引导学生与嘉宾进行双方或者多方对话。学生以对话者或者观众、记者等角色进入情境。这类语境常见的组织形式有辩论会、访谈节目、沙龙、论坛等，引导参与者谈观点、想法、感受，激起思想碰撞。重点是引导学生对人物内心感受和观点表达进行具体描写。

统编教材从五年级上册开始，编排了一部分描写人物内心感受的习作，例如，五年级上册第六单元习作《我想对您说》要求用恰当的语言表达自己的看法和感受，五年级下册第一单元习作《那一刻，我长大了》要求把内心的真实感受写具体，六年级上册第八单元习作《有你，真好》要求在写一个人时，表达出自己真挚的情感，六年级下册第四单元习作《心愿》要求选择一种合适的表达方式写出自己的心愿。根据统编教材习作能力训练序列，重点要引导学生把人物的内心感受写具体，写生动。

教学时根据教材特点，创设对话型交际语境，比如，开展辩论赛，做人物访谈，开设论坛等。学生可以是访谈者的身份，也可以是被访谈者的身份。还可以邀请教师、学生、家长、社区代表、社会各界人士参与活动，展开多方对话。让学生在交际对话语境中表达自己的观点、想法和感受，同时引发参与者的共鸣，迸发出更多的思想火花。如五年级下册第一单元习作《那一刻，我长大了》，教室里可以创设人物访谈的场景，邀请一位学生当访谈对象，一位学生当主持人。教师是活动的组织者，台下的同学当现场观众。请看课堂回放：

打开思路，回忆成长一刻

教师边放视频边讲述：竹笋出土前，一直在地下默默积蓄力量。到了春雷唤醒大地的那一刻，它破土而出，以惊人的速度快速生长。刚出生的雏鹰，在巢里嗷嗷待哺，鹰妈妈会不辞辛苦地寻找食物喂养它们，精心呵护它们成长。直到它们羽翼丰满，鹰妈妈才会把它们推出鹰巢，那一刻雏鹰们将展翅飞向无垠的天地间。成长是一个漫长的过程，但长大，有时就在那一瞬间。

主持人：童年是美好的，也是稚嫩的。还记得小时候的模样吗？

（主持人和台上的访谈对象、台下的观众充分交流。）

主持人：除了个子更高了，样子变化了，你觉得自己和小时候相比，还有哪些变化？

访谈对象：知识更丰富了，本领更多了。

观众：更懂事能干了。

观众：学习更自觉了。

观众：更有毅力了。

观众：更勇敢自信了。

主持人：让我们用关键词列出这些变化。（屏幕出示学习单）

关键词：________________________________
长大后的我：______________________________
____
____
____
____

主持人组织台上的访谈对象和台下的观众进行进一步的交流分享：

关键词：丰富

访谈对象：长大后的我学到了更多知识，会解方程，能用英文作自我介绍。

关键词：独立

访谈对象：长大后的我自己乘坐地铁上学。我用“地铁＋公交”的出行方式去看爷爷奶奶，他们都不相信我是一个人来的。

关键词：毅力

观众：长大后的我参加户外徒步活动，和爸爸一起走了好几个小时。我觉得我的毅力、耐力都有了很大的提升。

关键词：勇敢

观众：长大后的我不再怕黑了，爸妈加班不在家，我一个人睡，也能照顾好自己。

主持人小结：成长不仅是身体长大，更多的是心理的成熟。我们从大家说的、写的内容中的确看出了大家的成长。

教师：每个人的成长并非一帆风顺，很多成功也是在失败中获得的。可以试着逆向思考，从另一个角度去选择成长的事例，比如在“跌倒”中成长，在反思中成长，等等。

在这次“人物访谈”的交际活动语境中，师生进行友好、放松的对话，这样既充分激发了学生的习作兴趣，又提供了丰富的写作话题。

（三）研学型交际语境

此语境以旅游、社会实践为基础，引导学生走进场馆、走进自然、走进名胜古迹，运用观察触摸、调查研究、考察验证等手段，多方位去了解表达对象的特征、属性、内涵和背景故事，提升学生的思辨能力与思维品质。

从五年级上册起，教材安排了“二十年后的家乡”“写简单的研究报告”“给中国的世界文化遗产写简介”“为毕业联欢会写策划书”“写倡议书”等与生活息息相关的习作，体现了语文实践性、综合性的学科特点。带领学生走向社会开展综合性学习，根据前期调查或研究考证，帮助学生积累第一手的资料，为展示学习成果做好充分的准备。

五年级下册第五单元习作《二十年后的家乡》引导学生从现实生活体验出发，想象二十年后家乡的样子，规划未来家乡发展的蓝图。教学分四大板块。第一板块：视频导入，激发习作兴趣。首先播放电影《回到未来2》的片段，观影后鼓励学生畅聊未来，激发习作兴趣。如，有的学生会向往纳米医疗和全息影像，有的想研究基因技术和生物科技，还有的想登陆火星，去太空旅行等。同时，出示本次习作要求，明确“变化”是未来家乡的关键词，提示学生可以从生活、工作和环境三方面去写。第二板块：实地考察，明确习作内容。带领学生参观城市交通、公共设施、三江六岸等二十年前后对比的照片展览，调查访问相关部门、人群，搜集数据和资料，让学生真切感受家乡的巨大变化，引导学生选择重点进行表达。第三板块:依照范例写习作提纲。在观察、思考、讨论、交流、评析、修改中,让学生逐步明确写提纲的要求和方法。第四板块:依据提纲,写好片段。开展互评和交流,鼓励学生将习作带回家读给父母和长辈听,并根据他们的建议修改完善。

请看第二板块教学片段的回放:

师:这是我们的家乡,比较两张照片,你发现这二十年带给宁波怎样的变化?

生:我觉得这二十年让宁波高楼林立,城市几乎成了一个钢筋水泥的森林。

生:二十年时间让宁波更绿了,绿化铺天盖地。

师:我们再来观察宁波交通二十年前后的变化。

生:二十年前只有公共汽车,如今除了公交,还有地铁、轻轨、城际列车。说明交通越来越方便、便捷,人们的生活也越来越好。

师:说到高铁,就会想到火车站,我们来看看火车南站二十年前后有什么变化。

生:火车南站已经焕然一新,不再像以前那样拥挤,高铁班次更多了。而且人们现在不需要排队买票,可以提前在网上订票。

师:更加便捷,更加舒适,我们的城市变得更加智能化。(引导学生观察三江六岸二十年前后的变化)

师:城市不仅"向前变",有时候还"向后变",一变回到几十年甚至几百年前。你们仔细观察照片里三江六岸东渡路药行街一带"整新如旧"的模样。

生:我觉得这样更可以凸显城市的文化底蕴。

生:可以让我们在近代与现代之间穿梭。

师:好一个"穿梭"!二十年,真的可以发生翻天覆地的变化。我相信现在你们对"二十年"这个时间概念有了一定的了解。再过二十年,你们就将成为这座城市——你们故乡的主要建设者和规划者,它必然会变成你们所想象、期待的样子,越来越——

生:环保、便捷、智能。

师：这么多都需要写吗？

生：应该写自己最感兴趣的变化，比如写无人驾驶的汽车。

生：可以写和现在相比，变化最大的方面。

师：写自己了解的、可能是变化最大的方面，这是习作的重点，所以要写具体。把准备重点写的部分记录在导写单上。

创设研学型交际语境，学生在现场考察访谈、交流讨论、聚焦习作话题，发展了思辨能力，提升了思维品质。接下来教师引导学生运用“场景＋事件”的方法把重点部分写具体。下面的习作提纲就呈现了学生在老师创设的情境下交流、思辨的足迹。

人工智能
虚拟现实
万物互联
无人驾驶
自动房屋
基因技术
太空旅行
纳米医疗
生物科技
……

开头参考：
1.穿越到二十年后，……
2.“主任，起床了！”机器人端着水杯站在床前……
3.坐着浮空的自动驾驶汽车，……
……

想象未来的场景，写一个片段。
1.敢想，有创意，让未来更美好。
2.用“场景+事件”的方法描写未来场景。

随着课程改革的深入推进，各地各校都设置了富有地域特色的课程，这赋予了交际活动作文新的生机和活力。如，引领学生走进场馆，探寻文化，搜集资料，撰写调研报告，制作纪录片，编写故事集等，在真实的情境里提高学生的语言表达能力和交往能力，提升学生的语文学科素养。以下是五年级学生开展“致敬老街，讲好老街故事”的项目化学习案例：

“致敬老街，讲好老街故事”项目化学习

一、项目确立：问题驱动，选定项目，设计场馆路线

这是项目学习的第一步，关系到学习主题目标和内容。

学校附近是老城区的秀水永寿老街，富有地域文化特色。老街是城市宝贵的文化遗产，是独特的课程资源。怎样讲好老街故事是来自学生生活实际的问题。

"致敬老街，讲好老街故事"场馆项目化学习学生选题表

项目主题	项目名称	研究主题	场馆地点	预期成果
致敬老街，讲好老街故事	老街的历史	1. 老街的历史发展 2. 老街的历史故事	永寿街区 秀水街区	手抄报 小论文 故事集 纪录片 摄影作品 绘画 手工地图 调查报告
	老街的民居	1. 民居老墙门的特点 2. 老街小弄堂的特色	老街民居	
	老街的名人	1. 藏书家冯孟颛 2. 篆刻家葛夷之 3. 学者冯君木	伏跗室（冯孟颛纪念馆） 回风堂	
	老街的旧址	1. 吴宅、林宅、沈宅 2. 桂花厅、元戎第	各处老宅旧址	
	老街的生活	1. 沿街特色店铺 2. 阿拉老底子生活百态	永寿街区 秀水街区	
	老街的建筑	1. 老街建筑的特点 2. 建筑工艺：石雕、木雕	老街老房子	
	老街的地形	1. 老街所在区域及布局 2. 小巷名字由来 3. 老街的风景风貌	永寿街区 秀水街区	
	老街的未来	1. 老街改造规划 2. 变化中的老街	老街改造规划处	

二、项目规划：设计方案，明确任务，制作手册

这是课程实施的直接依据，包括明确的主题目标、内容、组织形式，也包括后勤和安全保障等，记载册是学生学习顺利进行的主要依据，包括背景资料、探究任务、活动记录、作品成果、反思评价等。

老街文化探究主题被确定为"致敬老街，讲好老街故事"。目标设定为：以场馆项目化学习为活动形式，通过对老街探究活动的设计与实践，培养学生自主学习、小组合作意识。引导学生运用多种方式探究老街文化奥秘，在多学科的融合过程中提高学生的综合能力与核心素养，提升学生对民族文化的认同，感受传统文化的博大精深，体验、表达传统文化之美。

三、项目实施:前期准备,活动探究,作品制作

前期准备:

◆ 联系街道及伏跗室纪念馆工作人员,确定行程;

◆ 邀请文史研究专家作培训讲座;

◆ 发放学习记载册,进行课程宣讲和安全教育。

活动探究,作品制作:在讲好老街文化故事这一任务驱动下,使学生明确活动目标。学生对项目学习成果进行归纳整理,可以选择自己擅长的项目作品来表达。

四、项目评价:成果提交,展示交流,反思评价

学生对项目进行描述,展示研究成果。师生对项目学习成效进行形成性评价、总结性评价等。

展示“致敬老街,讲好老街故事”项目化学习记载册。

(四)剧场型交际语境

此语境主要通过剧场情境的创设,引导学生在体验具体角色中,走进人物内心,通常以课本剧表演等形式出现。学生在演员、导演、剧务、观众等多重角色中观察、感受,训练对人物表情、内心、语言、动作等方面的描写。

戏剧进课堂是当下课程研究的热点,戏剧表演也是学生喜爱的学习方式,学生通过欣赏、模仿、体验和富有创造性、参与性的实践活动,提高鉴赏艺术的能力。根据习作要求为学生打造戏剧场景,让他们在舞台上充分进行角色体验,观察人物的表情,模仿人物的动作,揣摩人物的内心,为习作表达奠定基础。

如六年级上册第四单元习作《笔尖流出的故事》的表达要素是“发挥想象,根据生活创编故事”。习作要求有三点:1.故事要围绕主要人物展开;2.把故事写完整,情节尽可能吸引人;3.试着写出故事发生的环境,还可以写一写人物的心理活动。教材提供了三组环境和人物,供学生来创编故事。教材在环境的选择上,非常具有代表性:“开满丁香花的校园”代表校园生活,“冬日黄昏时车来人往的街头”代表城市生活,而“月光下的村庄”对应的则是农村生活。

课前，让学生根据自己的兴趣和能力选择一组环境和人物，与选择相同内容的同学组成一个小组，一起充分地展开想象，用流程图、鱼骨图、情节梯、蜘蛛图等各种图示进行情节设置，并利用课余时间排练剧本。课上，搭建“开满丁香花的校园”“冬日黄昏时车来人往的街头”“月光下的村庄”的场景（也可以用媒体加画外音创设虚拟场景），让三组学生上台展示表演，台下的观众根据习作要求进行欣赏点评，如，情节是否吸引人？环境是否凸显人物形象？动作、神情、台词等细节表演是否诠释了人物的心理活动？

在这个过程中，教师是场记、导演，根据台下学生的反馈及时点拨说戏，帮助演员更好地进入角色。这样的交际语境创设符合文本特质，符合学生的年龄特点，深受学生们的欢迎，他们在轻松愉悦的情境中尽情地体验、交流、互动、表达，习作能力由此得到提升。

剧场型交际语境的创设有时会受地域空间的限制，在信息技术发展的今天，运用媒体技术创设虚拟的情境，也是值得推广借鉴的。如六年级上册第一单元的习作《变形记》、第七单元的习作《我的拿手好戏》等，都可以尝试创设虚拟的剧场型交际语境。

（五）观察型交际语境

在此语境中，学生是观察者，要学会用自己的各种器官去感知周边的事物、场景，调动自己原有的认知去观察、感受。这类语境的常见组织形式有观赏景点、标本、展品等，训练重点是学生对事物的整体感观与细致描摹，以及按一定的顺序描写自己的所见、所闻、所感。

五年级上册第七单元的习作《________即景》适合在习作实践中创设观察型交际语境。《________即景》所在单元的语文要素有两项：一是静态描写；二是动态描写，学习描写景物的变化。本次习作的要求是观察一种自然现象或一处自然景观，重点观察景物的变化，写下观察所得。概言之，有两个要求：一是有顺序；二是写出动态变化。按照顺序描写景物，学生基本都能做到，如何写出景物的动态变化，学生感到困难。如何突破“写出景物的变化”这个难点呢？其一，引导学生从已经学过的写景类课文中寻找方法，其二，要为学生创设情境，让学生在真实或者虚拟的情境里观察、感受、交流、分享、表达。

以下是创设观察型交际语境环节的课堂实录：

师：夜晚的天一广场，因为有了灯光、霓虹，比白天更加妩媚动人。就拿音乐喷泉来说吧，那可是古代文人墨客怎么也想象不到的美景。（条件许可的情况下，让家长带学生游览天一广场，教师也可以播放音乐喷泉的视频）请大家仔细观察，能不能用老师给的句式来说一说？

（音乐喷泉一会儿变成________________，一会儿变成________________，一会儿变成________________。）

（学生交流）

师：音乐喷泉除了形状、姿态变化万千，颜色也绚丽多彩。谁能用老师给的句式说一说？

（音乐喷泉的颜色绚丽多彩，时而像________________，时而像________________，时而像________________。）

（学生交流）

师：音乐喷泉怎么能少了音乐呢？同学们想看喷泉的姿态、颜色随着优美的音乐变换吗？（播放视频）

师：请按照一定的顺序，用上动静结合、合理想象等方法，写一写天一广场的音乐喷泉。（屏幕出示习作单）

________即景 伴随着《我爱你，中国》的音乐，________________________________ ____ ____ ____ 评价要求：写好之后，先自己评一评，然后找同学互相读一读，评一评。 顺序清晰　自评☆☆☆☆☆　同学评价☆☆☆☆☆ 动态变化　自评☆☆☆☆☆　同学评价☆☆☆☆☆

（生当堂练习写一个片段，师巡视，进行指导）

如果说走进社会生活、组织开展交际活动是把作文教学搬入社会生活，那么创设交际活动语境进行作文练习，则是把社会生活搬入课堂。本节以统编教材为例，列举了如何在习作实践中创设活动型语境、对话型语境、剧场型语境、研学型语境、观察型语境等各种交际活动语境，这些语境的创设使习作教学高效、生动，充满了无限的情趣。

第三节　努力实施友好、互动、具体的习作教学指导

如果说创设交际语境是为了激发学生的写作动机，使其进入良好的写作状态，那么实施友好、互动、具体的习作教学指导则是助力学生积累语言、习得表达经验，从而享受习作成就感的关键所在。

（一）友好的合作是习作实践的强大动力

传统习作教学常常把学生当做知识口袋，教师一言堂的现象比较普遍。作文指导是教师讲授，学生聆听；习作过程是教师巡视，学生练写；作文讲评是教师点评，学生修改。这种作文训练模式建立在权威和服从的基础上：教师是作文知识技能的传授者，学生只能按照老师的要求指令去被动完成。时间一长，学生只会单打独斗，不会合作互助，造成了作文训练"少""慢""差""费"的局面。

统编教材认真落实《义务教育语文课程标准(2011 年版)》的要求，在高段习作教学设计上，着力体现语文实践性、综合性的学科特点，尤其倡导自主、合作、探究的学习方式，让学生在与教师、同伴的合作学习中经历习作的过程，从而掌握习作知识和习作技能，提高习作能力。那么，如何在高段交际活动作文实践中实施合作学习呢？

首先要转变教师角色，改变师生间传统的"权威—服从"的关系。交际活动作文教学中，教师不应站在讲台上对学生发号施令，而应同他们一起选材，一起写作，一起修改，一起展示，一起参与习作交际活动的整个过程。教师应努力从知识的权威者转变成学习的组织者和引领者。

例如在教授六年级上册第七单元习作《我的拿手好戏》时，我是这样指导学生进行选材的：

1. 预热

师：马上就要上课了，我们先来认识一下吧！大家来自哪所小学？

生：海曙外国语学校六(4)班。

师：牛气冲天的六(1)班怎么没来？才华出众的六(8)班怎么没来？怎么来了个六(4)班？

生：老师，您不要瞧不起咱们班，咱们班考试经常是全年级组第一的，只是我们低调而已。咱们4班怕过谁？

师：有勇气！老师喜欢！不靠颜值靠实力，了不起！我觉得六(4)班同学真的很优秀，老师也表示一下诚意，介绍一下我的家庭，好吗？

生：(欢呼)好！

2. “好戏”登场

师：这是老师的三口之家(出示视频)。首先登场的是我的女儿，人称“二胡公主”，知道为什么吗？

生：她喜欢二胡！

师：不仅仅是喜欢呢！

生：她很会拉二胡！

师：对！拉二胡就是她的“拿手好戏”！下面登场的是谁？没错，就是我！在学校大家都叫我“杨老师”，在家里，他们都叫我“家庭煮妇”，知道为什么吗？

生：因为你的厨艺超级棒！

师：谢谢你的赞美！瞧！我能将土豆切得细如发丝，这就是我的“拿手好戏”！最后登场的是我家“大师”——我的先生。不过，在“大师”之前还得加上两个字——“挑蟹大师”。大家猜猜这是为什么？

生：他买的螃蟹一定很壮。

师：一语中的，挑螃蟹就是他的“拿手好戏”！孩子们，现在你们知道，什么叫“拿手好戏”了吗？

生：独特的本领。

师：对，别人没有，只有他有！

生：一项工作，没有人做得比他好！

师：是呀，所谓“拿手好戏”，就是一个人身上“人无我有，人有我优”的独特本领！

3. 我有“好戏”

师：同学们，像这样的拿手好戏，你有吗？如果一时想不起来，我们不妨来对号入座吧！可以像我女儿那样在学习或才艺方面有“好戏”的，譬如——（出示：写文章、画画好、计算快、能唱歌）

生：“朗读”是我的拿手好戏。

师：一听你的声音，一看你的神态，就知道有戏！

生：我擅长弹钢琴。

师：杨老师就不会弹钢琴，这的确是你的“拿手好戏”！

生：“跳芭蕾舞”是我的拿手好戏！

师：会跳芭蕾舞的人不多，真是你的“拿手好戏”！大家是否有像我先生那样，在生活和运动方面有一门了不起的本领的，譬如——（出示：玩攀岩、点球准、会认路）

生：我会做雪花酥。

师：我都没有听说过，肯定是好戏，很想跟你学。

生：我会认路，只要是去过的地方，我都可以找到回家的路。

师：对于“路盲”的杨老师来说，你简直就是“活导航”，掌声响起来！

生：我读书快，一天就能读一本厚厚的书。

师：能记得住吗？

生：当然记得住，我还可以讲给别人听！

师：老师知道了，记忆力强是你的“拿手好戏”！是否有像我那样，在做家务方面有独特本领的，譬如——（出示：修电脑、炒菜、种多肉植物）

生：我会拆装赛车。

师：能完好如初地组装回去吗？

生：我可以的！

师：拆装赛车就是你的拿手好戏！

生：我会做葱花饼。

师：家人爱吃你做的葱花饼吗？

生：吃过的都说好吃！下回我带来给老师和同学们品尝。

（学生掌声响起，欢呼叫好）

师：不仅是做葱花饼，做广告也是你的“拿手好戏”！（学生大笑）如此看来，咱们班藏龙卧虎！请大家拿起笔来，在习作练习单第一行中间，写上你“拿手好戏”的名称。

我们可以感受到，这段师生、生生间的对话轻松、愉悦，贴近儿童的生活，充满了友好、和谐的氛围。教师作为教学活动的引领者、组织者和参与者，全程经历了学生审题和确定习作话题的过程。教师通过对自己家庭成员的特长介绍，先引出“拿手好戏”这个概念，接着请学生们定义“拿手好戏”的概念，然后引导学生想想自己的“拿手好戏”，再充分地进行交流互动。当学生只关注一个点，如“才艺”“运动”方面的特长时，教师会巧妙地帮助学生打开视野，唤醒学生积累的经验，找到最能体现自己独特才能的领域进行创写。这样的习作指导是友好的、睿智的、有效的，学生在这样的学习过程中，释放了天性，产生了写作的兴趣。

其次要重视小组合作学习，让每个学生都成为习作学习的主人。将全班分成若干个学习小组，按学生作文水平上、中、下搭配的原则编组，每组由三四人组成。写作过程中，小组内可以小声讨论，互相帮助。每次写完作文，教师不急于让学生上交，而是留出充裕的时间让学生在小组内互相传阅评改。平时因为作文写得不好的学生缺乏自信，可是在小组学习中大家地位平等，可以自由地交流讨论，学生的自信心得以重建。而且同龄人思考问题的方式接近，相互之间的建议和提醒更容易被理解、采纳。在学生开展合作学习的过程中，教师全程下组巡视，对习作能力较弱的学生进行个别辅导。这种模式使不同习作水平的学生都有所提升和发展。

再次要不断变换、拓展师生合作和生生合作的形式。根据训练内容的难易程度和学生习作能力水平高低，分别采用多种形式的师生合作、小组合作。如，六年级上册第一单元习作《变形记》，要求学生发挥想象，把自己“变形”后的经历写下来，注意把重点部分写得详细一些。上课时，教师创设童话语境，把自己秒变成“孔雀老师”，以带领学生去糖果岛上“魔法课程”、出版发行“六页书”为任务驱动，引领学生学习“魔法初级课程”，想象“变成什么”，学习“魔法中级课程”，讨论“变形形式”，学习“魔法高级课程”，详述“变形经历”。其中详述“变形经历”是需要重点展开的。教师借助学生喜爱的绘本《卡夫卡变虫记》为范例，让学生选择喜爱的图示讲述变形的经历，运用多种描写人物的方法把重要的情节写具体、说精彩。在指导学生详述“变形经历”的过程中，采用了五种师生合作、小组合作形式：

1. 师生整体合作，共编童话故事，以扶为主。

2. 师生分步合作，教师对学生编拟童话的难点进行点拨，有扶有放。

3. 小组自发合作，由一个学生主编童话，其余学生尽其所能发表意见。

4. 小组自觉合作，在编童话时，让每个学生都能抓住自己最感兴趣、最有话可说的一个场景或过程，从文章构思到文字表达进行全面思考，再进行片段写作。

5. 个人独立思考基础上的自觉合作，即每个学生先独立写出文章，然后在小组内充分交流、重新整合，在充分评议修改后将文章“拼装成型”。

（二）多维的互动是习作成功的有力推手

如果说师生、生生友好的合作意愿是进行交际活动习作实践的强大动力的话，那么师生、生生、组内、组际的多维互动则是学生习作获得成功的助推器。互动学习、互动指导体现在习作实践的整个过程中，尤其是在习作评改的环节。在交际活动作文的教学中，教师注重习作评改，不但要考查学生对习作内容、文字表达的修改，也要随时关注学生修改习作的态度、过程和方法。引导学生通过自改和互改，取长补短，促进相互讨论和交流，共同提高习作能力。在高段习作教学中，我们创新了以下几种互动评改的方式。

1. 茶馆式评改，扩大交流循环圈

茶馆式评价的灵感源于芬兰的现象教学。如，学生完成五年级下册《我的心爱之物》这篇作文后，先在自己所在的小组内进行互动交流，分享自己心爱之物的名称、由来、外形特点及对它的喜爱之情。互动由组长主持，小组成员根据单元习作要求和评价清单进行点评，提出更好的修改建议；接下来组长作为“茶馆”的主人原地不动，邀请其他小组的组员来“做客”，分享、交流、点评、修改习作，而组员们则分散到班内的其他“茶馆”（小组）“做客”（分享、交流、点评、修改习作）。这样的组内分享、组际分享

扩大了学生的交际圈，学生在不断的分享、交流、点评、修改中，提升了习作能力和人际交往能力。

2. 画廊式评改，创设修改流动场

画廊式评价就是把学生初步修改完的习作《我的心爱之物》(附上心爱之物的照片)展示在教室四周的移动黑板或者教室外的学习长廊上，请全班同学、同年级组同学用记号笔题写评语，在此基础上让学生根据修改建议，再次进行修改。这样做，既创设了流动的修改场，又借助"画廊式评改"活动，充分实现了小学高段交际活动作文的言语交际功能。

3. 云评改，构建城乡联动体

在学业评价上，我们利用先进的技术设备，将本市四个协作区所属56所学校里的学生及学生家庭通过网络实现了联动。通过数据分析，实施精准评改，有利于教师发现学生习作中的优势和存在的不足，不仅可以对学生提出修改建议，还可以与家长真诚沟通，共同帮助学生弥补习作学习上的短板，提高学生的语言表达能力。

除了实施以上三种形式的互动指导评改，还可以扩大学生的互动交流圈，尝试师长共评、家长共评、学长共评等方式，让学生在校园、家庭、社区里充分地进行互动交流，展示自己的习作成果，根据师长、校长、家长、学长的指导建议，继续完善。在信息技术高度发展的当下，鼓励学生利用自媒体，把修改完善后的习作成果通过QQ群、微信群、钉钉群、公众号传到更大的群组空间进行交流展示，在亲子互评、生生互评、师生互评的过程中，让学生在享受习作的成就感的同时也学会欣赏别人的习作。

(三) 具体的指导是习作提升的有效途径

习作指导的方法多种多样，怎样让学生乐于习作、善于习作是值得一线教师开展研究与实践的课题。一定要摒弃脱离学情的"写作概念化"和"灌输式"的习作指导模式。要基于统编教材的编排意图和学情基础，结合交际活动作文的表现特征，从教材中梳理可视化的习作指导"支架"，整合资料加以多元运用，进一步强化习作过程的具体指导，从而落实单元语文要素，提升学生的习作能力。

1. 基于"经验"，落实分步指导

转变学教方式，让学生由被动习作转向主动习作，这是推进习作教学改革的关键所在。在交际活动作文教学的指导过程中，教师创设交际情境让学生从已有的学习经验入手，顺应思维发展之势，从自主探究中聚焦关键要素，在多视角发现和多渠道链接拓展资料的过程中，逐步明确习作的内容，为本次写作打下坚实的基础。

如五年级上册第八单元习作《推荐一本书》被安排在“读书明智”单元中，这一单元的习作要求是“根据表达的需要，分段表述，突出重点”。在本册第四单元中已经进行了“分段叙述”“重点部分写具体”的训练，本次习作旨在进一步培养学生有条理、抓住重点进行表达的能力。结合教材内容和学生实际，可制定如下教学目标：(1)能联系自己的阅读经验，向同学推荐一本书，写清基本信息；(2)能选择一点或者几点推荐理由进行分段表述，学会把重要的推荐理由写具体；(3)同学之间互相推荐书籍，感受阅读的快乐。

对于五年级学生来说，联系自己的阅读实际，选择自己认为有价值的书分享给同学，并不是很难的事。因此，《推荐一本书》的习作指导打破传统先指导后写的做法，先让学生对照要求试写，然后通过交际和比较，师生共同梳理寻找存在的共性问题，聚焦“介绍清楚基本信息”“注意分段”“把重要理由写具体”，有所侧重地落实具体指导。

在《推荐一本书》的教学中，教师从学生“已知”入手，经历三个步骤：

第一步，基于学生课前准备，根据学生的推荐书目将学生分组，将全班学生分成“小说组”“故事组”“科普组”等，便于他们在同类书籍推荐过程中更好地互动、交流。

第二步，教师基于学生阅读的基础，随机采访学生：“各自推荐了哪些书？准备把书推荐给谁？结合教材内容从哪几个方面来写推荐稿？”让学生逐步了解推荐稿的基本内容，在明确推荐对象中凸显本次习作的交际功能。

第三步，教师立足学生已有的经验，引导学生发现图书基本信息介绍中存在的共性问题，让学生懂得介绍时不要面面俱到，选择有价值的信息介绍清楚即可，比如书名、作者等。

在拓展链接——书店介绍新书时，教师可引导学生发现：选择吸引人的信息来介绍，会更容易抓住读者的心。在一步一步的具体指导下，可视化的习作思维框架逐步形成(见图 6)。学生对推荐一本书有了全面的感知,接下来的自主修改也就水到渠成了。

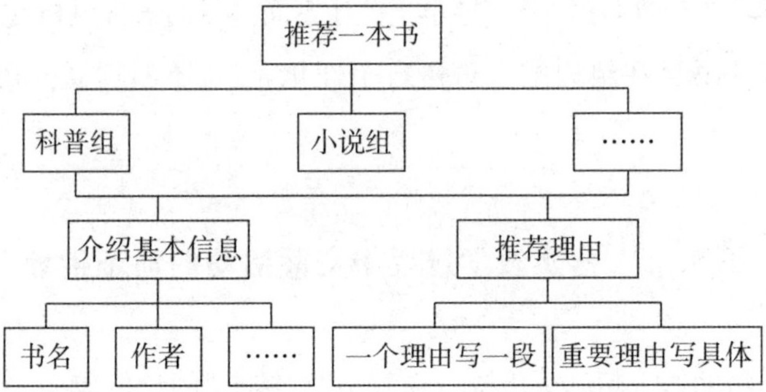

图 6 《推荐一本书》可视化习作思维框架图

2. 巧搭“支架”,有序突破重点

本次习作中,“把重要的理由写具体”既是教学的重点又是难点。在教学中,围绕“写具体”,教师巧搭学习“支架”,分几步来落实:

首先,教师引导各小组交流从哪几个方面来写推荐理由,梳理出不同类型的书籍推荐的角度是不同的,比如,小说的情节吸引人,小说的人物形象个性鲜明;科普读物的知识丰富、有趣……同时,联系五年级上册第四单元和第八单元分段表述的内容,让学生进一步明确要根据推荐的理由分段叙述,做到一个理由写一段。

其次,教师通过关注本单元口语交际和习作之间的关系,有梯度地展开具体指导。以小说组为例,对本单元口语交际“我最喜欢的人物形象”中的表格进行迁移运用,让选择“人物个性鲜明”作为重要推荐理由的学生通过合作整理,体会如何“运用描写人物特点和具体事例相结合的办法,将重要的理由写具体”。

为满足不同组别学生的学习需求,寻求不同的习作技巧,教师根据推荐书籍的文体特点,以“小锦囊”的方式,为学生提供不同类型的习作支架。学生按需自主选择。如此一来,教师既让全体学生习得实实在在的习作技巧,同时又兼顾了个体差异,这样有效落实了分层指导,可谓一举两得。

3. 体现“特色”,注重个性表达

在落实具体习作指导的过程中,教师既要激发学生的习作兴趣和表达欲望，帮助学生养成善于构思的习惯，还要将丰富学生的语言积累作为一项重要任务来落实。在《推荐一本书》的习作指导中，教师除了帮助学生搭建学习支架外，还需要引导学生关注不同书目的语言风格，鼓励学生针对推荐的书目在组内或全班进行个性化表达，不断提高运用语言的能力。

第四节　落实教学过程中交际活动的动态指导

交际活动作文超越了传统习作教学“重结果”的价值取向，关注习作过程中话题、语言、作者等交际语境因素，引导学生在真实或接近“真实”的语境下展开习作练习，凸显教学过程中交际活动的动态指导。努力把静态的写作知识，融入动态的师生、生生的交往互动，从而促进学生语言表达、思维发展和交往能力的全面提升。下文以六年级下册第一单元《家乡的风俗》为例，阐述如何借助信息技术媒体，在作前、作中、作后指导学生开展交际活动，实现习作全过程的动态指导。

一、作前激发兴趣，搜集资料，交流共享

学生应“养成留心观察周围事物的习惯，有意识地丰富自己的见闻，珍视个人的独特感受，积累习作素材”。基于这样的理念，作前交际活动依托网络强大的存储功能和交互功能，打破了时空的限制，因时因地，因人制宜，在教师的组织下，充分发挥学生的自主性，激发学习兴趣，培养其素材搜集与整理的能力与习惯，营造浓郁的交际氛围。

（一）创设自主探究情境，激发习作兴趣

六年级下册第一单元《家乡的风俗》旨在让学生了解家乡独特的风俗，并学习抓住重点、写出特点的写法。浓郁的民风民俗是作文的好素材。传统文化是一个民族的“底色”，民风民俗是作文的素材。只有体验过除夕吃汤圆、端午包粽子、重阳登高等节日活动，才能更好地感受家乡的风俗。

在语文学习过程中让学生进行搜集、调查、访问、查阅资料，在此基础上进行习作，最后整理，汇编成班级的“民风民俗”集，引领学生去体验、感

悟祖祖辈辈代代相传的民风民俗，既让学生受到传统文化的熏陶，又培养了他们在生活中学语文、用语文的意识。

俗话说“巧妇难为无米之炊”，激发学生的热情，使他们主动搜集适合习作的材料应当是作前动态指导的第一目标。本次习作是春节过后不久，教师在寒假期间提前布置的一项作业：围绕“家乡的风俗”这个主题搜集材料，用手机、平板电脑等将看到的民风民俗活动拍摄下来，在网络上寻找相关名家名篇、视频网页……将这些资料分类整理好，上传到网络素材库中。从三年级下册第三单元“收集传统节日的资料，交流节日的风俗习惯，写一写过节的过程”到五年级下册第七单元习作“搜集资料，介绍一个地方”，学生已有七次此类习作的体验，掌握了一定的搜集资料的途径和方法，如何利用庞大的网络系统整理资料，筛选信息，助力表达是本次作前指导的重点。在这个学习过程中，教师随时借助移动终端设备，进入每个学生的学习空间，指导学生有目的、多途径地搜集资料，将海量的资料进行归类、筛选，为接下来的习作所用。

实践证明，指导帮助学生在网络空间中建立素材库，借助现有的移动终端设备搜集素材等一系列作前活动，给予了学生较大的自主选择权，大大提高了学生的积极性。展示与交流成为他们的学习动机。此外，借助信息技术建立的素材库，并不仅仅服务于本次习作。在未来的学习中，学生可以不断地充实完善，并将其运用到以后的习作里，学习便具有了延续性。

(二) 交流互动突破时空，实现资源共享

基于信息技术媒体开展作前素材搜集活动的另外一大优势在于信息的传递不受时空限制，能实现一定范围内资源高度共享。教师布置了第二项作前活动：登录同伴的 QQ 空间(本组组员为必选对象，其余小组的可以自由选择)，了解素材搜集情况，在班级 QQ 群、主题群里交流讨论。

依托网络开展的素材交流活动既有利于资源的整合，又有助于培养学生的交往能力。大家按各自选择的主题组成了“美食研讨组”“服饰鉴赏组”……同学们不仅可以在班级大群里讨论展示，还可以在志同道合的小群里分享。例如,甲和乙都搜集了“宁波传统美食”这个主题的素材,借助网络就可以互相借鉴,互通有无。而当同学丙发现同学甲的素材库里有“狗不理包子”时,就会及时提醒对方,这个素材与“宁波传统美食”主题不符。这一切的网络交流活动,学生都是根据自己的实际情况择时择地进行的,自主性大大增强,学习的空间由“有限”变成了“无限”。可见,基于信息技术媒体的作前素材积累与交流活动能有效激发学生的学习兴趣,促使学生从被动消极的学习状态转化为主动积极的学习状态。与此同时,教师也能透过移动终端及时了解学生的学习状态,及时调整教学方向,真正实现了作前交际活动的动态指导。

二、作中以评促改,全员参与,互促提升

在校园有 Wi-Fi 信号的前提下,学生自带移动终端进入习作课堂,教师便可以充分利用其便捷性、实时性和交互性等特性,组织学生开展形式多样的习作评改活动,确保每一位学生都实时参与到学习中。

在“介绍家乡的风俗”的习作课上,教师继续选择 QQ 作为交流平台,借助信息技术媒体开展多层次、多维度的展示交流与评价修改活动,达成本课的第二个教学目标:学会筛选、整理素材,按一定的顺序把民风民俗的特点介绍清楚。

(一)展示素材,营造氛围,触发写作动机

指导学生写作需关注三要素:情、理、文。第一要素是“情”——情感。在课前完成了素材搜集之后,如何能让学生快速进入准写作状态?答案就是激发学生写作的动机,使其产生写作欲望,也就是“燃情”。在习作指导课上,教师设计了如下环节激发学生的表达欲望。

课前派发素材卡,请学生填写,初步了解学生习作选材的大致方向。根据学生选择的素材种类进行分组,4 人或 5 人一组,推选一名小组长作汇总。全班分为“节日习俗”“戏剧艺术”“地方美食”“特色服饰”“特色建筑”“地方民风”等小组。

展示选材情况:学生填写素材卡,分类贴到黑板上,集体完成素材汇总图。以下是教学片段:

师:大家通过多种渠道搜集了许多民俗风情的材料。看看我们的同

学都选择了哪些方面。(指板贴导图,各组小组长作介绍)

(教师用手机拍摄黑板上的素材汇总图,即时上传到班级群里)

师:瞧,大家合作绘制出的这幅图就是内容丰富多彩的习作素材,老师把它拍下来,传到群里,这可是相当棒的素材库哦!

学生运用 QQ 快速投票功能,按素材类别投票,选出自己最感兴趣的三种风俗。

上课伊始,教师创设平台让学生充分展示素材主题,借助移动终端快捷高效地将素材汇总图上传、分享,引导学生及时保存,进一步完善素材库,培养学生及时积累写作素材的习惯。与此同时,学生运用各自的移动终端投票。投票结果显示,每一类主题均有积极响应的读者。

本环节通过师生、生生间的即时互动让学生感受到"原来有这么多人跟我选择同一主题,还有这些人对我所选择的主题感兴趣",这样便激发了学生分享交流的兴趣。

(二) 展示典型,集体评议,探究评改方向

"交际活动作文"理论倡导以读者为中心,以交流为目的,重视语境生成功能。在大班教学环境下,要做到每个环节都面向全体,确实不易,要创设全员参与的交际语境更是困难。基于信息技术媒体的教学,每人手握一个移动终端,下载与上传资料都非常便捷,因此只要教师精心设计好线上与线下、量化与质性评价相结合的评改环节,就能将分析与评价落实到每一个学生身上,使"一言堂"变成"众人讲",实现"一个都不能少"的教学效果。这是教师借助信息技术媒体组织的第一次集体评价,目的是引导学生自主领悟本次习作评价与修改的方法。

具体操作如下:

1. 根据自选的主题,快速筛选素材,完成习作思维图。

2. 教师巡视,选出例子,拍照保存,为后续的评改做好准备。

3. 分享交流,聚焦谋篇布局。哪些素材、怎样的排序和详略才能突出风俗特点,给读者留下深刻的印象?

(1) 在 QQ 平台上推送两篇学生作品,让小作者作简介。

(2) 教师展示评价细则,发起网络评分。

评价内容	评价细则
选材正确，条理清晰	1. 内容均围绕________展开，按________顺序写，得 5☆。 2. 部分内容与主题无关，能按________顺序写；或者内容均围绕________展开，写作顺序不清晰，得 4☆。 3. 部分内容与主题无关，写作顺序不清晰，得 3☆。
详略得当，特点突出	1. 有的内容详写，有的内容略写；详写的部分能突出家乡的风俗的特点，得 5☆。 2. 有的内容详写，有的内容略写；详写的部分未能突出该民风民俗的特点，得 4☆。 3. 未考虑好各部分的详略，平均用力，特点不够突出，得 3☆。

（3）展示评价，汇总结果。集体评议。

学生 A 的习作在第一项选材与条理安排上，95.74%的学生评价为 5 星，在第二项详略安排上，91.49%的学生评价为 5 星。于是教师请小作者说一说自己最想表达的是什么，怎样选择写什么和按什么顺序写，以及为什么这些部分要详写，哪些部分要略写。

学生 B 的习作在第一项表现优秀，第二项详略上存在一定的问题，小作者找到的素材资料非常多，都想写上去，内容驳杂。引导他与同学一起交流，给予充分的时间让学生之间互相启发交流：小作者最想表现的是什么？——它山堰很有特色，宁波人民富有智慧。为什么说它山堰是宁波人民智慧的结晶呢？——它山堰是根据当地的地理环境和气候特点而设计的。什么素材与你想表达的宁波人民有智慧相关？什么素材与之不密切？小读者对它山堰的什么方面感兴趣，最想知道的是什么？……

（4）提炼选材与布局的方法。

小结：不同的民风民俗可以运用不同的表达顺序，而同一个主题，根据表达的需要，原来也有不同的写法和思路。

在这个环节中，教师向全班推送具有代表性的学生作品，全体“准读者”在各自的移动设备上接收并独立阅读，再根据习作评价细则，运用QQ“快速投票”功能进行在线量化评价。接着师生根据即时显示的全员评价结果进行分析交流，让作者与读者进行对话，明确小作者想表达的是什么，而读者阅读后的感觉又是怎样的，营造出全员参与的交际情境。借助集体的力量进行线下分析，找出该作品的优点与不足，找准修改方向，提炼修改方法。这样做能充分发挥学生的个性与自主能动性，增强师生、生生之间的互动，活跃课堂气氛。评价的主体由以往的教师包办变为全员参与，切实做到在评改的过程中掌握评改的方法。

（三）创设平台，多元互评，提升评改能力

《义务教育语文课程标准（2011年版）》倡导多元评价："引导学生在自我修改和相互修改的过程中提高写作能力。""交际活动写作"理论指出："作品"不仅仅是"写的结果"，而且是持续具有交流运用和传播价值的文本。因此，在引导学生掌握了大致评改方法之后，教师鼓励学生大胆修改，再借助信息技术媒体开展同质分组互评、异质分组互评和集体赏析等多元评价，让每一个学生在持续的欣赏与评析过程中，大胆表达、锻炼思维、培养评改能力。同时，教师借助网络终端即时进行干预与互动，在动态的指导过程中提升学生的习作能力。具体操作如下：

1. 同质分组，同主题交流评改。

（1）在各自的QQ主题组内展示作品，借助导图，说清思路。

（2）以布局谋篇为评析重点，共研评改。

2. 根据评议结果，进一步完善思路图。

3. 异质分组，跨主题互赏互学。

4. 动态跟踪评改情况。

（1）展示之前参评的学生作品，前后对比，集体评议。

（2）随机请其他学生展示，集体评议。

5. 在QQ上用一两句话概括收获，并选择同学致谢。

在本环节中，教师创设多个交际语境，引导学生借助移动终端进行自评与互评。这样的设计更有利于学生客观地分析自己作品的水平，从而引发思考，明确修改方向。为了确保交流的有效性，教师根据学生的学情，即时将评改的内容进行了微调——几次交流评改均聚焦于本次写作的主要困难：详略得当。因此，整个交流过程更有针对性，更有利于学生进行纵横对比，相互启发，取长补短。

此外，教师利用网络平台的可再现性，将学生修改前与修改后的评价结果做对比展示，大家能清晰地看到该学生的修改成果。这种动态反馈评价是对学生努力写作与修改的最大肯定，能催生强大的写作动力。

基于信息技术媒体的交际活动作文教学实现了全员参与交流互动，习作评价主体变得多元化，评价方式变得多样化，评价过程变得动态化。在课堂有限的时空里，每一位学生都身兼几重身份——作者与读者、小老师或学友。站在作者的角度思考与分享，站在读者的角度欣赏与评价；作为小老师获得他人的致谢，作为学友感受同伴的帮助与温暖。“交流分享”与“获得认同”成为触发学生写作活动的动力。

三、作后成果展示，体验成功，学会欣赏

课后借助网络资源，能使学生有更多机会展示自我，体验习作成功的快乐。在习作成文之后，教师布置了以下作业：

1. 借助 QQ 日志功能展示自己的作品。

2. 自选三位同学的作品进行点评，在评论区写下评语（先写优点，再提出建议）。

3. 教师在三位同学的评论区，针对三位同学的作品和学生们的点评写下评语。

在作后借助网络平台展示作品，能帮助学生获得成就感。而在教师的引导下，学生学会发现他人作品的闪光点，学会给予他人肯定与赞美。来自同学、师长的赞赏将进一步激发学生内在的习作兴趣，帮助其逐步树立起习作自信心。

综观全课，学生在基于信息技术媒体的交际语境中能够选择、优化习作内容和表达形式。习作的素材、结构、语言等，通过情境交融的“交际活动语境”被激发，继而顺利生成作品。没有了教师“教在学前”的束缚，学生的学显得个性张扬，同时习作能力也在习作与交际的过程中得到逐步构建与提升。

综上所述，基于信息技术媒体的交际活动的动态指导能激发学生的学习兴趣，优化习作课堂气氛，提供交流平台，拓宽展示空间，确保全员参与，促进自主、合作、探究能力的培养，有效助力交际活动教学，从而使习作成为学生喜爱的学习活动。

第五节 搭建学生交际活动作文应用的四大平台

统编教材高段习作设计重视将表达放到学生身边的校园生活、家庭生活、社会生活中进行交际运用，强调习作教学的实践性、综合性，由单纯地关注习作知识内化和习作结果，转向"在真实学习中写作""在真实生活中应用"，注重语言的交际运用。这一理念在小学应用文教学中体现得更加充分。本节就以小学高段应用文教学为例，阐述如何基于创新应用文习作体系，搭建学生交际活动应用的四大平台。

应用文是人们在生活、学习、工作中为处理实际事物而进行的写作，具有实用性的特点。它具有写作目的明确、语言表达规范、格式体例稳定、时间要素明确的特征。掌握应用文的写作技巧能提高学生的语言表达能力和人际交往能力，为今后的工作、学习和生活作好准备。

《义务教育语文课程标准(2011 年版)》对小学阶段应用文写作提出了这样的要求："能根据需要，运用常见的表达方式写作，发展书面语言运用能力。学写读书笔记，学写常见的应用文。"

（一）文化观照，创新"双线并行"的应用文习作体系

统编小学语文教材按单元组织课程内容，即以丰富的人文主题统摄单元，将单元语文要素作为主线、明线，包括必备的语文知识、基本的语文能力、适当的学习方法和学习习惯等，若干个知识或能力训练点由浅入深，由易到难分布在各个单元，贯彻"以人为本、德育为先、能力为重、全面发展"的编写理念，坚持立德树人的教育根本任务。教材努力把中华优秀传统文化、社会主义先进文化同社会主义核心价值观进行整合，统筹规划，增强学生的民族文化认同感。

统编小学语文教材重视应用文教学。应用文教学起始年级早、练习数量大、练习内容涉及面广。内容编排注重语文学科人文性与工具性的融合，编排了写信、制定班级公约、写倡议书、设计海报、策划文案、设计参

观路线图、给中国的世界文化遗产写简介、为毕业联欢会写策划书等紧跟时代步伐，与生活息息相关的应用文练习。教材整合了各种应用文写作资源，编制了以传承中华优秀文化，弘扬社会主义核心价值观为标志的交际活动下“双线并行”的应用文习作体系，以此提高学生的语言表达能力，培养学生的创新精神和实践能力。

统编教材编写思路为：

1. 注重人文主题与语文要素的高度融合。
2. 将交际应用活动贯穿于应用文学习的全过程。
3. 根据不同文体应用文的特点，设计相对应的交际应用活动。

交际活动下“双线并行”的应用文习作体系

应用文体	习作内容	习作要求	习作目标	
			人文主题	语文要素
海报、广告	五年级上册第七单元《语文园地》“词句段运用”《设计元旦联欢会海报》	有打动人的宣传语，配上好看的图画。	引导学生参与学校、班级管理，拥有积极生活、健康向上的人生态度，增强创新精神和实践能力。	结合资料，联系生活，进行概括表达。
推荐书	五年级上册第八单元习作《推荐一本书》	把读过的好书推荐给同学，介绍这本书的书名、作者、出版社等基本信息，重点写推荐这本书的理由。	感受、传承中华优秀文化，了解多元文化，拥有积极向上、珍爱生命、敬畏自然的人生态度，培养独立思考的精神。	联系自己的阅读实践，分段表述推荐理由，把重要的理由写具体。
读后感	五年级下册第二单元习作《写读后感》	介绍文章或书的内容，选择一两个感触最深的内容写出自己真实、具体的感想。	感受、传承中华优秀文化，了解多元文化，拥有积极向上、珍爱生命、敬畏自然的人生态度，培养独立思考的精神。	了解写读后感的基本方法，清楚、具体地表达在阅读过程中的感想。

（续表）

应用文体	习作内容	习作要求	习作目标	
			人文主题	语文要素
研究报告	五年级下册第三单元综合性学习《写简单的研究报告》	搜集资料，围绕汉字历史、汉字书法或者其他与汉字有关的内容，开展简单研究。	学生参与班级、学校和社会管理，增强社会责任感、创新精神和实践能力。	了解研究报告的基本格式，根据搜集到的资料，写研究报告，进行理性思考和精准表达。
简介	五年级下册第七单元习作《给中国的世界文化遗产写简介》	搜集资料，将整理后的材料用自己的话写下来，也可以引用别人的话，注明来源。	感受、传承中华优秀传统文化，树立家国情怀，增强创新精神和实践能力。	搜集、整理资料，运用资料有条理、有重点地进行介绍。
倡议书	六年级上册第六单元习作《学写倡议书》	就关心的问题，结合具体材料，把要表达的观点写清楚，注意书写格式。	学生参与班级、学校、社会管理，增加社会责任感、创新精神和实践能力。	结合生活实际或自己关心的其他问题，按一定的格式，把自己的观点表达清楚，突出重点。
说明书	六年级上册第七单元《语文园地》“词句段运用”《修改说明书》	读读说明书，把写得不清楚的地方画出来，再进行修改。	增强社会责任感、创新精神和实践能力，培养独立思考的能力。	修改说明书，练习把话写清楚，让别人看明白。
梗概	六年级下册第二单元习作《写作品梗概》	用概括的语言为自己最近读的一本书写梗概，写好后读给同学听，根据同学的反馈进行修改。	感受生活的美好，培养积极向上、珍爱生命、敬畏自然的人生态度，培养独立思考的精神。	进一步学习提取、概括信息的方法，用简洁、连贯的语言让读者清楚地了解书的大意。

（续表）

应用文体	习作内容	习作要求	习作目标	
			人文主题	语文要素
策划书	六年级下册第六单元综合性学习《为毕业联欢会活动写策划书》	围绕“依依惜别”这一主题进行策划，要求分工职责明确、活动流程清楚。	树立责任担当意识，增强社会责任感、创新精神和实践能力。	按一定格式，用简洁的语言把策划书各部分内容写具体，做到分工明确，活动流程清楚明白。

（二）科学配给，创设应用文教学的平台

根据学生的年龄特点和认知发展的规律，遵循由低到高、由浅入深、由易到难螺旋上升的基本原则及“双线并行”的应用文习作体系，结合时代的发展和学生需求，增加应用文的种类和训练次数，为学生搭建、提供实践应用的平台，设计应用文教学内容，形成序列。

（1）依据学生的认知发展水平设计教学内容

一二年级是第一学段，这一阶段学生的思维具有非常明显的幻想性和想象性。要想发展他们概括信息和交流信息的语言能力，必须先让他们掌握用词造句的基本功。我们可以指导二年级学生写贺卡、写请假条等。

三四年级是第二学段，这一阶段学生的主导活动从以游戏为主的活动转向比较系统的学习。这个阶段学生的思维特点是形象思维和抽象思维趋于平衡，观察的目的性、细致性和持续性都有很大发展。在这个阶段要培养学生敏锐的观察能力和准确细致的表达能力，进一步发展他们概括信息和交流信息的语言功能。可以指导三年级的学生写心情日记、发会议通知等；可以指导四年级学生写导游词、做旅游攻略。

五六年级是第三学段，这一阶段的学生进入少年期，他们开始从事系统的学习活动和社会实践活动，人际联系活动已逐渐成为学生的主导活动，抽象思维已成为他们主要的思维方式。我们可以指导学生写各种应用文，使其初步学会运用记叙、说明、议论等表达方式进行写作。如，可以指导五年级的学生学写新闻报道、调查报告、观后感、课本剧；又如，在六年级，可以指导学生学写建议书、颁奖词、推荐信等。

(2) 创建学习过程与实际应用相连接的交际平台

基于应用文具有工具性和应用性的特点，构建习作应用的四大交际平台——自我应用的平台，学校应用的平台，家庭应用的平台，社会应用的平台。让学生在学习应用文的过程中，产生习作兴趣，激发学生的表达欲望，提高学生的习作能力与交往能力。

自我应用的平台。小学生的应用文习作实践应从自我服务开始。可以让学生介绍自己的玩具、小发明、小制作，如，写写《雪花酥制作说明》《糖醋排骨制作说明》《不怕风吹的衣架制作说明》等；设计布置"我的小天地"，并作介绍说明——《请到我家来》；给自己的相册、美术作品、演示文稿等作文字说明，编辑成册——《成长的印迹》；写请假条、借条、寻物或失物招领，写启事。对于高年级学生，可以让其以自己喜爱和擅长的方式编写各种各样的电子小报、语文复习手册、不同类型的手抄报等；六年级下学期则可以结合综合性学习，引导学生制作个性化的《成长纪念册》，用它记录童年难忘的成长历程。

学校应用的平台。班级和校园是小学生应用文实践最主要的场所，也是学生习作从自我应用到社会交际应用的桥梁。可以放手让学生轮流为班级发活动通知，出节日的板报稿；在家长会上向家长们介绍班级的情况、小伙伴的出色表现、自己的学习等；为中队活动设计主持稿；向校长写建议书，为学校教育教学工作出谋划策；为学校图书馆拟定借阅规则；为学校的艺术节、科技节、联欢活动设计广告语、海报；学校运动会期间，为学校电台写新闻报道等。

家庭应用的平台。把学到的应用文习作知识应用到家庭生活中。学生与家长的交往是所有交际活动的起点，良好的亲子交往可以使父母成为儿童发展的积极力量。当"三八妇女节"来临时，引导学生给妈妈、外婆、奶奶做贺卡，写上恰当的祝福语，祝贺她们节日快乐；母亲节、父亲节到了，让学生把写好的信放在爸爸妈妈的枕边；春节，让学生为家人拟年夜饭菜单；清明、端午、中秋小长假跟家人一起去周边景点旅游，为家人设计旅游攻略。

社会应用的平台。这是小学生应用文实践应用的难点。小学生的习作交际运用于社会生活,实质上是运用言语进行社会交际,是积极参与社会生活的一种形式。正确引导学生习作的社会应用能强化学生自主习作的意识,促进正确的情感态度和价值观的形成,提高学生的语文学科素养。

教师要精心设计活动方案,引领学生开展语文综合性学习,如,鼓励学生用手中的笔为身边的好交警、好医生、好保洁工写颁奖词;查找大街小巷的店铺广告中的错别字,汇总统计后给市长写建议书,批评社会上乱用错别字的现象,倡导使用规范汉字;还可以向有关职能部门投诉违纪违法事件等。

第六节　推动学生交际活动习作真实有效地应用

交际活动作文具有实践性、交往性、综合性的特点,搭建指向学习内容与认知发展相匹配的教学阶梯,创建指向学习过程与实际应用相连接的交际平台,以真实的习作需求为任务驱动,让学生在交际语境中进行习作练习。构建学生习作应用的四大交往平台,让学生在学习交际活动作文的过程中,注重实践应用,从而提高学生的习作能力与交往能力。

(一) 应用于家庭生活

良好的亲子关系是促进学生身心健康成长的因素,也是创造和谐社会的基础。家庭是孩子说话最多、最自由的场所。教师可以利用家庭交际活动,为孩子搭建习作应用的平台,培养学生的语言表达能力。比如,让学生了解家长或其他家庭成员的生日,指导学生写生日祝福语,为亲人制作生日贺卡;传统节日来临时,让学生精心编写微信祝词,为远方的亲朋好友送上真挚的节日祝福;对于学习能力强的学生,可以引导他们尝试编写简单的“家谱”,记录“家规”,让中华传统文化代代相传。

学完六年级上册第三单元第11课《故宫博物院》，学生积累了做“一日游”游览线路图的阅读策略和习作知识。教师可以在国庆长假来临之际，以国庆节带家人去凤凰山海港乐园游玩，做游玩攻略为任务驱动，创设真实的交际语境，激发学生的习作兴趣，引导学生开展小组合作学习，阅读非连续性文本，提取信息，规划旅游路线，为家人做一份旅游攻略。请看课堂回放：

一、情境导入，激发习作兴趣

1. 播放宁波景区视频。

2. 教师引入话题：宁波的旅游节刚刚落下帷幕，旅游节吸引游客1750万人，拉动消费158亿元。让我们趁着旅游节的余热，也来看看宁波周边的大好风光，看到认识的、熟悉的就大声说出来。你最想带着家人们去哪儿玩？和小伙伴交流最想去玩的景点。

3. 师：今天我们去凤凰山海港乐园玩玩。

二、出示图文阅读材料，交流整体印象

1. 读懂景区导览图，寻找整体介绍信息。

师：老师关注了凤凰山的微信公众号，他们给我发来了一张乐园的导览图。从这张导览图上，你发现了什么信息？

四人小组交流发现的信息。

预设：五个区域，出入口位置，数字对应项目位置，园区大，项目多，项目名称与区域名称对应，有许多餐厅、洗手间……

2. 学习导览图常用标识。

师：大家从图上获得了这么多的信息。我想考考大家，你能读懂下面的标识吗？每个出示3秒，认识的大声说出来。

学生快速抢答。

师：这些标识有印象吗？请迅速地在地图上找到并打个星。我们会发现每个区域都配备了基础的餐饮服务和卫生设施，整个园区还配置了救护中心与服务中心等。这些都是我们在游玩中必须知道的站点，以备不时之需。

3. 师：我们在做攻略时，要对景区做一个总体介绍。我们从这张导览图中获取了许多信息，还能利用这些信息帮助我们做攻略。

三、出示图表阅读材料，学会看懂信息

（一）读懂图表类非连续性文本

1. 师：凤凰山海港乐园有许多游玩项目。有热心的网友列出了最受欢迎的几项以及相对应的排队等候时间。老师做了一个图表，为大家展示受欢迎的项目的平均等候时间。

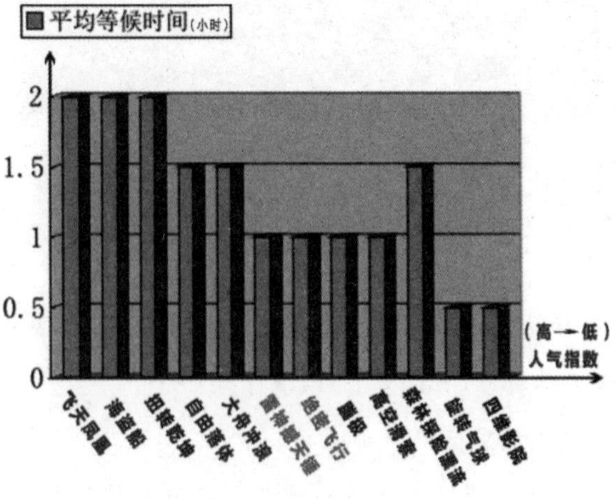

2. 师：看完这张图表，你有什么发现？

生：最受欢迎的是飞天凤凰。等候时间最长的是飞天凤凰、海盗船和扭转乾坤。越受欢迎的项目等待时间越长。

（二）路线规划

1. 准备路线规划。

师：园区开放时间为上午9点到下午5点，共8小时，行走、用餐的时间约1小时，玩的时间大概剩7小时。请根据图表信息与自己的喜好做一个园区游玩路线规划。要求如下：

① 先做总体介绍。

② 路线清晰，根据游玩路线介绍最想去的几个项目。

③ 游玩时间不超过园区规定时间，能体现攻略的合理性。

④ 建议用“——”这样的线性标识，并注明时间。

师：在具体规划过程中，项目选择还要看清每个项目的注意事项。大家开始吧！

2. 学生制作旅游攻略，教师巡视指导。

3. 学生交流路线规划，教师用PPT演示，全班同学进行点评。

4. 补充总体介绍。

师：完成路线规划的同学可以把我们刚才交流过的信息补充进去。

5. 分享游玩贴士。

师：我们在游玩的过程中，还有许多注意事项，你有什么与大家分享吗？按事项将攻略标上序号，就可以使游玩贴士更加清晰有序，一目了然。

6. 四人小组交流，互相点评，推选最佳攻略展示介绍。

师：选出两份攻略比较点评，总结好的游玩攻略应具备的特点，如1.对景区有总体介绍；2.路线清晰合理；3.语言简洁明了。如果还能有游玩提示就更棒了！

师：今天我们学会了阅读景区导览图、柱状统计表等这些非连续性文本，还学会了做简易的游玩攻略。国庆假期我们可以带着这份攻略去凤凰山游玩！

上述课例，在习作实践的过程中提升了学生的语言表达能力和交往能力，让交际活动作文真实有效地运用于家庭生活，让学生在享受习作成就感的同时，感受家庭生活的温馨与幸福。

（二）应用于学校生活

学生每天大部分的时间都在学校度过。师生们一起上课、活动，学生们一起玩耍、学习，互相交流着生活上、学习上，以及其他方面的见闻、感受和体验。丰富多彩的学校生活是开展交际活动作文的源头活水，让学生利用习作，以主人翁的姿态为班级管理、学校办学工作献计献策，是推动交际活动作文有效应用的一剂良方。比如，为班级办班刊，出节日板报；为少先队活动撰写串联词；向校长写建议书，提出校园建设、教学改进建议。下面就是教师指导学生为学校图书馆制定借阅规则的教学实录：

一、任务驱动，交代写作内容

师：咱们学校每个年级有 8 个班级，全校一共有 2000 名学生。瞧，这是学校新建的图书馆(点击出示学校图书馆照片)，里面有 5 万多册图书，图书管理员却只有一个。这是学生们挤在一起借书的场景(打开视频，播放学生挤在一起吵吵闹闹借书的场景)，有低年级的，也有高年级的。有的同学一大早就来借书了，有的放学后才来。有的同学一次借一本书，有的一次要借十几本书。这是他们归还后的图书，一本本都面目全非，破损得非常严重！让我们看看杨老师班里的学生写的一篇日记。

10 月 16 日　星期四　晴

学校的图书馆里有我最爱看的《城南旧事》。可是这本书太热门，上个星期去借了五次，一直不见它的踪影，昨天无意中看见了，可晚了一步，被一个同学抢了先，我又和它失之交臂。

今天再去碰碰运气。吃好饭我就直奔图书馆，盼望出现“奇迹”。在一排排花花绿绿的书中，我急切地寻找着，但怎么也不见它的身影。我失望地叹了口气，擦擦头上的汗，询问新来的图书管理员老师：“汪老师，《城南旧事》只有一本吗？我怎么一直借不到？”“《城南旧事》有好几本，只是同学们借了没有及时归还，有的同学甚至借了两个月也不还。”汪老师一脸无奈。

师：目前我们学校图书馆到底存在着哪些问题？四人小组讨论一下，组长负责把讨论结果记录在卡纸上，标上序号，记录下关键词就可以了。

小组汇报：

1. 开放时间不明确。

2. 借书数量不明确。

3. 借阅期限不明确。

4. 损耗赔偿不明确。

师：图书馆借阅管理相当混乱！怎么解决呢？需要做什么才能使图书馆的借阅工作有条不紊地进行呢？

师：今天这节作文课就先学习写借阅规则。说到规则，请同学们回忆一下，你们曾经在哪些地方看到过？

随机出示各种图片，包括电影院、火车站、游乐场、学校教室等地方张贴的规则。

出示班级写作规则：

师：为了促进大家写好作文，特别制定以下规则——

1. 态度端正，要认真对待每一次写作。

2. 字迹工整，上交前字迹要用红笔修改。

3. 自己认为好的习作要及时打印、投稿。

4. 保存习作，尽量不丢失，不破损。

以上规则请大家共同遵守，争取把作文写得更快、更好！

五(2)班班委会

2020 年 10 月

学生交流，教师引导其概括出规则简短、有条理的特点，内容上要明确可以做什么，不能做什么。

生：开头一段写了制定规则的目的，写得很简单。最后提出希望。

师：大家观察得很细致。这些都是帮助我们写好借阅规则的小窍门。

师：请大家针对学校图书馆“开放时间乱、借书数量乱、借阅期限乱、损耗赔偿乱”这些问题来拟定借阅规则。

交流评价。

生：开放时间为12：00—13：00，15：30—16：30。

师：很简短，也很明确。但这样安排有没有问题？如果六个年级2000多人都集中在这个时间段来借阅，会是怎样的情景？谁能想想办法，安排得更合理些，规定得再细致些？

生：（口头修改交流）一、三、五年级集中在午间借阅，二、四、六年级集中在下午放学后借阅。或者一、二年级周一借，其余年级分别在周二、周三、周四、周五借。

师：好！这样错峰分年段借阅比较合理。看来，拟定规则也不简单啊，简短、明确之余还要合理呢。（板书：合理）

二、小组合作，交流展示评价

第一步：小组开展讨论，替学校拟定一份借阅规则，组长负责记录在作文练习纸上。

第二步：组长明确分工，建议一人抄写，一人美工，一人组织协调。

第三步：团队合作，完成海报纸。

第四步：推荐一名组员上台展示交流。

师：为了使大家写出的规则更规范，老师还在共同完成的作文纸上写了两条温馨提示。（屏幕展示）

1. 在第一行正中间写好标题，文末右下角注明落款部门，下一行对齐写上公布日期。

2. 在开头处写上拟定规则的目的，在结尾处向大家提出一些希望。

教师巡视，进行个别指导。小组上来展示学习成果。

师：同学们，下面要请大家当当图书馆馆长，评一评。

1. 书写做到了整洁、漂亮，加一颗星。

2. 格式基本符合要求，再加一颗星。

3. 规则条目简短、明确、合理，再加一颗星。

三、拓展角色，转换表达方式

师：我们初步学会了写借阅规则，课后我们以小组为单位继续修改，在征得图书馆馆长同意后把它张贴在阅览室内，让全校同学都遵守，为创建文明校园添砖加瓦。除了借阅规则，我们还可以制定什么规则呢？

生：家规、游戏规则等。

师：太好了！每个人的创意都不错，我们在生活中可以再去尝试写作。看来写作文不仅能提高语言表达能力，增进伙伴之间的交流，促进我们的健康成长，还能当小主人，为学校办事呢！

为图书馆拟定阅览规则，是将交际活动习作成果应用于学校教育教学工作的一个示例。努力把习作变成一次次真实的校园生活实践活动，在活动中完成言语交际运用，让学生的表达动机和交际活动的真实需要统一起来，让学生真正感受到习作的意义。在交际活动作文实践运用的过程中，学生提升的不仅是习作能力，更是规划、组织、协调、合作、交往的能力。

（三）应用于社会生活

社会是个大课堂，提供了更多的交际活动作文实践应用的机会。创设真实的交际语境，让学生参与社会活动和社会建设，能增强学生的责任意识，促进学生形成正确的价值观、人生观。比如，鼓励学生用手中的笔为家乡的城市、村镇建设提出合理的建议；疫情期间给社区居民写倡议书，规范小区出入登记制度；向环保部门投诉污水排放、破坏环境的行为等。以下就是教师指导学生为城市垃圾分类工作写研究报告的课例设计：

课前鼓励学生实地观察、访问、记录、查阅资料，获取关于垃圾分类的信息，小组确立研究项目。

一、引入新课

观看研究活动图片，分享研究过程所得。

师：带着问题去调查、访问、记录，值得同学们学习。这堂课，我们将会用自己喜欢的方式，展示我们的活动成果。

师：刚才我们聊了热门的“垃圾分类”，现在这项举措开展得怎么样了呢？让我们一起去了解一下吧！

师：我们可以通过研究报告的形式来呈现成果。（板书课题：学写简单的研究报告）

二、比较阅读，发现特点

1. 引导比较阅读。

(1) 引导：如何将大家现有的资料写成研究报告，需要我们对这些资料进行处理。在我们手上有两份研究报告，我们一起来阅读一下。

(2) 出示阅读资料。

阅读资料 1:《关于“李”姓的历史和现状的研究报告》

5 关于“李”姓的历史和现状的研究报告

一、问题的提出

我们学校有不少同学姓李，我有好几个邻居也姓李。“李”姓是怎么来的？历史上姓李的名人有哪些？现在的“李”姓是不是我国人口最多的姓氏？带着这些问题，我对“李”姓的历史和现状作了一次研究。

二、研究方法

1.查阅书籍和报刊。

2.询问身边的人。

3.其他方法。

三、资料整理

类别	内容
来源	传说皋陶曾任尧帝的大理官（掌管刑罚的官职），其子孙以官名“理”为姓氏。后来的“李”姓大多来源于此。唐代时，“李”为国姓。一些姓徐、安、杜、郭、麻、鲜于的武将，因立功被皇帝赐“李”姓。
历史名人	战国时期的李冰父子主持修建了都江堰水利工程；汉代的李广抗击匈奴，威名远扬；隋代的李春是著名的桥梁专家，举世闻名的赵州桥就是他设计并参加建造的；唐代的李白被誉为“诗仙”；宋代的李清照是一

续表

类别	内容
历史名人	位词人，有“千古第一才女”之称；明代的李时珍编写了我国古代药物学巨著《本草纲目》；近现代的李大钊是中国共产党的创始人之一……
现状	据统计，2018 年全国户籍人口中，王、李、张、刘、陈五个姓氏的数量占据前五名。其中，“王”姓和“李”姓的数量均超过一亿，并且“王”姓比“李”姓略多。

四、研究结论

1.传说，“李”姓来源于上古时代的官名。唐代时，大量姓氏改为“李”姓，这可能为后来“李”姓人口的增长奠定了基础。

2.历史上，“李”姓名人辈出。有水利专家李冰父子、军事将领李广、桥梁专家李春、“诗仙”李白、词人李清照、药物学家李时珍、革命领袖李大钊……他们在各个领域都闪耀着光芒。

3.2018 年，我国户籍人口最多的姓氏是“王”姓，“李”姓排名第二。

这份研究报告给了我许多启发……

阅读资料 2:《有关小学生上网的研究报告》

有关小学生上网的研究报告

随着信息技术的高速发展，上网已成了我们生活的一部分，更是在学生中形成了一股热潮。然而，网络也给少年儿童带来了许多危害：许多少年儿童沉迷网络，已严重影响了他们的学习生活。为了研究如今小学生上网情况，我们于 5 月 16 日对六年(5)班的 42 个学生进行了问卷调查。

在调查中,我们发现42%的学生上网是为了查资料,15%的学生是为了聊天,17%的学生是为了玩游戏,还分别有8%的学生为了看电影和听音乐,10%是为了其他事情。

在上网时间上,76%的学生每天上网半小时左右,4%的学生上网一个小时,2%的学生上网两小时及以上。

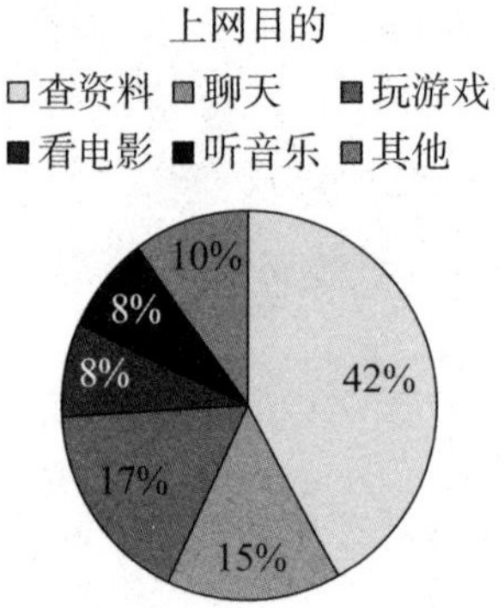

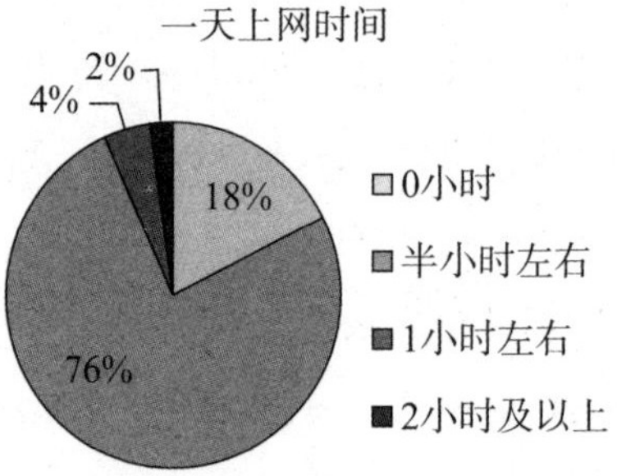

课余上网的小学生居然有这么多,说明网络对于我们的生活是多么重要。会上网的人,视野一般比较开阔,知识面比较广。但我们也认为不能沉迷网络,而要充分地利用网络为我们的学习服务。网络是我们的工具,不能把它当玩具。但从研究结果看,大多数同学不是在查资料,而是在聊天、看电影、听音乐、玩游戏等。若是沉迷其中,学习成绩大概率会下降。从小学生上网的时间上来看,半小时左右的较多,但依然有一天上网一小时以上的。

针对这一情况,我们建议——

1. 小学生应该准确认识网络的作用。网络能够帮助我们在学有余力之时,提供更多的信息资源,帮助我们更好地学习。偶尔的放松娱乐可以,但不能把网络主要作为娱乐的工具。

2. 小学生应该合理规划上网的时间。平日里的学习生活,在没有特殊情况下,并不需要额外的网络支持。周末、节假日合理安排上网的时间可以帮助我们更好地学习、休闲。

3. 在我们利用网络之时,还要注意网络安全,做到文明上网。

(3) 引导进行对比阅读,出示对比阅读要求:

快速浏览这两份研究报告，看看同样是研究报告，它们在内容和形式上有什么相同，有什么不同。

2. 交流反馈。

预设一：形式不同。

预设二：都有表格或图片。内容上，两篇虽然看起来不一样，但是实际上都包含提出问题、研究方法、整理资料、得出结论几方面。（板书：提出问题、研究方法、整理资料、得出结论）

3. 小结：

通过比较阅读与交流，我们了解了研究报告的组成部分。今天我们将根据课本中这种最典型的写法，重点来完成资料的整理和结论的撰写。

三、小组合作，整理资料

1. 阅读研究报告范本，发现资料整理特点。

（1）发现特点一：条理清晰。（出示阅读资料1中的内容）

类别	内容
来源	传说皋陶曾任尧帝的大理官（掌管刑罚的官职），其子孙以官名“理”为姓氏。后来的“李”姓大多来源于此。唐代时，“李”为国姓。一些姓徐、安、杜、郭、麻、鲜于的武将，因立功被皇帝赐“李”姓。
历史名人	战国时期的李冰父子主持修建了都江堰水利工程；汉代的李广抗击匈奴，威名远扬；隋代的李春是著名的桥梁专家，举世闻名的赵州桥就是他设计并参加建造的；唐代的李白被誉为“诗仙”；宋代的李清照是一位词人，有“千古第一才女”之称；明代的李时珍编写了我国古代药物学巨著《本草纲目》；近现代的李大钊是中国共产党的创始人之一……
现状	据统计，2018年全国户籍人口中，王、李、张、刘、陈五个姓氏的数量占据前五名。其中，“王”姓和“李”姓的数量均超过一亿，并且“王”姓比“李”姓略多。

点拨：把搜集到的资料进行分类说明，会更有条理，逻辑性更强。我们在处理多渠道收集的信息，特别是文字类的信息时，也可以用这样的方式，做到条理清晰。（板书：条理清晰）

(2) 发现特点二：数据真实。（出示阅读资料 2 中的内容）

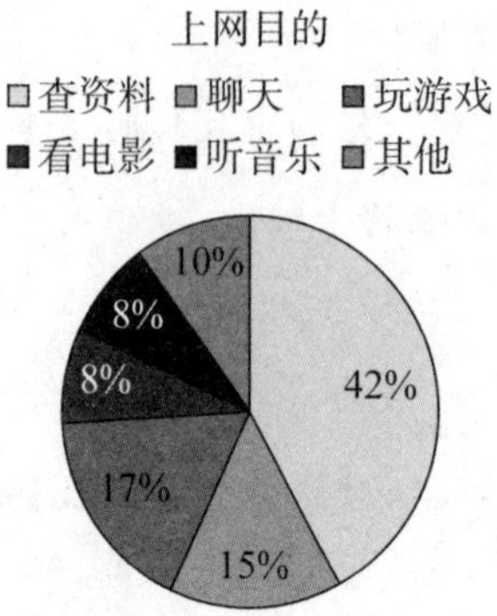

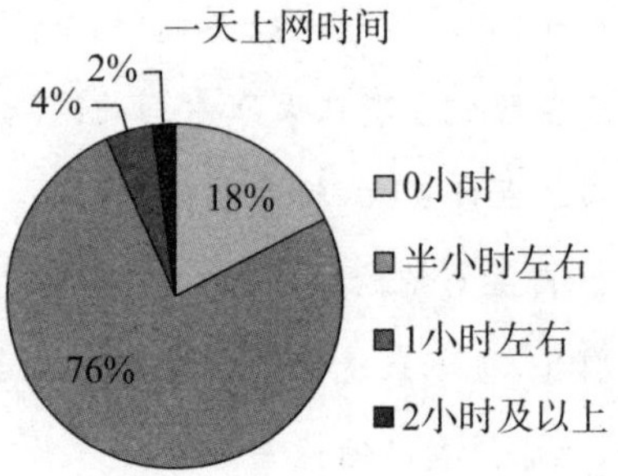

引导：图表是怎么得出来的？

预设一：通过数据制成的。

预设二：我们收集到的大量数据要通过整理才能制成图表。

小结：调查得到的数据，通过整理，能够更好地反映问题，也能让你的研究真实有依据。（板书：数据真实）

(3) 发现特点三：图表直观。

引导：对比一下，用统计图和用单纯的数据，有什么不一样？

预设一：图表更加直观。

预设二：除了扇形统计图，还能用条形统计图、折线统计图等，来反映不同的数据情况。

小结：图表不同，作用不同，但都能让我们获得的数据信息更加形象、直观地展示出来。（板书：图表直观）

2. 根据研究所得，小组合作整理资料。

(1) 任务布置。

过渡：交流中，我们了解了如何整理资料。但纸上谈兵不行，现在就请同学们根据课前研究活动收集的资料，小组合作进行资料的整理。

(2) 出示小组合作要求：

① 根据课前收集的资料，选择合适的方式，借助平板电脑，小组合作整理资料。

② 制作完成后，请一位同学到打印机旁领取成品。

③ 合作学习结束后，请一位组员代表发言。

3. 交流互评。

全班交流汇报资料整理的结果。

4. 小结：通过信息技术媒体，我们把之前研究活动中收集的大量无序的信息整理成了现在大家看到的清晰、有逻辑性的资料。

四、互评互改，撰写结论

1. 自主写结论。

引导：接下来请每个同学拿出自己的学习单，对照着自己小组整理的资料，把你得到的结论写下来。

2. 全班交流。

3. 指导结论的撰写。

(1) 引导：同学们写的结论有的短，有的长，其实还可以再改进的。我们一起来看看阅读资料中的研究结论是怎么写的。(出示阅读资料1的结论)

类别	内容	结论
来源	传说皋陶曾任尧帝的大理官(掌管刑罚的官职)，其子孙以官名“理”为姓氏。后来的“李”姓大多来源于此。唐代时，“李”为国姓。一些姓徐、安、杜、郭、麻、鲜于的武将，因立功被皇帝赐“李”姓。	1. 传说，“李”姓来源于上古时代的官名。唐代时，大量姓氏改为“李”姓，这可能为后来“李”姓人口的增长奠定了基础。 2. 历史上，“李”姓名人辈出。有水利专家李冰父子、军事将领李广、桥梁专家李春、“诗仙”李白、词人李清照、药物学家李时珍、革命领袖李大钊……他们在各个领域都闪耀着光芒。 3. 2018年，我国户籍人口最多的姓氏是“王”姓，“李”姓排名第二。
历史名人	战国时期的李冰父子主持修建了都江堰水利工程；汉代的李广抗击匈奴，威名远扬；隋代的李春是著名的桥梁专家，举世闻名的赵州桥就是他设计并参加建造的；唐代的李白被誉为“诗仙”；宋代的李清照是一位词人，有“千古第一才女”之称；明代的李时珍编写了我国古代药物学巨著《本草纲目》；近现代的李大钊是中国共产党的创始人之一……	
现状	据统计，2018年全国户籍人口中，王、李、张、刘、陈五个姓氏的数量占据前五名。其中，“王”姓和“李”姓的数量均超过一亿，并且“王”姓比“李”姓略多。	

（出示阅读资料 2 的结论）

课余上网的小学生居然有这么多，说明网络对于我们的生活是多么重要。会上网的人，视野一般比较开阔，知识面比较广。但我们也认为不能沉迷网络，而要充分地利用网络为我们的学习服务。网络是我们的工具，不能把它当玩具。但从研究结果看，大多数同学不是在查资料，而是在聊天、看电影、听音乐、玩游戏等。若是沉迷其中，学习成绩大概率会下降。从小学生上网的时间上来看，半小时左右的较多，但依然有一天上网一小时以上的。

针对这一情况，我们建议：

1. 小学生应该准确认识网络的作用。网络能够帮助我们在学有余力之时，提供更多的信息资源，帮助我们更好地学习。偶尔的放松娱乐可以，但不能把网络主要作为娱乐的工具。

2. 小学生应该合理规划上网的时间。平日里的学习生活，在没有特殊情况下，并不需要额外的网络支持。周末、节假日合理安排上网的时间可以帮助我们更好地学习、休闲。

3. 在我们利用网络之时，还要注意网络安全，做到文明上网。

（2）点拨：《关于“李”姓的历史和现状的研究报告》里的结论实际上跟整理出来的资料是一一对应的。第二篇结论是根据图表得出来的，不是直接简单地罗列数据，而是结合数据进行了分析，还根据得出的研究情况，有针对性地提出了建议，这能够更有指向性地解决研究的问题。（板书：一一对应、分析讨论、提出建议）

4. 小组合作，对照修改结论。

出示小组学习要求：

① 将自己的结论与组员交流，小组成员相互补充，合作把结论写完整。

② 小组成员分工合作，在卡纸上完成小组的研究报告。

③ 完成后，请组员合作介绍大家的成果。

5. 交流展示小组合作成果。

（1）小组合作介绍研究报告成果。

(2) 互动评价：听了他们小组的介绍，其他小组有什么想说的吗？可以夸夸他们，也可以给他们提提意见。

(3) 小结：无论是资料的整理，还是结论的撰写，都要紧紧围绕我们研究的问题来。这样的研究才更有针对性，最终的报告也更严谨。

学生研究报告如下：

关于小组成员所在社区的垃圾分类情况研究报告

一、 问题的提出

现在垃圾分类已成为我们日常生活中的热门话题，那么实施“垃圾分类”以来，我们生活的小区的垃圾分类情况是怎样的呢？人们有没有养成垃圾分类的习惯了呢？为此，我们进行了一次调查。

二、 研究方法

我们采用了实地考察和上网查阅资料的方法开展了研究活动。

三、 资料整理

社区	垃圾分类情况
LG 社区	垃圾分类桶仅分厨余垃圾和其他垃圾，分类情况差。
ZM 社区	社区垃圾分类意识强，有专门的垃圾房，设有四类分类垃圾桶；有专门的志愿者进行垃圾分类的监督，同时进行破袋检查；还设有“搭把手”垃圾回收箱。
HHTX 社区	社区没有设置有害垃圾桶；垃圾清理不及时，有居民直接将垃圾堆放在地上；有居民将灯泡等垃圾错投在可回收垃圾桶内。
WK 社区	社区垃圾集中投放区域设在地下停车场，小区地面也设置了分类垃圾桶；垃圾定时定点投放，居民分类意识强。
HS 社区	生活垃圾分类好，但建筑垃圾有堆放未及时清理的现象。
JJNH 社区	垃圾未分类，清理不及时。

四、 结论

修改前：	修改后：
一些老小区的垃圾分类很差，老人都不会分类。但是一些新小区分类都比较好，有专门的垃圾分类管理员，并有“搭把手”智能回收箱。	通过实地考察，我们发现不同的小区垃圾分类的情况各不相同。 像 LG 社区、HHTX 社区、JJNH 社区都是建成近 20 年的老小区，这一类的小区整体分类情况不容乐观，社区分类垃圾桶配备还未齐全，居民垃圾分类意识弱。像 WK、HS这一类的社区是建成还未满10年的新小区，垃圾分类设施齐全，整体垃圾分类情况较好。作为老小区的 ZM 社区，垃圾分类的开展情况好，并配备专门的垃圾分类监督员，有利于提高居民的垃圾分类意识。 为此我们建议： 1. 垃圾分类设施不齐全的社区配备齐分类垃圾桶，通过大力宣传，增强居民垃圾分类意识。 2. 为更好地践行垃圾分类，鼓励居民定时定点投放垃圾，社区工作者可设立垃圾分类监督岗，确保垃圾正确分类投放。

师：无论是资料的整理还是结论的撰写，都要紧紧围绕着我们研究的问题来，这样的研究才更有针对性，最终的报告也更严谨。

五、布置作业，拓展运用

布置相关作业，迁移运用所学知识。

以上是教师引领学生走进真实的社会生活，聚焦社会热点，针对垃圾分类工作开展调查研究，撰写研究报告的课例。如果说抓住生活中提供的素材和言语交际机会进行作文训练是“等米下锅”，那么，组织开展社会实践活动，安排学生参与交际活动训练则是“找米下锅”。学生在完成知识的应用验证后，积累了经验，顺应了原来的知识结构，形成新的知识，又在创设的场域内积累更高层次的具体体验，通过师生、生生间的互动交流、展示、评价、修正，逐步将交际活动作文知识从感知获取上升到领悟获取，从而内化成自身知识体系结构的一部分。学生经历着知识的内涵及外延的变化，内涵是将交际习作知识内化，通过反思和概括得来，外延是将概括的习作经验进行实践，再次进行验证。

因此，拓展社会实践活动，丰富交际活动习作课程内容，才能推动交际活动习作更有效地应用于社会生活。

第四章

五年级交际活动作文案例

五年级上册第二单元《习作："漫画"老师》教学设计

浙江省宁波市范桂馥小学 陈 益

一、教材解读

"'漫画'老师"是五年级上册第二单元的习作内容。

综观整个单元，《将相和》通过三则小故事表现了蔺相如和廉颇的鲜明个性。文中对人物语言、动作的描写为学生写作提供了范例。课后题"蔺相如、廉颇给你留下了怎样的印象？结合具体事例说一说"，也巧妙渗透了此次习作的语文要素——"结合具体事例写出人物的特点"。

在统编教材中，共安排了8次写人习作，见下表：

年级	主题	习作要求
三年级上册	猜猜他是谁	用几句话或一段话写一个同学。
三年级下册	身边那些有特点的人	用合适的词语形容一个人，尝试写出这个人的特点。
四年级上册	"小小"动物园	把家想象成动物园，分别用一段话写一写家里的"动物"。
四年级下册	我的"自画像"	根据提示用一篇文章向班主任介绍自己。
五年级上册	"漫画"老师	选择一两件具体事情写出老师的特点。
五年级下册	他______了	写一个人感动、生气、伤心、兴奋等的样子，将事情的前因后果写清楚，特别将他当时的情形写具体，表现出他的内心活动。
	把一个人的特点写具体	选择典型的事例来表现一个人的特点。
六年级上册	有你，真好	用具体故事写出"有你，真好"的真实感受，表达真情实感。

写出人物的特点是写人作文的重点。三年级尝试写人物特点，四年级构段表现人物特点，五年级开始用具体事例，抓住外貌、语言、动作、神态等表现人物特点。

二、学情分析

本次习作的难点是让学生心中有读者，明确习作交际对象，采用"漫画”的夸张手法，抓住人物一两件真实的事件写具体，表现人物特点。

根据马斯洛需要层次理论，学生有自我实现的需要，交际活动能满足学生的需求。教材安排了交际情景，“写完后，可以读给你写的老师听，问问他对你的习作有什么意见或建议”。这是统编教材在交际活动中培养学生语言表达能力的创新安排，易激活学生在真实语境下写作的需求。同时言语交际的成功会让学生懂得“习作是为了自我表达和与人交流”。

三、设计意图

（一）凸显“漫画”的夸张诙谐风格，用事例表现老师的特点

习作在“老师”前冠以“漫画”二字，重点是让学生像漫画表现人物一样，用一两件具体事例夸张诙谐地表现人物的特点，这是本次习作的重点。教学上，先以学生熟知的漫画引入，感受漫画的特点，再自然过渡到用文字给老师“画像”，特别强调用事例集中突出老师某一方面的特点。

（二）创造真实的习作交际平台，享受交际的成就感

交际互动是教材安排上的创新，完成习作不是教学的终点，而要通过真实的交际语境，与习作对象进行交流，并修改自己的习作。

因此，我课前设计了猜漫画人物的游戏，调动学生的表达欲望。课中注重多元对话，链接生活，让学生寻找眼中最有特色的老师；链接旧知，回忆以往写人物作文的方法；链接例文，帮助学生建立起从“懂”到“会”的桥梁。课后，安排学生和所写的对象互动交流，让习作交际真正地发生。而且不仅要和所写的对象交流，还要与同学交流，回家后还要与父母交流习作，了解父母眼中的老师。

四、教学目标

1. 通过示意图整理习作思路，抓住一两件具体事例夸张诙谐地描写老师的特点。

2. 能够和习作对象真实交流互动，并听取对方意见修改习作，主动与他人交流习作。

五、教学设计

（一）漫画导入，激发兴趣

同学们，上课前我们玩个游戏——“看漫画，猜人名”。

1. 第一幅漫画：三毛，第二幅漫画：丰子恺自画像。

2. 初步感知漫画特点。

小结：漫画有什么特点呢？漫画最显著的特点就是抓住人物的主要特点，用夸张的手法表现出来。

（二）确定对象，整理思路

1. 板书课题。

师：我们校园中也有不少有特点的老师。如果要用文字的形式为一位老师画漫画，你想画谁呢？

2. 复习旧知。

师：写人作文，我们并不陌生。

PPT 出示：

三年级上册习作 1《猜猜他是谁》

三年级下册习作 6《身边那些有特点的人》

四年级上册习作 7《我的“自画像”》

师：写人，我们要从哪些方面来介绍呢？

3. 完善学习单，见下图。

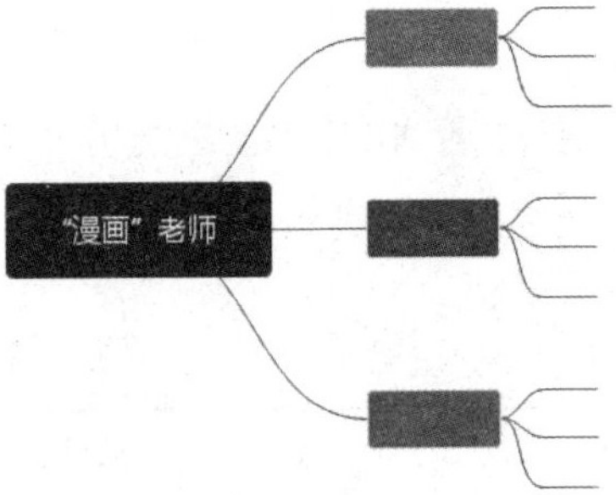

（三）聚焦特点，巧用事例

1. 回顾课文，紧扣事例。

师：《将相和》一文中，作者用了哪些具体事例表现蔺相如和廉颇的特点？

2. 出示教师下水文。

“咕噜咕噜……”一阵不和谐的声音突然闯入了我们的语文课堂。前一秒还在绘声绘色讲课文的陈老师，脸一下拉长了。她顺着刚才发出声音的方向走了过去。同学们不知道发生了什么，一个个正襟危坐。

忽然，陈老师停住了脚步，对着班上的“淘气包”小沈喊：“小沈，语文课上不认真听讲！快拿出刚才玩的东西！”小沈的脸一阵红一阵青，顺手拿起桌上的一支笔，递给陈老师。陈老师指着地上的一处，严肃地说：“我要的不是这个,是你脚下的那个东西。”“是……”小沈下意识地摸了摸后脑勺,“水杯吗?”“对!刚才就是你水杯发出的声音吧?”小沈张大了嘴巴,哑口无言。

同学们也深深地敬佩于陈老师这“眼观六路,耳听八方”的本领。

3. 完善示意图,进行片段写作,教师巡视指导。

4. 投影学生作品,集体评改。

(1) 从“老师的特点抓得准”“用夸张的手法表现人物的特点”“具体事例能突出人物的特点”这三个角度给该习作评分。评价要求见下表:

“漫画”老师评价要求

评价指标	自评	互评
1. 老师的特点抓得准	☆☆☆	☆☆☆
2. 用夸张的手法表现人物的特点	☆☆☆	☆☆☆
3. 具体事例能突出人物的特点	☆☆☆	☆☆☆

(2) 借鉴老师的下水文,比较同学习作,思考可对自己习作进行哪些调整。

提示:关注是否抓住了老师的特点,是否用上了夸张的手法,语言是否诙谐、有趣,具体事例与人物的特点是否匹配。

学生习作修改如下表:

修改前	修改后
有一次,毛老师改完我们那惨不忍睹的作业后,气得脸颊通红。 一进教室,她就拍着讲台,生气地扯着嗓子叫道:“今天的作业做得非常差!”她边叫边发作业。 “今天全对的人站起来。”毛老师的声音缓和了一些,但还是很生气。“只有这么点人全对!”老师又生气了,四周一片寂静。	有一次,毛老师改完我们惨不忍睹的作业后,气得脸颊通红。她一进教室,就让组长发作业。她就像海豚附体一般,气得左右摇晃着身子。我忽然感觉到一股可怕的气息一下子袭来,直觉告诉我:一定要保护好耳朵。果不其然,毛老师生气地喊道:“今天的作业做得非常差!”她的声音像海豚音一样尖利刺耳,差点要把我耳膜震破了。 “今天全对的人站起来。”毛老师的声音缓和了一点,但还是很生气。“只有这么点人全对!”老师突然又生气了,四周一片寂静。 毛老师又用力地挥舞着双手。这让我不由得想到一只海豚扭动着身子在水中游泳,鱼鳍上下摆动的画面。想到这里,我暗暗地笑了。

（四）交流习作，布置课后作业

1. 将修改后的片段读给同桌听。

2. 布置作业：

（1）将习作写完整，自拟题目。

（2）将作文读给所写的老师听，征询修改意见，见下表。

“漫画”老师本人评价反馈

	星级	反馈
老师的特点抓得准	☆☆☆	1. 你最欣赏哪一部分的描写？ 2. 哪里需要调整、修改？
用具体事例突出人物的特点	☆☆☆	
作文与老师本人的相似度	☆☆☆	

（3）全班分享，聆听描写同一位老师的不同同学的作文，寻找异同点。

（4）回家读给父母听，征询修改意见。

六、课后反思

（一）创设情境，明确对象

教师对于学生来说，无疑是庄重而又有距离感的。本次习作安排写老师，在老师前面冠以“漫画”二字，一改老师平时给同学们的印象，用文字的形式“画”下老师们的特点，对于学生而言充满着新奇感。因此，课始，我有意引入学生熟知的漫画人物，在猜一猜的过程中，激发学生的表达欲望。在此基础上，引出“‘漫画’老师”这一话题，自然而然地将“漫画”与老师组合在一起，让学生明确此次习作的对象是老师。

（二）提供支架，交流探讨

解决了写什么的问题，接下来重点带领学生在交际情境中逐步落实怎么写的难题，这也是学生习作中的一大难点。

首先，我联系已学过的内容，调动学生的主观能动性，通过交流讨论，发现写人物习作的共同之处——都可以通过人物的外貌、性格、爱好等方面的描写，表现人物的性格特点。接着，重温《将相和》一课，唤起学生的阅读积累，感受具体事例与人物特点之间的关系，引导学生选取素材。然后，出示教师的一篇下水文，将日常生活中的一个场景以文字的形式“画”下来。通过欣赏下水文，学生知晓可以重点突出老师的动作、神态、语言等来表现人物的特点。

（三）指导修改，真情流露

完成习作并不是教学的终点，还要教学生如何评价习作。课堂上捕捉一个表现教师特点的片段，进一步落实教学的重点——如何用诙谐幽默的语言表现人物特点。学生第一次尝试练笔之后，以评价表的方式指导学生评价的方向，通过自评、互评、他评等多元的评价方式，增加课堂交际的互动面，培养学生的读者意识。

选取一个有生活气息的习作片段——课堂上老师批评学生。所选的习作片段，学生能紧扣老师的动作、语言、神态，描写当时的场景，做到了文通字顺，但是读起来趣味不足，没有体现“漫画”夸张的一面。在听取同学们的意见之后，该生进一步加工，融入了自己的想象，将发怒中的老师想象成狂躁不安的海豚，读起来画面感十足，语言幽默风趣，让本次习作“夸张诙谐地描写老师的特点”的目标真正得到落实。

课后，安排了一次交际作业——让学生把习作读给所写的老师听，读给全班同学听，读给自己的父母听，让学生在交际活动中享受习作的成就感。

教学是一门艺术，需不断反思完善。本次习作出现的问题是：在习作对象选择上，大多数学生都将目光集中在语文、数学、体育三门课的老师身上，习作对象的多元性上有待进一步丰富；在事例选择上也有些雷同，不够丰富。

七、学生习作

“海豚”毛老师

毛老师是我们的数学老师，她就像一只海豚，可爱又亲切。

毛老师的样子很像海豚，她长着一张圆圆的鹅蛋脸，笑起来眼睛像两条细细的月牙。毛老师的额头很突出，还会反光，和海豚的额头很像。她乌黑的卷发时而随意地散着，时而束在脑后。她总是穿着淡蓝色的牛仔裤。

毛老师不仅样子像海豚，动作也像海豚。讲课时，她的身子左右摇晃，就像海豚在水里游泳；说话时，她的手在半空挥舞，就像海豚用鱼鳍拍打着身子。

毛老师就像海豚一样有趣。有一次，老师说："今天我们要学习三角形这个单元。"班上的淘气包小沈突然插了一句话："我最喜欢三角形了！"毛老师听完，便晃动着身子"游"到小沈身边，笑眯眯地说："三角形有很多很多知识，初中高中都要学习三角形，直到让你学到累趴为止。"

不过，毛老师最像海豚的还要属她的声音了。记得有一次，毛老师改完我们惨不忍睹的作业后，气得脸颊通红。她一进教室，就让组长发作业。她就像海豚附体一般，气得左右摇晃着身子。我忽然感觉到一股可怕的气息一下子袭来，直觉告诉我：一定要保护好耳朵。果不其然，毛老师生气地喊道："今天的作业做得非常差！"她的声音像海豚音一样尖利刺耳，差点要把我耳膜震破了。

"今天全对的人站起来。"毛老师的声音缓和了一点，但还是很生气。"只有这么点人全对！"老师突然又生气了，四周一片寂静。

毛老师又用力地挥舞着双手，这让我不由得想到一只海豚扭动着身子在水中游泳，鱼鳍上下摆动的画面。想到这里，我暗暗地笑了。

毛老师，一只可爱的小海豚，她带给我们的不仅是快乐，还有丰富的数学知识。

"多面体"老师

他，威风凛凛的外表下，一身结实的肌肉，平时都穿着一套黑色运动装，跑起来就跟"火影忍者"似的。你们知道他是谁了吗？没错，他就是我们的"多面体"体育老师——周老师。

"多面体"老师上体育课时非常"凶狠"，常常想出一堆的法子来"折磨"我们。记得有一次，我们刚跑完步，周老师就带着我们去做仰卧起坐。我们"呼哧呼哧"地做了两组，本以为可以自由活动了，没想到周老师又面无表情地下了命令："全体去跑500米！"我们叫苦连天，要求休息一会儿，可是周老师的脸色已经告诉了我们结果。只见他的表情由晴转阴，我们只好拖着疲倦的身子跑完了500米……

不过，你要是认为周老师只有这“凶狠”的一面，那就大错特错了！“自由活动了！”一听到这话，我们便像风一般地席卷了操场。咦！“多面体”老师什么时候和我们这么亲近了？他正和大家一起踢球呢！他在绿茵场上带着球飞奔，一下子就过了好几个同学，最后一脚射门，可是把球踢飞了。我们哈哈大笑，周老师自己也大笑起来，他的笑声和我们的融在了一起。

尽管“多面体”老师性格有点古怪：有时“凶狠”，有时和蔼，不过，他永远都是我心中最敬佩的体育老师！

“鹰” 老 师

说到我们曾经的数学老师葛老师，我觉得她像一只老鹰一样，既严厉又慈爱。

葛老师个子娇小，总是穿一身黑衣，留着干净利落的短发，走路像一阵风，大眼睛仿佛能看透世间万物。

葛老师的目光就像老鹰一样敏锐。无论是谁犯了一点儿错，她都能立刻发现。有一次，同桌互相交换改练习卷，当同桌把批改好的试卷给我时，我高兴地大喊：“耶！100分！”我赶快把试卷交给葛老师。正在我想着葛老师会表扬我时，她把我叫了回去：“黄沐然，这道题你写错了！”“什么？”我不敢相信，“怎么可能呢？”我跑过去一看，哎呀！果然我把0写成了6。看来，什么也逃不过葛老师的“法眼”啊！

葛老师也像老鹰一样严厉。我们在学100以内加减法，做口算题时，全对的人竟然只有两个！看葛老师的表情，就知道她很失望。她生气地说：“现在，所有人每天都要做100道口算题！”我心想：唉，这么简单的题谁想做呀！过了几周，我们班的口算质量有了明显提高。这时，葛老师才语重心长地对我们说：“你们只有现在多练习，打好基础，以后学起数学才会更加得心应手。”我们终于明白了老师的良苦用心，那是对我们的一种爱。

严厉归严厉，鹰妈妈也有对小鹰慈爱的时候。每年“六一儿童节”，她都会给我们冲奶茶，还送我们小卡片，上面写着对我们的祝福……

这就是我的“鹰”老师——葛老师，严厉又慈爱，带领我们打开了数学的大门。虽然她现在已经不教我们了，但是她教给我们的学习数学的态度、方法让我终身受益。

五年级上册第五单元《习作：介绍一种事物》教学设计

浙江省宁波市海曙区广济中心小学　沈　琳

一、教材解读

习作的第一部分以表格形式给学生提供了丰富的素材，拓宽了学生的选材思路，提出明确的习作任务；第二部分从写之前、写之时、写之后分别提出具体的习作建议，方便学生学习。

写说明文前要做好观察，搜集好资料，对事物有充分的了解，并且列好提纲。这是对之前学习过的观察方法、搜集资料的要点以及列提纲要领的综合运用。结合说明性文章的特点，教材从内容、方法和篇章布局三方面提出了具体的要求。习作完成后，学生要进行交流分享，把读者是否对所介绍的事物产生了兴趣、获得了相关知识作为评价要素，让他们进一步体会说明性文章在生活中的作用和价值。

二、学情分析

根据教材要求，评价习作成果要从“写清事物的主要特点”“试着用上恰当的说明方法”和“分段介绍事物的不同方面”三个方面展开。

统编教材不仅从精读课文《太阳》和习作例文《鲸》指导学生学习如何使用说明方法，而且通过“交流平台”让学生了解说明文的特点，又在“初试身手”让学生试写说明文小片段。学生对说明方法的类别一般都很了解，但是对说明方法如何恰当运用是模糊的。恰当地使用说明方法是学生的一个难点，也是我们这节课的训练重点。

三、设计意图

说明文以“说明白”为要义，从“说明白什么，用什么方法说明白，怎么说明白”出发，让学生在真实的语言实践中学写说明文。本次训练重在围绕说明文的“选材—方法—谋篇—运用”几个方面落实本次习作。

首先，立足课文，借助资料，让学生明白介绍一种事物可以抓住事物的特点，分几个方面来介绍。其次，让学生运用恰当的说明方法把事物一个方面的特点写明白，以一带多，写明白事物其他方面的特点。最后，通过评改和交际运用活动，让学生获得习作的意义和言语交际活动的成就感，增强学生写好习作的积极性和兴趣。

四、教学目标

1. 选择自己感兴趣或者熟悉的一种事物，运用观察、资料搜集等方法了解该事物的相关信息。

2. 整理了解到的信息，明确习作结构，从几个方面有条理地把事物介绍清楚。

3. 围绕事物的一个特点写一个片段，学习恰当地运用列数字、作比较、打比方等说明方法。

五、教学过程

（一）趣拟题目，激趣导入

1. 师：今天我们来学着“介绍一种事物”。我们身边的事物千千万万，你一定有了解并喜欢的事物。你想介绍什么？为什么？

2. 师：课前，我们搜集了自己想介绍的事物的资料。拿出课前预学单跟大家分享。你想介绍什么？为什么？

3. 师：课文中也有一张表格，来说说你的发现。

预设一：直接写事物的名称，简单明了。

预设二：写说明对象的重点部分，比如《溜溜球的玩法》《怎么泡酸菜》。

预设三：用拟人的方式介绍，更吸引人。

4. 小结：这些题目给予了我们很多选材的灵感。

> 习作贴士一：你能为你想介绍的事物取个有趣的名字吗？写在学习单里。

5. 师：找到了那么多有趣的内容，就把它们介绍给大家吧。

（二）借助图示，明确要求

写清楚

1. 师：“介绍一种事物”其实就是让我们写一篇说明文。如果“说”就是介绍的意思，那“明”的意思是什么呢？叶圣陶老先生也说了，说明文以“说明白了”为成功。（课件出示第五单元导语页面）我们应该怎样才能把事物写清楚呢？

2. 师：介绍事物非常重要的就是抓住事物的特点，分几个方面来介绍。习作例文就给了我们很多启示，我们一起来回顾一下吧。（出示《鲸》和《风向袋的制作》的板书）

（1）瞧，《鲸》分别从鲸的“体型”“进化过程”“种类”“捕食”“呼吸”“睡觉”“生长繁殖”几个方面介绍。每个自然段介绍鲸一个方面的特点，把鲸的特点介绍清楚了。

（2）《风向袋的制作》分别从“风向袋的作用、制作步骤、辨别风向的方法”这三方面来介绍，清晰明了。

> 习作贴士二：你会从哪几个方面来介绍选定的事物呢？结合资料，用自己喜欢的方式记录在习作单里。

3. 分享交流：

预设一：可以用分支的形式来介绍事物的特性。

预设二：可以用思维导图的形式把自己想要介绍的事物写清楚。

预设三：用线形的方式来介绍景点。

4. 师：图文结合的形式一定给了大家很多启发，现在同桌之间交流学习，并修正补充自己的习作单。

写明白

1. 写作交流。

（1）师：清楚事物要写的几个方面的特点后，你现在最想介绍哪个特点？课堂时间有限，我们先来介绍自己最想介绍的那个特点。

> 习作贴士三：借助你搜集的资料，写明白一个方面的特点。

（2）出示学生习作：

这座电视塔真高啊！它有 368 米，大约 120 层楼高。塔身由三个钢结构圆球组成，最上面和最底层的圆球较大，中间的较小。远远望去，就像一串糖葫芦。塔身部分由低到高空间逐渐变小，最底下那层大约有一个足球场那么大，同时能容纳三百人。最高处最窄，只有一间教室那么大。

(3) 学生交流。

师：这篇习作介绍清楚了吗？哪里值得我们学习？哪里需要改进？

预设：运用了多种说明方法，比如列数字，“368 米”“120 层楼高”突出了电视塔的高。还运用了打比方，把电视塔比作一串糖葫芦，把电视塔写生动形象了。

(4) 师：如何恰当地使用说明方法呢？小伙伴给了我们微课，我们一起来听一听吧。（展示微课）

(5) 师：听了生动的微课，你学到了什么？

预设一：在作比较时，与之相比较的事物要常见而典型。比如《太阳》这一课，作者介绍太阳与地球的距离时，用“步行和坐飞机到太阳上去的时间”作比较，在我们熟知的出行方式中，步行是最慢的，坐飞机是最快的，用这两种出行方式作比较，最能让我们体会到太阳距离地球“遥远”的特点。

预设二：在打比方时，也要选取相似度高的熟悉事物。比如，同样是《太阳》这一课，为了突出太阳的“热”，作者把太阳比作大火球，因为它们在外形和温度上都相似。这样太阳的“热”就形象了。

师：为了突出事物的特点，我们要利用熟知而且典型的事物，“恰当”地使用说明方法。

2. 修改。

(1) 师：怎么修改刚才的这几处呢？

（教师带领学生进行修改。出示修改成果。）

(2) 师：接下来，把你的习作跟小伙伴们去分享吧，听听他们的建议。

出示评价清单：

评价内容	星级	组内评	组际评
兴趣度：有点兴趣 感兴趣 特别感兴趣	☆ ☆☆ ☆☆☆		

（续表）

获得的知识：
用哪些方法把事物的特点介绍清楚的：

出示学生习作修改片段1：

恐龙形态各异，高的有几十米，有一种叫阿根廷龙的恐龙，身高可达35米，相当于12层楼的高度。它的体重有三十几头大象那么重，虽然不是恐龙家族中最重的，可也足以让人目瞪口呆了。当然了，恐龙中也有“小个子”，有一种叫美颌龙的恐龙，体长不足一米，体型跟鸡差不多大！

出示学生习作修改片段2：

我打算用废药盒来做一辆小车参加学校“STEAM节小车秀”。首先，我取下了玩具小车的4个轮子，每个轮子大约一元硬币大小。然后在轮子中间用吸管进行连接。接着用废纸板做一个小车的底盘，刚好卡在4个轮子中间。至此，我的小车底座就算完成了。但是，我还不满意，我用吸管做了4个排气管。嘿嘿，看出来了吧，这是一辆跑车哦！

小车的底座完成后，就要做车厢了。有一个关键部分，可是我的独家秘诀，就是用两块小海绵做车厢的支撑物，主要是在小车底座和车厢之间起到一个缓冲作用，增加平衡感。把废药盒安装在海绵上，增加小车的重量和稳定性。我还在废药盒里填充了海绵条。最后，安装上螺旋桨。我的小车制作完啦。我给它取了个响亮的名字——“雪豹号”！

学生点评交流。

生：我对写恐龙形态的内容特别感兴趣。这位同学使用了列数字和作比较两种说明方法，把恐龙“大”和“重”的特点写明白了。我也了解到了恐龙世界里两种形态差异很大的恐龙，分别是庞大的阿根廷龙和小巧的美颌龙。

生：我对小车制作很感兴趣，因为我的小车没有制作成功。他写的《小车制作》，通过连接词“首先”“然后”“接着”等和动词“安装”“卡”“填充”“连接”等，把制作过程写清晰、写详细了。

（三）小结成篇，分享展示

1. 师：今天，我们课堂上只介绍了某个事物一个方面的特点。下节课我们继续使用这些方法学写其他方面的特点。

2. 直播品鉴会：请每位同学都来介绍自己了解的事物。其他同学评一评，看看谁的介绍最具吸引力和最有创意。

3. 出示评价项目表格：

奖项	得奖选手
最具吸引力奖	
最佳创意奖	
……	

4. 好文分享：将评选出来的好作品发到班级微信公众号里展示，和大家一起分享。

六、课后反思

习作是一种复杂的言语建构过程，写作支架的搭建至关重要。在激发学生兴趣、触发学生的灵感后，提供习作素材和梳理思路就显得尤为关键了。对于大多数处于“浅思考”层面的学生来说，如果没有写作支架的帮助，他们是无从下笔的。这就需要我们在教学时寻找适合学生的方法和途径。

（一）借助图示定结构

通过完成“课前预学单”，学生初步了解了感兴趣的事物。教师在学生简单交流各自搜集的有关事物的资料后，引导其完成“课堂习作单”，指导其学习搭建习作框架。图示的使用要有助于学生打开思路。

本课的图示还可以从哪几方面来写？用方框来表示更能让学生自由确定想要介绍的事物的多方面特点，拓宽学生思路的同时，也为本课的习作结构定下了范式。

合理安排写作顺序，使习作言之有序、言之有理。尊重学生原有的知识体系，重在指导他们理清先写什么，再写什么，接着写什么，以及如此安排的内在逻辑关系。学生经历了有梯度、有思考的学习过程，就会逐步提升谋篇布局的能力。

（二）重视评价，巧修改

讲评环节，习作评价的自主权应交给学生，以此提高学生自我评价的能力。教师引导学生在自我修改和相互修改的过程中提高写作能力，体验表达的快乐。学生习作兴趣减弱的原因之一，就是学生往往感受不到习作带给他的成就感。当习作表达成为学生自我成长的需要时，学生参与习作的积极性和写好习作的兴趣就会大大增强。

教学时，根据教学目标，为学生提供“评价清单”，让学生在“自读自改”“组内互改”“教师评改”的过程中养成评改的习惯。这类评价清单也让学生评价有“方”，修改有“法”。通过“评—悟—改”，学生对习作的要求越来越明确，参与习作评改的兴趣和意识也会提高。

（三）创设情境展交际

情境设置是“交际语境”习作教学的重点。在情境创设上，应结合习作话题来激发学生的习作动机。贴近学生生活的话题更能激发学生言语表达的欲望。在分享阶段，开展一次“直播品鉴会”，结合课堂评价清单，评选出“最具吸引力奖”“最佳创意奖”“最佳主播”等，让习作教学更接地气。

最后将优秀的作品在班级微信公众号里展示交流。

七、学生习作片段

片段一：

这座电视塔真高啊！它有368米，大约120层楼高。塔身由三个钢结构圆球组成，最上面和最底层的圆球较大，中间的较小。远远望去，就像一串糖葫芦。塔身部分由低到高空间逐渐变小，最底下那层大约有一个足球场那么大，同时能容纳三百人。最高处最窄，只有一间教室那么大。

片段二：

恐龙形态各异，高的有几十米，有一种叫阿根廷龙的恐龙，身高可达35米，相当于12层楼的高度。它的体重有三十几头大象那么重，虽然不是恐龙家族中最重的，可也足以让人目瞪口呆了。当然了，恐龙中也有“小个子”，有一种叫美领龙的恐龙，体长不足一米，体型跟鸡差不多大！

片段三：

我打算用废药盒来做一辆小车参加学校“STEAM节小车秀”。首先,我取下了玩具小车的4个轮子,每个轮子大约一元硬币大小。然后在轮子中间用吸管进行连接。接着用废纸板做一个小车的底盘,刚好卡在4个轮子中间。至此,我的小车底座就算完成了。但是,我还不满意,我用吸管做了4个排气管。嘿嘿,看出来了吧,这是一辆跑车哦!

小车的底座完成后,就要做车厢了。有一个关键部分,可是我的独家秘诀,就是用两块小海绵做车厢的支撑物,主要是在小车底座和车厢之间起到一个缓冲作用,增加平衡感。把废药盒安装在海绵上,增加小车的重量和稳定性。我还在废药盒里填充了海绵条。最后,安装上螺旋桨。我的小车制作完啦。我给它取了个响亮的名字——“雪豹号”!

五年级上册第六单元《习作:我想对您说》教学设计

浙江省宁波市海曙区海曙中心小学　唐海燕

一、教材解读

“我想对您说”是五年级上册第六单元的习作。习作与单元主题以及口语交际的内容紧密关联,要求学生以写信的方式向父母表达自己的爱,说说自己的心里话,能促进学生更好地和父母沟通、相处,也有利于激发学生的写作动机。

本单元的语文要素指向表达的是“用恰当的语言表达自己的看法和感受”。这项要求包含了“用恰当的语言”“表达看法”“表达感受”等几项内容。本单元指向阅读的语文要素“体会作者描写的场景、细节中蕴含的感情”和口语交际中“选择恰当的材料支持自己的观点”都与“用恰当的语言表达自己的看法和感受”有着密切的联系。

“习作要求”为学生提供了三种思路:一是通过回忆与父母之间发生的难忘的事,表达对父母的爱;二是与父母交换自己对一些事情的想法,争取父母的理解;三是关注父母的生活,向他们提出建议,或者劝他们改掉一些不良的生活习惯或教养方式。叙事是书信的重要内容,而在叙事中恰当地表达自己的看法和感受是本次习作的重点。

二、学情分析

五年级学生虽然有一定的生活经历和对生活的感触,但未必能够在习作中表达得清楚、具体。因此，教师需要引导学生学会选材，能够在众多场景中选择自己印象最深刻、最适合表达的一个；还要引导学生学以致用，将阅读中习得的“场景描写”和“细节描写”的方法运用到自己的习作中；同时，让学生能够将情感融于叙事中，合理地提出建议，具体恰当地表达自己的感受。

三、设计意图

引导学生找到倾诉的内容。给父母写信说什么呢？学生往往“心有万千头绪却无从下笔”。因为这次习作选材看似宽泛，实际上选择并不容易。父母表达爱的方式不尽相同：也许平凡而又琐碎，也许看似狠心其实用心良苦……哪件事值得与父母书信交流？引导学生回忆：自己参加夏令营、出国游学、军训住校的时候，和父母小别，这时候最想对爸爸妈妈说什么？是一些自己记忆深刻的事情，让父母感慨良多的事情，还是在成长道路上有纪念意义的事情？或成功，或失败，或垂泪，或生气，或迷惑，或感伤，这样的事情往往令我们有着深刻的感受。让生活中的点点滴滴成为倾诉的内容，才能把信写得有真情实感。

把事情写清楚，把情感讲真切。找准了一件事或多件事后，关注学生叙述方法的运用，在叙事的过程中，要敞开心扉，向父母或他人说出自己的感恩之情，用恰当的语言表达自己的感受和看法，把信写得亲切、自然。

五年级学生想要“用恰当的语言表达自己的看法和感受”，还需要在表达中对语言进行仔细推敲，教师要联系本单元的阅读课文、交流平台、词句段运用等内容，发挥教学评价的作用，让学生在阅读中体会怎样的表达是“恰当”的。基于以上思考，本课教学主要引导学生经历“梳理素材—写好细节—片段入手—交流修改”的习作过程。

四、教学目标

1. 根据习作提示，确定最想跟谁说说心里话。

2. 回忆跟父母之间发生的难忘的事情，用书信的形式，用恰当的语言表达自己的看法和感受。

3. 能让父母感受到自己的爱，理解和接受自己的看法，接纳自己的建议。

五、教学过程

(一)揭题导入,激发情感

1. 出示父母的信,激发情感。

师:同学们,本单元的主题是“舐犊之情”,这是流淌在血液中的爱和温暖。可是通过课前调查,老师了解到,你们当中有的人因为多种原因,平时与父母交流也不多。今天,你们的父母给你们写了一封信,想和你们进行交流。

2. 揭示习作题目。

师:书信是沟通的方式,你们想看父母写给你们的信,同样,父母也想看到你们的回信,你们一定也很想对他们说说心里话吧!

(二)打开思路,理理内容

1. 静心思考:读了爸爸妈妈写给你的信,你有什么想对他们说的吗?

2. 自由交流:你想跟父母说点什么?请你用一两句话说一说。

小结。板书:表达感恩,表达看法,提建议。

3. 结合“习作素材单”,梳理说的内容。

师:听了同学们的发言,把你想对父母说的话一一列出来,用简洁的词句写在表格中。

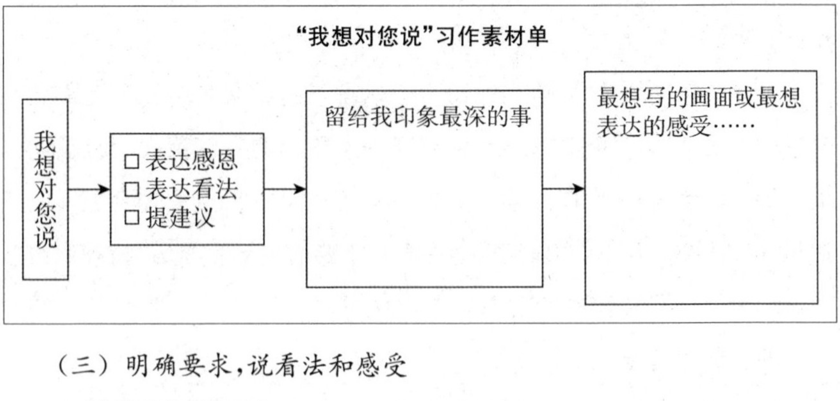

(三)明确要求,说看法和感受

1. 读懂“说”的要求。

出示习作要求:

① 用上恰当的语言把自己最想对父母说的话写成一封信。

② 能够表达自己真实的看法和感受,让父母感受到你的爱,理解和

接受你的看法，接纳你的建议。

③ 书信格式要规范。

2. 根据修改后的“习作素材单”进行写作。教师提示学生：写的时候，要想象父母就在你的眼前，此刻，你正在面对面地与他们进行交流……

（四）迁移方法，说好心里话

1. 写好后，和同伴交流，互相修改。

2. 集体交流，教师相机指导。

教师巡视，发现共性问题：一是信中没有具体的事或某个问题，只是空洞地写感受；二是不能运用恰当的语言表达自己的看法或感受。

针对问题一，指导写出“真事真情”。

出示学生空洞地表达感谢之情的习作，引导学生迁移运用精读课文《慈母情深》《父爱之舟》的学习收获，并给出建议：当你在向父母表达你的爱时，就要把令你感动的场景写清楚，表达出你内心的感受，这样父母才能体会到你对他们的这份感谢与感激。学生自然会想到要写出具体感动的场景或者感动人的细节，让父母感受到孩子对他们的爱……

针对问题二，指导“恰当表达”。

出示学生习作片段“想说服父母不要再给自己报补习班”，引导学生思考：当我们的想法与父母有分歧时，该怎么与父母讨论与交流？想想口语交际课上的讨论，说说自己的建议。

（五）以评促改，交流心里话

师：听了同学们的分享，你一定受到了很多启发。现在请你专心修改自己的习作。

1. 读读父母的信，再独立修改自己写给父母的信。

2. 推荐交流学生的书信，以评促改。

（1）角色体验：自己写的信让同桌来读，自己站在父母的立场来听信。

（2）创设情境：下面进入“朗读者”栏目。谁愿意把自己修改好的信与全班交流？老师帮你录下来，发给你的父母，让他们在这一刻感受你的内心。

（六）课堂小结，传递温情

师：今天，我们一起聊了一个很温暖的话题，为父母写下了一封充满温情的信。请你把今天这封信重新誊写在信纸上，写好后可以装在信封中送给父母。期待父母看到你们的信后，能够感受到你们对他们的爱，更加理解你们，使你们成为彼此的好朋友。

六、课后反思

本次习作教学通过创设交际语境，将应用文写作演变成基于语境的交际活动。这样既能激发学生的语用动机，又能使他们专注于写作策略的习得。

（一）交际语境的创设

书信具有很强的个性与针对性，作者其实不是一个人在写作，而是在一种交际语境下写。因此，在写信前让学生觉得有话可说，创设交际语境至关重要。就这次习作而言，教师事先请求每个学生的爸爸妈妈给孩子写信，内容就是父母想对孩子说的话，可以是对孩子的期待，也可以是对近期家里所发生事情的看法，再或者是父母与子女之间开心、不愉快的事情……课始，将这些书信转交给学生，引导学生谈感受。这样的设计为学生对父母说心里话提供了真实的交际语境。

（二）交际内容的推进

有了语境的创设，学生可能找到了表达的突破口，但这不等于他们可以顺利地写好信的内容。教师的指导还是要回到写作策略上来，使学生在写信时主题更清晰、表达更准确、笔力更集中，避免出现“东一榔头，西一棒槌”的情况。

1. 启发关联想象

听了父母的心里话，学生内心有所触动，此时要进一步引导他们构思内容，以唤醒记忆中相关的信息。课上，教师通过“习作素材单”帮助学生不断产生新的想法，引导学生从父母对自己说的话中归纳、提炼一两个词，进而引导他们围绕这些词展开关联想象。比如针对感受到的“内疚”一词，你的头脑中浮现出了哪几个画面？想象是开放性的，如果想象不丰富，内容就会单薄、苍白；想象又必须有一定目的，要与语境相关联，否则写作就会“跑偏”。

2. 搭建素材支架

本堂课，教师以“习作素材单”为支架，引导学生把想对父母说的话用简洁的词句记下来，并与同伴展开交流与分享，互相启发，互相完善。构思其实就是不断地分析、确定内容的过程，是围绕着话题、角色、读者、目的等交际语境要素之间的“交互提问”，是为了给内容的推进提供思维支架。

3. 选择语言形式

应用文重在实用，要做到准确朴素，不夸张渲染，也无须过度描写。选择什么样的语言形式离不开具体的语境，通过对本单元学过的文章进行文本比较，学生了解了“辞藻堆砌”与“真实表达”两种不同语言形式的表达效果，有助于帮助他们体会书信的语言特点，并选择合适的语言形式来表达。

书信写作应该有很强的读者意识，下笔之前，心中有读者。写作时采用第二人称，其实就是与读者在对话，把自己内心的话与他们交流。因为交流的对象是父母，所以语言表达还要遵循得体性原则。学生可以尝试“角色体验”的方法，在同桌之间形成一个学习共同体。读读父母的信，再读读自己的信，或是自己写的信让同桌来读，自己站在父母的立场来听信。这种换位思考能使学生很快察觉到自己表达上是否得体，再结合同伴的建议，及时修改。因此，“角色体验”是交际语境写作的有效手段，有利于唤醒学生写作的交际意识，激活学生的读者意识。

七、学生习作片段

片段一：

您还记得第一次对我生气的场景吗？那是一个阳光明媚的早晨，我们出去骑车。我在前面飞速地骑车，简直比汽车还要快！您在后面大声提醒我骑慢点儿，可我对您的劝告置若罔闻，反而越骑越快了。最终我摔倒了，还去医院缝了针。缝针时，我伤心地哇哇大哭，缝针的痛打了麻药我可以忍，但是一向和蔼可亲的您突然冷若冰霜让我实在没法接受。我要告诉您一个小秘密，当晚我没有睡着，我知道您轻手轻脚地来到我床边，伸出那宽厚温暖的大手在我脸上轻柔地抚摸了几下，又轻轻地摸了摸我受伤的膝盖，深深地叹了口气。一滴热泪落在了我的额头，我根本没想到您会流泪。最后您又悄悄起身，轻轻掩上门离开。回想白天的经历，我懊悔不已。我应该听取您的忠告，不能只追求刺激而过于鲁莽。在这儿我要满怀歉意地和您说声“对不起”。以后，您周末有空还继续陪我骑车，共度欢乐的亲子时光，好吗？

片段二：

您真是一位好爸爸。不过，我也要给您提两点小建议：

第一，您是一位兢兢业业的好医生。每晚您总是坐在书房的电脑前认认真真地查阅明天手术需要的各种资料，直到万无一失才去睡觉。我想，为了您的身体，您应该多休息，不要熬夜。过度疲劳对身体不好，健康才是工作的本钱啊！

第二，请您不要总买甜食吃了。虽然甜食十分美味，还能给人带来快乐，但是吃多了对牙齿有害。您还记得去年一个月您因为吃了太多甜食，隔三岔五闹牙疼，还晚上去医院补牙的事吗？您茶不思饭不想，还要时不时吃止痛片，这样的生活肯定不快乐吧？而且受您影响，我也时常经不住甜食强烈的诱惑，想要大快朵颐，这样对我的身体也不好，不是吗？

我的两点小建议望您能接受。

五年级上册第八单元《习作：推荐一本书》教学设计

浙江省宁波市海曙区石碶街道实验小学　鲍夏波

一、教材解读

“推荐一本书”是第八单元的习作。从语文要素看，本次习作重在要求学生“写清楚推荐的理由”“注意分段写”“把重点内容写具体”“与同学进行交流”。习作连接了阅读与写作、阅读与口语交流、课内与课外，为学生提供了从阅读走向表达的方法与途径。

习作要求学生结合单元学习内容和以往的阅读经验，把读过的好书进行梳理，并推荐给同学，在完成交际任务的基础上进行习作训练，体现了语文课程标准倡导的让学生懂得写作是“为了自我表达和与人交流”，让学生在交流、修改、提升习作水平的同时，增强阅读意识、表达意识、资料意识，提升阅读兴趣，落实本单元的学习目标。

二、学情分析

五年级学生已经有了阅读整本书的经验，再通过本单元的阅读课文、阅读链接、口语交际、语文园地等内容的学习，结合他们自己的课外阅读经历，选择自己喜欢的一本好书，并不困难。

但是，如何来向别人推荐一本好书，把书的基本信息及推荐理由介绍清楚，如怎样选择恰当的材料，如何分段进行表述，需要学生在学习中领悟。特别是如何将其中某个内容作为重点理由作具体推荐，并激发他人的阅读兴趣，是学生在本次习作中的难点，需要教师在教学中加以引导。

三、设计意图

（一）情境交际，激发习作热情

让学生扮演书店导购员的角色，在“导购”中思考如何抓住书本中的某一内容来激发他人的阅读兴趣，从而成功地推荐一本书。至习作完成，让学生再次回归这个角色，作整体书的推荐。在情境中学习，激发学生对本次习作的热情。

（二）说写结合，拓展习作思路

本次习作把“说”和“写”有机联系起来：先让学生介绍自己喜欢的书，唤醒自己内心深处对好书的回忆；随后借助“好书名片”，学习梳理关于一本书的基本信息；再作为导购员，现场推荐带来的好书。同时，学生在多次点评同学的习作中，自己的习作思路也在不断拓展。

（三）层级推进，有梯度地落实习作任务

本次教学重在为学生搭建自主习作的支架：让学生提取、梳理好书中的重要信息后，有重点地推荐自己喜欢的书；借助课外链接，明白一段精彩的推荐可从不同的角度进行，对某一个精彩的情节可思考自己独到的见解；推荐同一本书时，可以有不同的推荐理由……最终，引导学生聚焦重点，具体推荐。

四、教学目标

1. 推荐一本书,写清楚这本书的基本信息;结合情节、人物、语言等方面,把重点推荐理由写具体。

2. 与同学交流习作,根据建议进行修改;让自己推荐的一本书激发他人的阅读兴趣。

3. 激发阅读热情,养成热爱读书的习惯。

五、教学过程

(一) 师生畅聊,导入课题

1. 谈话导入:大家喜欢看书吗?有人说,书是清凉可口的泉水,是芳香浓郁的咖啡,是新鲜味美的果汁。你们一定读过很多好书,这些书有什么地方吸引了你?

2. 板书课题:推荐一本书。

(二) 欣赏名片,获取信息

1. 预习展示。

师:每个同学的心目中都有一本好书。来欣赏同学们做的“我喜欢的一本书”的名片。

“我喜欢的一本书”名片
书名:________ 作者:________ 出版社:________ 出版时间:________
____
____

2. 简要推荐。

(1) 请学生借助自己的读书名片,试着向同桌简要地推荐这本书。

(2) 师:像这样,了解一本书的书名、作者、出版社等基本信息,就是推荐一本书的开始。

3. 全体交流。

师:除了制作名片的基本要求,还可以关注一本书的哪些内容?(生交流)

(三) 创设情境,探究重点

1. 探究重点话推荐。

师：推荐一本书，更重要的是推荐这本书的什么？

学生阅读“推荐一本书”的习作要求。

师生交流，学生完成板书。

预设一：可以推荐一本书的内容、语言、情节、人物、思想这些方面。（学生书写张贴）

预设二：除了以上这些，还可以从书内精美插图、作品文学地位等方面推荐。

点拨：除了书的基本信息，要推荐这本书里的重点信息。

2. 提取要点写推荐。

情境创设：临近寒假，各书店会推出“好书推荐会”活动。如你是书店的导购员，会怎么推荐今天带来的书呢？根据书的特点，从一个或者几个方面，写写推荐理由。

习作小贴士： 1. 推荐理由可以只写一点，也可以写几点。 2. 如果写几点，注意分段写。

3. 互动交流评推荐。

引导：根据下面的评价标准，来评评同学的推荐，并说说你的理由。

评价小贴士：	
1. 理由充分，有说服力。	得1☆
2. 分段推荐。	得1☆
3. 用推荐的口吻。	得1☆

小结：我们的推荐就是要做到有理有据、层次清晰、推荐意向强烈。

（四）聚焦重点，详写推荐

1. 引入经典片段，共同赏析。

（1）引导：读片段——推荐前，首先要找到文中的重点信息。请读“经典片段”。

“来吧，星鲨，”老头儿说。“再来吧。”

鲨鱼一冲又冲上来，一闭住嘴就给老头儿揍了一棍。他把那根棍子举到不能再高的地方，结结实实地揍了它一下。这一回他觉得他已经打中了脑盖骨，于是又朝同一个部位打去。鲨鱼慢慢吞吞地把一块鱼肉撕掉，然后从死鱼身上滑下去了。

老头儿留意望着那条鲨鱼会不会再回来，可是看不见一条鲨鱼。一会儿他看见一条在水面上打着转儿游来游去。他却没有看到另一条的鳍。他想：我没指望再把它们弄死了。当年年轻力壮的时候，我会把它们弄死的。可是我已经叫它们受到重伤，两条鲨鱼没有一条会觉得好过。要是我能用一根垒球棒，两只手抱住去打它们，保证会把第一条鲨鱼打死。甚至现在也还是可以的。

——节选自《老人与海》

(2) 引导：赏片段——这位同学是从哪几个方面来推荐的？

内容上：圣地亚哥与鲨鱼搏斗的场景让人心惊肉跳——老人拿起船上不多的武器“短棍”，“举到不能再高的地方”用尽全力保护着出海第 85 天、花了三天三夜才捕到的大马林鱼；不甘心的鲨鱼一个劲地冲上来，尽管受到老人一连串的击打，但贪婪的本性让它们不肯放弃嘴边的肉。画面感十足。事实上，接下来会有更多的鲨鱼等待着老人。

思想上：这个片段让人汲取到了永不放弃、乐观的精神力量。孤身一人的老人面对凶残、可怕的鲨鱼，毫不畏惧，一句“来吧，星鲨，再来吧”，看出老人已经下定殊死一搏的决心。尽管已经年老力衰，但圣迪亚哥告诉自己“甚至现在也还是可以的”，让自己充满了力量。我们在任何时候，遇到各种困难时，不妨想想老人当时的处境和他的想法带给我们的启示！

(3) 引导：论片段——你还想从哪些方面来推荐？

预设一：从“人物”方面推荐，老人的语言简短，但很有力量。

预设二：同样是“人物”方面，心理描写很丰富，我们感到老人没有放弃。

点拨：可从自己欣赏的角度抓重点方面，从不同角度来作推荐。

2. 观看微课视频，学习方法。

过渡：怎么样抓重点，把理由写具体呢？

微课脚本：

浩浩：嘿，大家好！我叫“浩浩”。我最近在看《水浒传》（出示《水浒传》图书封面），这本书写得真好，我特别想推荐给大家一起读。可是，该怎么推荐呢？

宁宁：你呀，可以把重要的理由，具体地推荐给别人，让别人知道这本书的魅力。

浩浩：那我该怎么推荐呢？

宁宁：这本书我也读过。你可以先推荐情节。（两个人物中间出现一段话——林冲听那三个人时，一个是差拨，一个是陆虞候，一个是富安，自思道：“天可怜见林冲！若不是倒了草厅，我准定被这厮们烧死了！”）如“林冲雪夜山神庙”，林冲因为天寒买酒暖身，才没有被围困火场；待救火时听到陆谦和富安的谈话，才得知自己被陷害的原因。情节曲折离奇，让人称赞。

浩浩：除了情节，还可以从什么方面推荐呢？

宁宁：这本书的人物个性很鲜明哦。（两个人物中间出现一段话——鲁智深跳起身来，拿着那两包臊子在手里，睁眼看着郑屠道：“洒家特地要消遣你！”把两包臊子劈面打将去，却似下了一阵的肉雨。）你看这段话把他爱憎分明、见义勇为、疾恶如仇的性格都表现出来了。

浩浩：哈哈，我想到了，还可以从“语言”这方面来推荐，也很有特点。（两个人物中间出现一段话——鲁智深看着郑屠道：“洒家始投老种经略相公，做到关西五路廉访使，也不枉了叫做‘镇关西’！你是个卖肉的操刀屠户，狗一般的人，也叫做‘镇关西’！你如何强骗了金翠莲？”）

宁宁：没错，别忘了，还可以结合书中的插图哦。插图更加形象直观地向我们介绍了故事的内容！（插入图画）

浩浩：哦，我明白了，如果推荐一本小说，可以结合书中的相关情节、人物、对话或插图等来说明理由。

宁宁：说得真好！

宁宁、浩浩：同学们，你们听懂了吗？

小结：我们知道了，可以从最能反映书本特点的情节、人物、语言等方面，结合不同的角度，利用“转述”“摘录”等方法，来具体地写清楚推荐理由。

3. 抓重点,选角度,具体推荐。

(1) 写:选择一两个方面,从不同角度写清楚重点推荐理由。

(2) 议:把推荐理由读给组内同学听,根据建议修改习作。

(3) 说:当一当导购员,带上书,把推荐理由说给同学或老师听。

4. 听取多方建议,修改完善。

根据同学或老师的建议,修改完善习作。

(五) 延伸拓展,优化习作

师:课后,把再次修改好的习作贴到"好书推荐园地",还可以拍照上传到班级微信群里,请同学和家长们读一读、评一评。根据反馈,可以自己再改一改。

附板书:

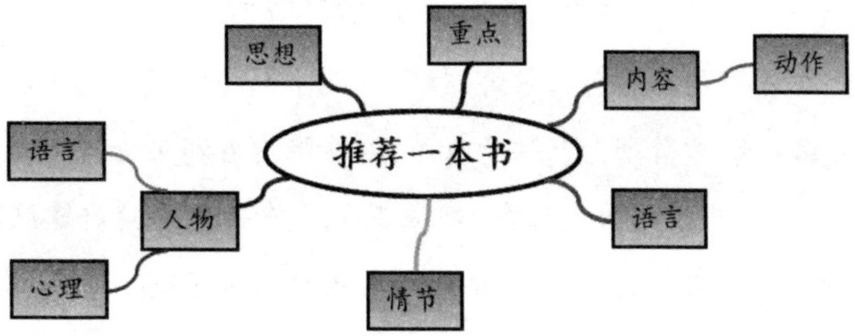

六、课后反思

本设计从口头表达到书面习作,再到习作成果展示,多角度地进行"推荐一本书"的习作活动。学生在畅谈中分享读书的乐趣,在推荐中学会整理、选择、表达,在评议中提升习作兴趣与能力。

(一) 联系生活,"身临其境"话说推荐

"推荐"习作属于应用文的范畴,应用文教学离不开学生的生活情境。为此,教师在教学中创设了书店导购员的角色,让学生模拟真实的情境,推荐熟悉的一本书。从学生的表现来看,他们乐于接受导购员的身份,因为他们已经在生活中对导购员有了一定的了解。在初次试写推荐理由时,学生们在写清不同推荐角度的同时,语言风格基本与导购员保持一致,基本达到"使用推荐的口吻"这一要求。

(二) 角色扮演,"各抒己见"多维推荐

受制于学生对所推荐的书的理解,受限于习作时间,绝大部分学生的推荐只写了一点，且集中于"内容"这一方面。教师及时发现了这个现象，所以在交流评价的环节，建议学生把自己当作顾客，以顾客的身份来评议习作内容，并试着从不同角度提出自己对书本的疑惑。在如此情境下，有趣、有效的习作思路从局限于单一的"内容"发散开来，为重点推荐起到了实质性的引导，这符合本次习作"推荐"的教学要求。

如学生普遍喜欢的徐光耀的《小兵张嘎》，他们初次习作时基本着眼于有趣、紧张的内容。经过评议，学生进一步认为书中的人物性格鲜明，也值得推荐。

（三）架设支架，"循序渐进"完善推荐

对于学生来说，概括地写几个方面的推荐理由并非难事；但是，如何把推荐的理由写具体，让读者感受到其中有趣的内容和生动的语言，以及栩栩如生的人物，教师必须给予帮助，为他们搭建学习的支架，让其逐步习得。

为此，通过阅读《老人与海》中老人与星鲨搏斗的经典片段，再借助两段评价，让学生明确——我们可以从不同的方面来推荐一段话。如，推荐人物的思想情操，可以结合人物的语言、心理等描写。从"你还想从哪些方面来推荐"的讨论经过来看，学生能关注到推荐内容的不同方面，但对"从不同角度写具体"的理解尚有欠缺。所以，在教学中适时通过"微课"中卡通人物的对话，再次直观、形象、具体地让学生体会到"把重要理由写具体"的方法和效果。从第二次的习作来看，学生们已经习得了方法，能从不同方面，或针对某一方面从不同角度推荐一本书。但在巡视中教师发现学生习作质量参差不齐，尤其是对"不同角度"的理解不够深入，对转述和摘录书中精彩片段做得不够到位。

为此，习作二稿完成后，教师尝试充分利用交际语境来帮助学生进一步完善、提升习作——让学生带上书，把推荐理由说给在场的同学或老师听，同时听取他们的意见与建议。学生们有的愿意找好朋友，有的愿意找老师，人人主动地参与交流互动，为最后的习作修改打下了基础。

"推荐一本好书"，既然是"推荐"，就要为学生打开"推荐"的思路，让学生习得"推荐"的方法，为学生搭建"推荐"的舞台，让学生在读、说、评、改、演中，发现好书，爱读好书，推荐好书，评价好书，与书为伴。

七、学生习作片段

片段一：

亲爱的同学，你知道幸福是什么吗？

不妨来看看《最幸福的脚丫子》。书中主人公是个十岁的小男孩，有一天，他的脚突然有了特异功能，长了眼睛和鼻子，能嗅出味道，察别颜色。他的父母想借助这“脚丫子”使儿子成为名人，但他们对儿子脚的关心却远超对儿子本身的关心。所以，即使后来小男孩成了名人，被众人羡慕，却一点儿也不幸福。你一定会充满疑问，他身负盛名为何得不到快乐？

你不妨买本读读，自己来找找答案。

片段二：

在抗日战争时期，冀中平原上有一个我们的同龄人，他向我们演绎了一个又一个紧张、有趣的故事。推荐大家来读读《小兵张嘎》。

这本书讲了一个叫张嘎的少年，从小与奶奶相依为命。他历经艰险，缴获伪军真枪、火烧敌人岗楼等，最后在老钟叔、老罗叔和区队长等人的引导下，成了一位名副其实的八路军战士。

书中不仅故事有趣，人物形象也格外鲜明。张嘎质朴又固执，面对苦难时乐观勇敢，面对艰险时镇定从容。他既有平常孩子的调皮、活泼，也有八路军战士的勇敢、机智。我感动于他对奶奶真挚、深厚的感情，感动于他与老钟叔生死与共的情谊，感动于他爱国、勇敢、忘我的精神。

片段三：

面对困难，是抗争还是妥协？推荐大家看奥斯特洛夫斯基写的《钢铁是怎样炼成的》，相信读完这本书，你会变得更加勇敢和坚强。

这本书的主人公是一位让人敬佩的战士，他的名字叫保尔·柯察金，他诚实、质朴、勇敢，浑身是胆。当我读到，他失明后又开始了《暴风雨所诞生的》的创作，但他完全看不见所写的字，只能在硬纸板上“缓慢地，一行又一行，一页又一页地写着”，我流泪了。他是革命烈火中的钢铁战士，是个有血有肉、让人感动的榜样人物。

其次，这本书告诉了我们人生的真理——我们可能会遇到各种不公、各种危险，甚至疾病，但都不能放弃。保尔在人生最黑暗的时刻，还拿起了最后的武器——笔！

我们要坚持自己人生的理想和信念，就像保尔说的——一个人的生命，应当这样度过：当他回首往事的时候，不因虚度年华而悔恨，也不因碌碌无为而羞愧。

五年级下册第二单元《习作：写读后感》教学设计

浙江省宁波市海曙第二外国语学校　郑冰洁

一、教材分析

习作要求是“学习写读后感”，要求学生把读过一篇文章或一本书后产生的感想写下来，意在引导学生回顾读过的文章或书籍，关注阅读过程中产生的思考与感受，并清楚地表达出来。

习作导语分为三部分。

第一部分，明确什么是读后感。教材结合学生学过的课文，列举了阅读中常有的感想，意在唤起学生的阅读记忆，引发学生的共鸣，为选材提供思路。接着，教材总结了读后感的大致定义，让学生明白什么是读后感。

第二部分，布置本次习作任务，提示写读后感的方法。首先提示写读后感的基本思路：先简单介绍文章或书的内容，可以重点介绍印象最深的内容，再选择感触最深的一两处内容写出自己的感想。同时，教材针对“写出自己的感想”这一目标，提出了具体的要求：感想一定要真实、具体；既可以联系已有的阅读积累和生活经验，也可以引用原文中的个别语句。

第三部分，提出习作的步骤。首先，教材列举了为读后感拟题目的两种方法，意在引导学生学习新的拟题方式。接着，提出自评与交流的要求：先自己读一读，看有没有把感想表达清楚，再与同学交流分享。

二、学情分析

五年级的学生在以往的学习中已经逐渐形成了“能够简单介绍文章

或书的内容”这一能力。教材中提出的“写出自己的感想”这一要求是新的，对学生来说有一定的难度，因此，指导学生达成“写出自己的感想”这一要求是本次习作教学的重点。

大多数学生在写读后感时，可能会出现叙述书籍内容多而谈自己感受少的情况，谈感受和叙述内容结合不紧密，读后感呈模式化等问题。因此，在教学过程中帮助学生找准感受最深、角度最新、现实针对性最强的感受点来进行习作是本次习作教学的难点。

在拟题方面，让学生学习“主标题＋副标题”的拟题方式也是本课教学中需要注意的。

三、设计意图

大多数学生在阅读时只重视读时的快感，不重视读后感。写好读后感，将“读”与“感”有机结合，是本课教学的主要目标，亦是难点。

本课设计按照以学促练的方式进行，首先做到对给出的文章用心地读，用情地读，读出文章内容，并能简明扼要介绍。其次在众多可写的感受点中，引导学生根据自己实际，选择一个或几个方面来写，写出自己真实、具体的感想。最后自拟题目，修改文章，与同学进行交流。

四、教学目标

1. 初步了解读后感的基本特点，学习并掌握写读后感的基本方法。能通过回顾旧知，写好内容介绍。

2. 通过绘制图示提纲，运用联想、对比等方式，从不同角度感受作品，找准感悟点写好读后感。

3. 了解并运用新的拟题方式，在交流、评价中修改、完善自己的习作，并与他人交流。

五、教学过程

（一）激趣导入，了解读后感

1. 根据提示猜书名。

（1）课件出示书籍片段、人物、情节、经典语句，学生猜测书名。

一语未了，只听后院中有人笑声，说：“我来迟了，不曾迎接远客！”黛玉纳罕道：“这些人个个皆敛声屏气，恭肃严整如此，这来者系谁，这样放诞无礼?”心下想时,只见一群媳妇丫鬟围拥着一个人从后房门进来。这个人打扮与众姑娘不同,彩绣辉煌,恍若神妃仙子:头上戴着金丝八宝攒珠髻,绾着朝阳五凤挂珠钗;项上带着赤金盘螭璎珞圈;裙边系着豆绿宫绦,双衡比目玫瑰佩;身上穿着缕金百蝶穿花大红洋缎窄裉袄,外罩五彩刻丝石青银鼠褂;下着翡翠撒花洋绉裙。一双丹凤三角眼,两弯柳叶吊梢眉,身量苗条,体格风骚,粉面含春威不露,丹唇未启笑先闻。　　(《红楼梦》)

及时雨宋江　智多星吴用　　(《水浒传》)

乱蟠桃大圣偷丹　反天宫诸神捉怪　　(《西游记》)

既生瑜,何生亮。　　(《三国演义》)

(2) 引导:你是怎么猜中的?

2. 引导回忆:你们还读过哪些作品?印象最深刻的是什么?最打动你的是什么?

(1) 学生自由发言,其他学生进行评议,也可以作补充发言。

预设:人物品行,难忘的情节,感悟启发。

(2) 小结:同学们读了这么多文章和书籍,还从这么多角度谈了自己的感想。今天,我们要一起把前面交流的这些感想写下来,这就是写读后感。

(二) 创设情境,明确写法

1. 创设情境:我们该怎么把这么多的感想写下来分享给大家呢?瞧!一年一度的“书香征文”活动又要开始了!快去看看活动要求吧!

2. 出示习作提示,学生自读。

征文要求:

选择读过的一篇文章或一本书,写一篇读后感。先简单介绍一下文章或书的内容,可以重点介绍你印象最深的部分。再选择一两处你感触最深的内容,写出自己的感想,感想要真实、具体。可以联系自己的阅读积累和生活经验,也可以引用原文中的个别语句。

3. 现场采访,发现写法。

(1) 读后感可以写哪些内容?一般先写什么,后写什么?

预设：写读后感可以写文章或书的大致内容和自己的感想。

（2）哪些内容要写得详细些，哪些内容可以相对简略？

预设一：书籍的内容简单介绍，详细写自己的感想。

预设二：详细写自己的感想时，可以联系自己的阅读积累和生活经验，也可以引用原文中的个别语句。

（三）回顾旧知，写好内容介绍

1. 过渡：假期里，大家都读了《老人与海》这本书。故事的内容很长，怎么简单地介绍给别人呢？

预设一：上学期，我们学习过缩写故事。只要运用摘录、删减、概括、改写这几个好方法，就可以把长故事缩短了！

预设二：在学习《草船借箭》时，我们按起因、经过、结果的顺序理清了故事的主要内容。

预设三：读《景阳冈》时，我按照故事的发展顺序，找到了故事的主要情节，知道了故事的主要内容。

2. 引导：选择一个喜欢的方法，写写《老人与海》的内容简介。

3. 学生习作，教师巡视指导。

4. 习作反馈，修改。

> 圣地亚哥是一个孤独的老人。他在连续八十四天没有捕到鱼的情况下遇到了一条巨大的马林鱼。经过三天三夜耐力与毅力的较量，老人终于制服了大马林鱼。可是，在老人返航时却遭到了鲨鱼的袭击。当他终于回到港口时，那条大马林鱼只剩下鱼头、鱼尾和一条光秃秃的脊骨。

> 这是一则简单的故事：老人圣地亚哥连续八十四天都没有捕到一条鱼，但他不相信自己会失败，于是毅然决定驶向大海深处。他在海上与一条马林鱼搏斗了整整三天三夜，他的坚持让他制服了大马林鱼。但当老人带着喜悦走上归途时，又遭到了鲨鱼的袭击。在茫茫大海中，老人用自己的生命与鲨鱼展开搏斗，最终带回了所剩无几的大马林鱼。

（1）请学生比一比，这两位同学的习作有什么异同。

预设：两位同学的介绍都十分简洁，第二位同学加上了"这是一则简单的故事"这几个字。

小结：写内容介绍不仅要语言简洁，而且还可以加上"这本书讲述的是""这是一个这样的故事"等类似提示。

（2）学生修改简介。

（四）借助图示，找准感悟点

1. 过渡：了解了读后感的格式，写好了读后感的内容介绍，那我们来谈谈感想吧！看完《老人与海》，你们都有什么感想呢？

预设一：看完《老人与海》，我被圣地亚哥勇于挑战的精神深深感动了！他居然孤身一人在大海深处与一条大马林鱼搏斗了三天三夜！虽然最后只带回了大马林鱼的残骸，但是在过程中他从来没有放弃！

预设二：我印象最深的就是圣地亚哥和鲨鱼搏斗时的情节。那时候，他精疲力尽，但还是和鲨鱼进行了殊死搏斗！他敢于抗争的这一份勇气让我佩服！

2. 点拨：两位同学都选择了圣地亚哥身上"勇于挑战"的特点作为主题。这又能让你联想到什么呢？

预设一：我想到了圣地亚哥在书中常说的一句话——人一定不能被打败！

预设二：我想到的是我自己。记得以前，我弹钢琴时最害怕弹奏琶音，每次遇到，我都觉得手指很不听话，但我不信自己做不好。于是我一次次不断地练习，现在的我已经可以弹奏出动听的琶音了。我想，在生活中，我也可以一样战胜困难。

预设三：我看过《钢铁是怎样炼成的》这本书，书里的主人公保尔·柯察金和圣地亚哥一样，在艰难的环境中勇于挑战，最后既战胜了敌人，也战胜了自己。他们都是我的榜样。

3. 过渡：沿着"勇于挑战"这条线索，我们展开了联想。有同学想到了原文中的个别语句，有同学联系生活经验想到了自己，也有同学联系自己的阅读积累，想到了其他的作品。相信你们还能想到更多的内容。

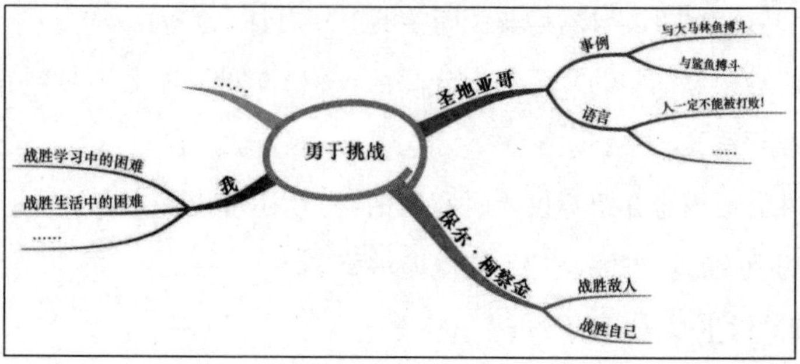

4. 引导:你们能和老师一样,选择感受最深的一个点,展开联想,画画导图吗?

5. 学生绘制,展示评议。

预设一:我选择的主题是勇敢。我认为圣地亚哥能够战胜困难,是因为他有英勇无畏的精神。尽管他已经连续 84 天一无所获,但是他还是勇敢地坚持出海。在遇到大马林鱼之后,他勇敢地和它搏斗了三天三夜,最终取得了胜利。这让我想到了《鲁滨逊漂流记》中的鲁滨逊,他也是凭借着勇敢,才能在荒岛中战胜困难,生存了下来。

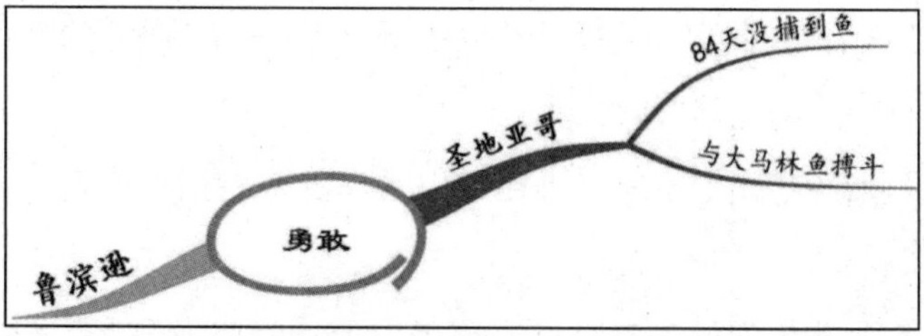

预设二:我认为圣地亚哥是智慧的。他懂得用盐水来处理自己的伤口,懂得根据水流的方向来判断鱼群的位置。如果他有勇无谋,那么在瞬息万变的海上,生存就会更加困难了! 这就像我们进行拔河比赛一样,力气很重要,战术也很重要!

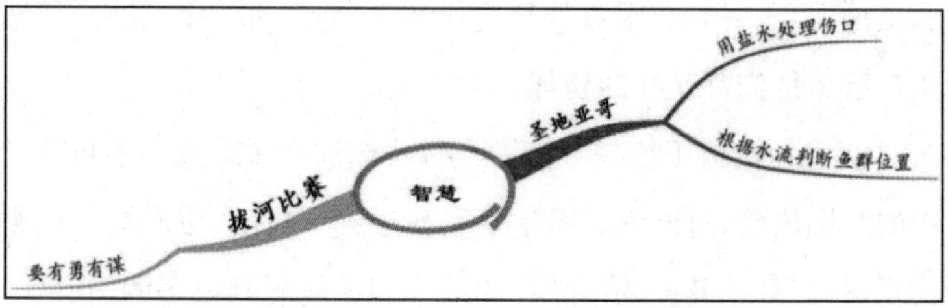

6. 点拨：找准了感悟点，厘清了感想部分的思路，拓宽了感想部分的内容，那就赶紧动笔写一写你的感想吧！

（五）画龙点睛，巧取题目

1. 出示例文标题，介绍哪一部分是正标题，哪一部分是副标题。

2. 小结：正标题就是对读后感中心思想的概括提炼。

3. 交流：习作想要表达的中心思想或主要感想是什么？如果要用“正标题＋副标题”的形式来为自己的习作拟题，你打算拟一个什么样的题目？

4. 小组互评：所拟的题目能否准确表达习作的中心，是否简洁明了。

5. 小结：拟题的要点是准确且简练。

（六）教师总结

这节课，我们知道了写读后感的内容简介时要语言简洁，还可以加上提示语。不仅通过选择主题、展开联想完成了读后感的感想，还学习了新的拟题方式。在以后的阅读过程中，也可以提笔写写读后感，把你的阅读心路记录下来！

板书设计：

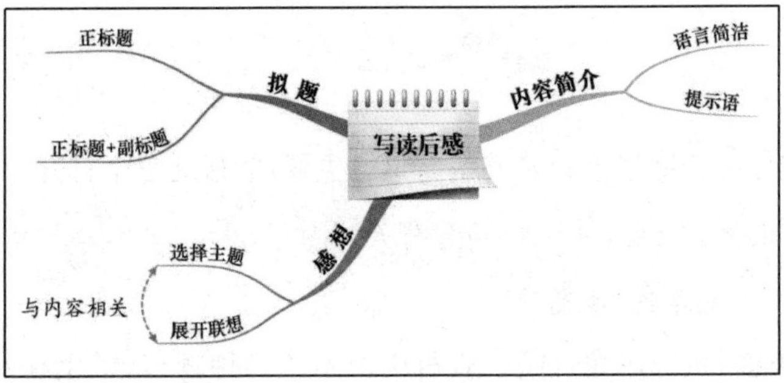

六、课后反思

（一）预学指导，明方向

写读后感的重点在于写出自己的感受，但在以往学生写读后感的经历中可以发现，有些同学的读后感，从头到尾除了概括引用原文之外，就是搬了很多名言名句镶嵌其中，让人无法感受他们真实的想法。依据以上实际情况，在课前设计了习作预学单，帮助学生梳理表达。

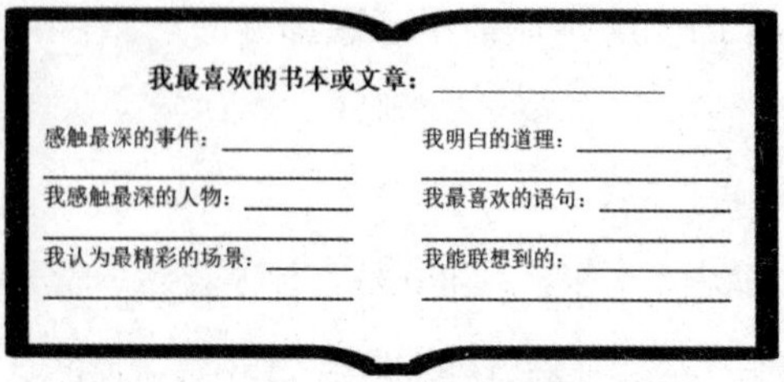

阅读内容是我们读后感的源泉和依托，没有人物情节，没有故事内容，我们的感受无从得之。因此，本课在教学过程中，安排学生交流读书内容，分享读书体会。学生读懂原文后，对内容就有了更加深刻、全面的理解和把握。这样，才能从中有所感悟。

（二）借助支架，找特点

一篇文章，内容有繁有简，人物有主有次，我们写读后感不可能面面俱到。所以要找好切入点，这个切入点就是阅读时我们感触最深的地方。但学生在实际阅读中，虽有感受，却很难找出感受最深的一处。因此，课堂中运用思维导图支架就很有必要。学生在课堂中学习如何绘制思维导图后，自行在学习单中进行绘制。

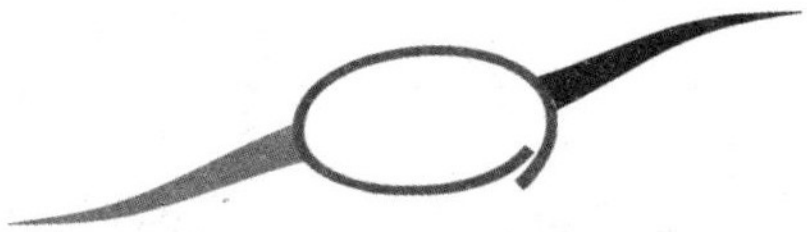

思维导图帮助学生链接书本与感想主题，能帮助学生打开思路，联想到与自己的阅读积累、生活经验等有关的内容。

（三）画龙点睛，拟题目

好的题目可以画龙点睛。教材中出示了两种题目，学生在对比后发现两种标题各有千秋，主标题拟写更有挑战。因此，需要指导学生明白：题目拟写需要准确表达习作的中心，并简洁明了。

七、学生习作

面对困难　永不言败

——读《老人与海》有感

伴随着新年的钟声，我读完了美国著名作家海明威的作品——《老人与海》。

这是一则简单的故事：一个平凡的老人，一条普通的大马林鱼，一片浩瀚的大海和在这一片茫茫大海上发生的看似平凡而又不平凡的故事。老人圣地亚哥连续八十四天都没有捕到一条鱼，但他不相信自己会失败，于是毅然决定驶向大海深处。一个人面对一片大海是孤独的，但圣地亚哥从不放弃。“人可以被毁灭，但不能被打败。”老人一次次用这句话给自己鼓劲，给自己安慰。之后，老渔夫终于有了收获。他在海上与一条马林鱼搏斗了整整三天三夜，他的坚持让他钓到了一条比渔船还长两尺，一千多磅的大马林鱼。但当老人带着喜悦走上归途时，新的困难又一次出现了，老渔夫遭到了鲨鱼的袭击。在茫茫大海中，老人用自己的生命与鲨鱼展开搏斗。尽管马林鱼的鱼肉一次次被鲨鱼带走，但他还是用尽一切去反击。“人一定不能被打败！”这简洁的话语，使我似乎听到老人与海浪搏击的声音……

看完这本书，我知道了：世界是美好的，但也会给我们很多困难来帮助我们成长，只有努力克服困难才能进步。记得以前，我弹钢琴时最害怕弹奏琶音，每次遇到我都觉得手指很不听话，但我不信自己做不好。于是我一次次不断地练习，现在的我已经可以弹奏出动听的琶音了。还有一次，我练习英语配音时遇到一句又长又难的话，我听了好多次都学不像。“反正是手机里的学习软件，学不会也没事。”我这么对自己说。这时，又有一个声音响起来：“今天因为难，放弃这个，明天因为难，放弃那个，你还能学会什么呢？”最后，经过 30 多分钟的努力，我又准又好地完成了配音练习，获得了老师的表扬。

人的一生会遇到很多困难，只有像书里的老渔夫圣地亚哥那样，面对困难与挑战，挺起自己的脊梁，积极地奋斗，永不言败，才能成为一个真正的胜利者！

品读人性美，从作品走向作者

——读《战争与和平》有感

合上书的一刹那，闭上眼睛，有一股清风久久拂过我身：风中没有战争中鲜血和硝烟的味道，没有身体的伤痛和心口的疮疤，没有生死挣扎的泪水，没有爱恨交加的目光。唯有一股温暖、平和的生活气息，从质朴的文字间向我徐徐吹来……

书中出现了普拉东这样一个农民的形象，他和皮埃尔同处在战俘营里，他用自己的乐观和淳朴感动了皮埃尔，使他重拾了信仰。作者将普拉东描绘为一个圆形的形象，说他身体的各个位置都是圆形的，说他是“一切俄罗斯的、善良的和圆形的东西的体现”。我想这是一种象征，象征着作者观察到的许许多多俄罗斯底层的农民：他们贫穷、落后，然而快乐、圆滑，可以在任何艰苦的条件下生存。书中也有很多人在那个动荡的年代收留那些可怜的孤儿。这，不都是一种“人性美”的体现吗？

……

其实，《战争与和平》的作者列夫·托尔斯泰就是一名内心充满人性美的伟大艺术家。他的作品折射了历史，充盈着对于人民的同情与关怀，把人性中美的一面表现得淋漓尽致，更让人惊叹的是——他出生贵族，却对俄罗斯千百万农民的悲惨命运充满同情：他意识到了某种制度极端的不合理。在这种制度下，一部分人占有全部的土地，游手好闲，而农民在一小块土地上，在饥饿和贫困中养活奴役和压迫自己的人。在濒临死亡的岁月里，在格鲁蒙特的树林里，他签署了一份剥夺妻子和儿子对他文学遗产继承权的文件。因为在内心深处，他最大的愿望是把自己的作品变成人民的财富，他希望死后，他的著作能无偿地为所有喜欢的人享用。……终于他出走了，离开了他憎恨的那个“老爷的王国”，离开了所有那些“把他变成摇钱树的人”，离开了他自己温良仁爱哲学的牢笼。1910年11月7日，在偏僻荒凉的阿斯塔波沃铁路小站，俄罗斯大地的良心——列夫·托尔斯泰停止了呼吸。在他去世前最后的清醒时刻，飘进屋子里的冰凉气息，是不是让他想起了碾过安娜的那列宿命般的火车？

虽然托尔斯泰伯爵没有领导革命，但他的作品却成为革命的土壤，鼓舞着一代代的年轻人。拥有如此大的一家庄园的他，竟然将整座庄园都赠给了穷苦人家，自己却冻死在一个火车站。他以自己贵族的身份，深入到农民兄弟的现状和心灵中去。

伟大作家的人格就像他的作品一样崇高而令人钦佩。所以，读经典，还要读作者。只有这样，才能真正读懂经典背后的人生真理。

五年级下册《综合性学习：写简单的研究报告》教学设计

浙江省宁波市海曙区镇明中心小学　徐维尔

一、教材解读

“学写简单的研究报告”是五年级下册综合性学习“遨游汉字王国”中第二板块“我爱你，汉字”学习活动的核心任务，统领整个活动的开展。这项任务在“活动建议”中提示学生在活动中可以参考“阅读材料”。写简单的研究报告，可以将学生的综合性学习活动引向深入，培养学生的探究能力，并以此项任务为驱动，引导学生搜集资料，进行调查实践获取信息，运用信息开展研究。

教材安排了五篇阅读材料，从多个角度展现了汉字悠久的历史，拓宽学生搜集资料、展开调查的思路，并为学生撰写研究报告提供范例，帮助学生更好地完成本板块的综合性学习活动。其中《关于“李”姓的历史和现状的研究报告》是一篇简单的研究报告，包括问题的提出、研究方法、资料整理、研究结论四部分内容，体现了发现问题、研究问题、形成结论的思维过程。标题和正文旁配有批注，结合具体内容，提示了撰写研究报告的方法和注意事项。结尾的气泡图提示学生从范例中获得启发，自己撰写简单的研究报告。

教材以活动为主导，意在让学生在丰富的汉字学习、实践活动中交流、体验，学生能在交际活动中习得简单的研究报告的撰写方法，了解研究报告的组成，为撰写简单的研究报告打下基础。

二、学情分析

学生在三年级下册第三单元“了解传统节日及习俗”的综合性学习中，已初步学习过“收集资料”。对于五年级的学生而言，如何在本次研究性学习中习得搜集资料的能力并加以整理集中，是一个重点。同时，对于第一次接触研究报告的五年级学生，认识研究报告的特点以及整理资料、撰写结论是难点。综合以上学生情况，如何在本次课中引导学生整理资料、撰写研究报告的结论则显得尤为重要。

根据活动心理学理论,高年级学生除了系统地学习书本知识外,还应积极参加各种活动。通过这些活动,学生能更加深入地认识社会,进一步积累人际交往经验,从而熟练地掌握基本的学习工具。

本单元以"遨游汉字王国"作为活动的主题,需要学生进行简单的研究报告的写作。研究报告是一种严谨且学生相对陌生的应用文,在教学中,应从学生出发,与学生的生活相联系,在交际活动的情境之下,激发学生开展研究的兴趣,最终习作也在愉快的交际活动中进行,研究成果的获得就水到渠成。想要在有限的课堂时间内更快地进行研究报告各部分内容的撰写,小组合作学习是一个不错的模式。

三、设计意图

要让学生感受本次习作的价值,通过研究活动写出真情实感,必须将学生置于一定的交际活动情境中,让学生"为用而写""有所为而作"。基于这样的考虑,结合此次习作的重难点,我们把本次习作教学的着力点定在资料的整理和结论的撰写上,引导学生通过对比研究两份阅读资料,发现研究报告中资料整理的特点以及结论撰写的方法,小组合作完成一份完整的研究报告。

通过以下几个板块进行落实:一、通过课前谈话、汇报课前研究活动成果打开思路,让学生产生习作兴趣;二、比较阅读两份阅读资料,发现研究报告内容的组成;三、通过阅读研究报告的范本,发现资料整理的特点,小组合作选择合适的方式进行资料的整理;四、互评互改中完成结论的撰写,再次小组合作完成一份完整的研究报告,培养合作意识,感受习作的乐趣和分享的快乐。

四、教学目标

1. 通过对研究报告范文的分析,了解简单的研究报告的一般内容和基本格式。

2. 能借助信息技术媒体对研究活动中搜集的资料进行整理;通过小组合作形成结论,撰写简单的研究报告。

3. 通过研究报告的撰写与修改，培养科学严谨的态度。

五、教学过程

（一）谈话回顾，汇报所得

1. 观看图片回放，分享研究所得。（播放小组活动掠影）

（1）观看各小组研究活动图片。

（2）简单分享研究过程。

2. 引入新课。

过渡：刚才这些小组和我们进行了交流，老师相信，还有很多同学的想法没有展现出来。那么接下来的这堂课，我们将会用自己喜欢的方式，展示我们的活动成果。

3. 任务驱动。

引导：同学们，我们共同在汉字王国中遨游。这不，有两个小伙伴真真和明明也迫不及待地加入了——（出示真真、明明动画，配画外音）

真真：亲爱的同学们，汉字作为一种古老的文字，蕴含着丰富的文化。作为新时代的好少年，我们更应该为汉字文化的传承、汉字的规范使用做一些力所能及的事！

明明：是啊，那么汉字还有哪些有意思的知识呢？如今人们在生活中汉字的使用情况怎么样呢？同学们，让我们一起去了解一下吧！

引导：听了真真、明明的邀请，你认为我们可以通过什么方式来进行了解，并展示给大家呢？

点拨：老师向大家推荐研究报告的形式，大家有没有兴趣参与呢？（板书课题：写简单的研究报告）

（二）比较阅读，发现组成

1. 引导比较阅读。

（1）引导：如何将大家现有的资料写成研究报告，需要我们对这些资料进行处理。在我们手上有两份研究报告，我们一起来阅读一下。

（2）出示阅读资料。

阅读资料1：《关于“李”姓的历史和现状的研究报告》

5 关于“李”姓的历史和现状的研究报告

一、问题的提出

我们学校有不少同学姓李，我有好几个邻居也姓李。“李”姓是怎么来的？历史上姓李的名人有哪些？现在的“李”姓是不是我国人口最多的姓氏？带着这些问题，我对“李”姓的历史和现状作了一次研究。

二、研究方法

1.查阅书籍和报刊。

2.询问身边的人。

3.其他方法。

三、资料整理

类别	内容
来源	传说皋陶曾任尧帝的大理官（掌管刑罚的官职），其子孙以官名“理”为姓氏。后来的“李”姓大多来源于此。唐代时，“李”为国姓。一些姓徐、安、杜、郭、麻、鲜于的武将，因立功被皇帝赐“李”姓。
历史名人	战国时期的李冰父子主持修建了都江堰水利工程；汉代的李广抗击匈奴，威名远扬；隋代的李春是著名的桥梁专家，举世闻名的赵州桥就是他设计并参加建造的；唐代的李白被誉为“诗仙”；宋代的李清照是一位词人，有“千古第一才女”之称；明代的李时珍编写了我国古代药物学巨著《本草纲目》；近现代的李大钊是中国共产党的创始人之一……
现状	据统计，2018 年全国户籍人口中，王、李、张、刘、陈五个姓氏的数量占据前五名。其中，“王”姓和“李”姓的数量均超过一亿，并且“王”姓比“李”姓略多。

四、研究结论

1.传说，“李”姓来源于上古时代的官名。唐代时，大量姓氏改为“李”姓，这可能为后来“李”姓人口的增长奠定了基础。

2.历史上，“李”姓名人辈出。有水利专家李冰父子、军事将领李广、桥梁专家李春、“诗仙”李白、词人李清照、药物学家李时珍、革命领袖李大钊……他们在各个领域都闪耀着光芒。

3.2018 年，我国户籍人口最多的姓氏是“王”姓，“李”姓排名第二。

阅读资料 2:《有关小学生上网的研究报告》

有关小学生上网的研究报告

随着信息技术的高速发展，上网已成了我们生活的一部分，更是在学生中形成了一股热潮。然而，网络也给少年儿童带来了许多危害：许多少年儿童沉迷网络，已严重影响了他们的学习生活。为了研究如今小学生上网情况，我们于 5 月 16 日对六年(5)班的 42 个学生进行了问卷调查。

在调查中，我们发现 42%的学生上网是为了查资料，15%的学生是为了聊天，17%的学生是为了玩游戏，还分别有 8%的学生为了看电影和听音乐，10%是为了其他事情。

在上网时间上，76%的学生每天上网半小时左右，4%的学生上网一个小时，2%的学生上网两小时及以上。

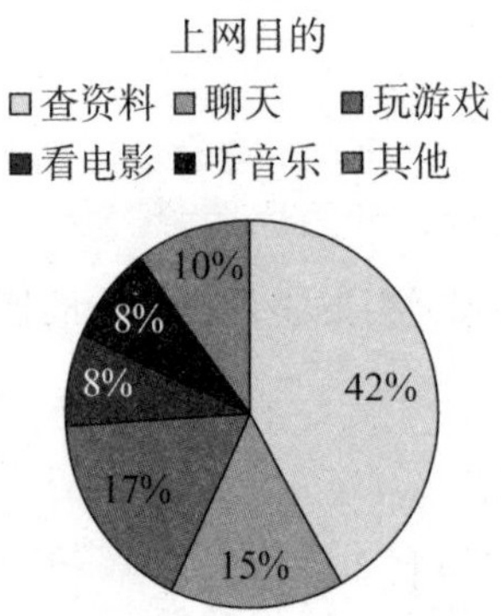

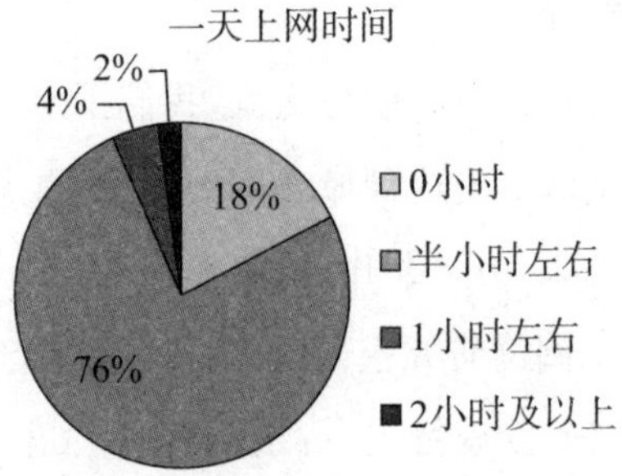

课余上网的小学生居然有这么多，说明网络对于我们的生活是多么重要。会上网的人，视野一般比较开阔，知识面比较广。但我们也认为不能沉迷网络，而要充分地利用网络为我们的学习服务。网络是我们的工具，不能把它当玩具。但从研究结果看，大多数同学不是在查资料，而是在聊天、看电影、听音乐、玩游戏等。若是沉迷其中，学习成绩大概率会下降。从小学生上网的时间上来看，半小时左右的较多，但依然有一天上网一小时以上的。

针对这一情况，我们建议——

1. 小学生应该准确认识网络的作用。网络能够帮助我们在学有余力之时，提供更多的信息资源，帮助我们更好地学习。偶尔的放松娱乐可以，但不能把网络主要作为娱乐的工具。

2. 小学生应该合理规划上网的时间。平日里的学习生活，在没有特殊情况下，并不需要额外的网络支持。周末、节假日合理安排上网的时间可以帮助我们更好地学习、休闲。

3. 在我们利用网络之时，还要注意网络安全，做到文明上网。

(3) 引导进行对比阅读，出示对比阅读要求：

快速浏览这两份研究报告，看看同样是研究报告，它们在内容和形式上有什么相同，有什么不同。

2. 交流反馈。

预设一：形式不同。

预设二：都有表格或图片。内容上，两篇虽然看起来不一样，但是实际上都包含提出问题、研究方法、整理资料、得出结论几方面。（板书：提

出问题、研究方法、整理资料、得出结论）

3. 小结：

通过比较阅读与交流，我们了解了研究报告的组成部分。今天我们将根据课本中这种最典型的写法，重点来完成资料的整理和结论的撰写。

（三）小组合作，整理资料

1. 阅读研究报告范本，发现资料整理特点。

（1）发现特点一：条理清晰。（出示阅读资料 1 中的内容）

类别	内容
来源	传说皋陶曾任尧帝的大理官（掌管刑罚的官职），其子孙以官名“理”为姓氏。后来的“李”姓大多来源于此。唐代时，“李”为国姓。一些姓徐、安、杜、郭、麻、鲜于的武将，因立功被皇帝赐“李”姓。
历史名人	战国时期的李冰父子主持修建了都江堰水利工程；汉代的李广抗击匈奴，威名远扬；隋代的李春是著名的桥梁专家，举世闻名的赵州桥就是他设计并参加建造的；唐代的李白被誉为“诗仙”；宋代的李清照是一位词人，有“千古第一才女”之称；明代的李时珍编写了我国古代药物学巨著《本草纲目》；近现代的李大钊是中国共产党的创始人之一……
现状	据统计，2018 年全国户籍人口中，王、李、张、刘、陈五个姓氏的数量占据前五名。其中，“王”姓和“李”姓的数量均超过一亿，并且“王”姓比“李”姓略多。

点拨：把搜集到的资料进行分类说明，会更有条理，逻辑性更强。我们在处理多渠道收集的信息，特别是文字类的信息时，也可以用这样的方式，做到条理清晰。（板书：条理清晰）

（2）发现特点二：数据真实。（出示阅读资料 2 中的内容）

上网目的

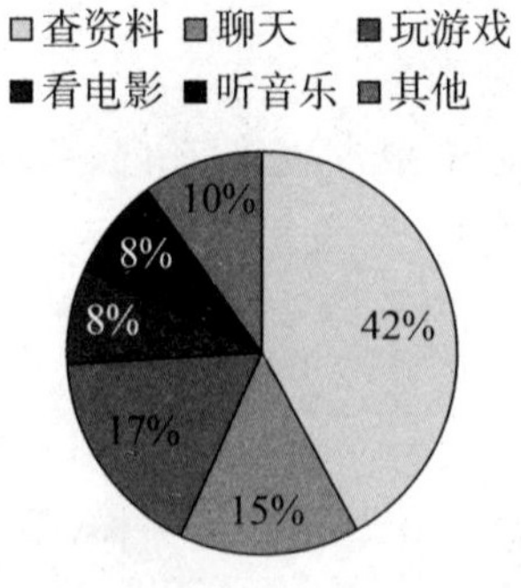

一天上网时间

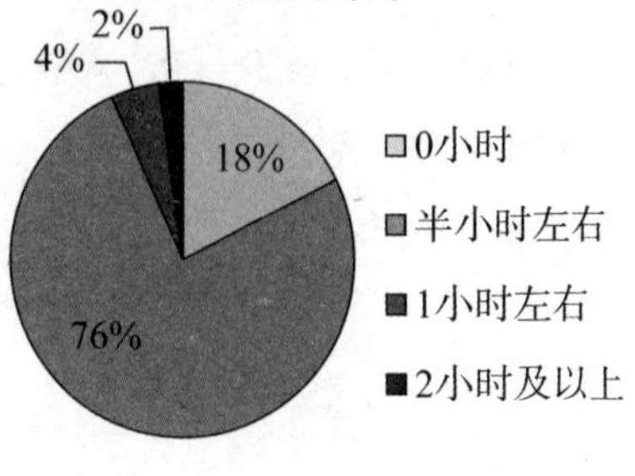

引导：图表是怎么得出来的？

预设一：通过数据制成的。

预设二：我们收集到的大量数据要通过整理才能制成图表。

小结：调查得到的数据，通过整理，能够更好地反映问题，也能让你的研究真实有依据。（板书：数据真实）

（3）发现特点三：图表直观。

引导：对比一下，用统计图和用单纯的数据，有什么不一样？

预设一：图表更加直观。

预设二：除了扇形统计图，还能用条形统计图、折线统计图等，来反映不同的数据情况。

小结：图表不同，作用不同，但都能让我们获得的数据信息更加形象、直观地展示出来。（板书：图表直观）

2. 根据研究所得，小组合作整理资料。

（1）任务布置。

过渡：交流中，我们了解了如何整理资料。但纸上谈兵不行，现在就请同学们根据课前研究活动收集的资料，小组合作进行资料的整理。

（2）出示小组合作要求：

① 根据课前收集的资料，选择合适的方式，借助平板电脑，小组合作整理资料。

② 制作完成后，请一位同学到打印机旁领取成品。

③ 合作学习结束后，请一位组员代表发言。

3. 交流互评。

全班交流汇报资料整理的结果。

类别	渠道	内容
“福”字的诞生	书籍	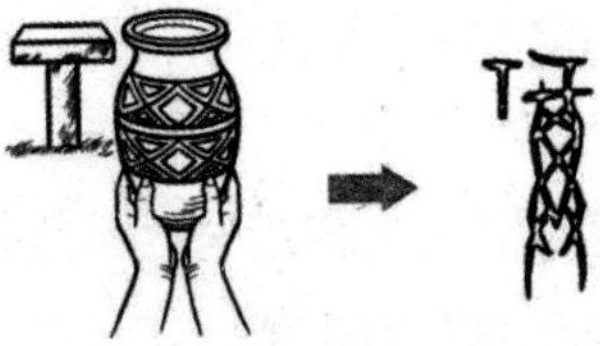 “福”字在甲骨文中，右边部分是双手捧着一个酒坛子，左边部分表示祭坛。两部分组合在一起，表示手捧美酒跪在祭坛，祈求幸福快来临。

（续表）

类别	渠道	内容
"福"字的演变	书籍	
"福"字的贴法	网络：《人民日报》	大门的"福"字要正着贴，寓意"开门迎福""吉祥临门"。"福"字倒贴的情况：①屋内的柜子；②垃圾桶和水缸；③厕所等污秽之地；④家中发生不幸时。
	走访观察	小组成员居住楼道各家大门"福"字张贴情况统计图 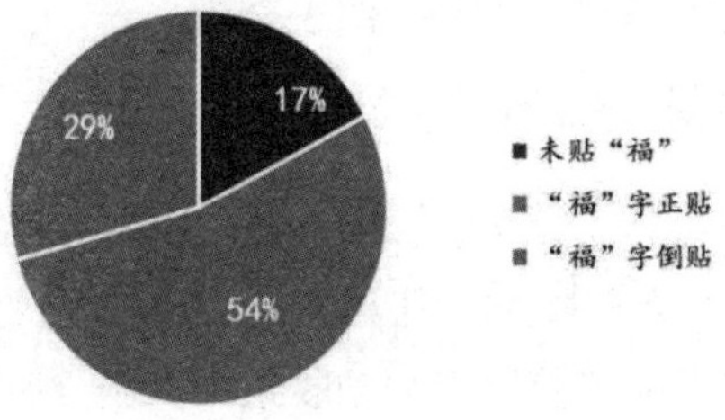
"福"字的现状	访问	过年前的支付宝"集五福"越来越成为一种迎接春节的"标配"活动，年轻人在集"福"中，对"福"字的文化有了更进一步的了解；"福"字在书法、剪纸艺术作品中越来越常见，可以说是汉字文化的代表，同时也寄托着人们美好的愿望。

点评：利用表格，让收集的资料非常清晰地呈现出来；利用图表让收集的数据更加直观、明了。

4. 小结：通过信息技术媒体，我们把之前研究活动中收集的大量无序的信息整理成了现在大家看到的清晰、有逻辑性的资料。

（四）互评互改，撰写结论

1. 自主写结论。

引导：接下来请每个同学拿出自己的学习单，对照着自己小组整理的资料，把你得到的结论写下来。

2. 全班交流。

3. 指导结论的撰写。

(1) 引导:同学们写的结论有的短,有的长,其实还可以再改进的。我们一起来看看阅读资料中的研究结论是怎么写的。(出示阅读资料1的结论)

<table>
<tr><th>类别</th><th>内容</th><th>结论</th></tr>
<tr><td>来源</td><td>传说皋陶曾任尧帝的大理官(掌管刑罚的官职),其子孙以官名“理”为姓氏。后来的“李”姓大多来源于此。唐代时,“李”为国姓。一些姓徐、安、杜、郭、麻、鲜于的武将,因立功被皇帝赐“李”姓。</td><td rowspan="3">1. 传说,“李”姓来源于上古时代的官名。唐代时,大量姓氏改为“李”姓,这可能为后来“李”姓人口的增长奠定了基础。
2. 历史上,“李”姓名人辈出。有水利专家李冰父子、军事将领李广、桥梁专家李春、“诗仙”李白、词人李清照、药物学家李时珍、革命领袖李大钊……他们在各个领域都闪耀着光芒。
3. 2018年,我国户籍人口最多的姓氏是“王”姓,“李”姓排名第二。</td></tr>
<tr><td>历史名人</td><td>战国时期的李冰父子主持修建了都江堰水利工程;汉代的李广抗击匈奴,威名远扬;隋代的李春是著名的桥梁专家,举世闻名的赵州桥就是他设计并参加建造的;唐代的李白被誉为“诗仙”;宋代的李清照是一位词人,有“千古第一才女”之称;明代的李时珍编写了我国古代药物学巨著《本草纲目》;近现代的李大钊是中国共产党的创始人之一……</td></tr>
<tr><td>现状</td><td>据统计,2018年全国户籍人口中,王、李、张、刘、陈五个姓氏的数量占据前五名。其中,“王”姓和“李”姓的数量均超过一亿,并且“王”姓比“李”姓略多。</td></tr>
</table>

(出示阅读资料2的结论)

课余上网的小学生居然有这么多,说明网络对于我们的生活是多么重要。会上网的人,视野一般比较开阔,知识面比较广。但我们也认为不能沉迷网络,而要充分地利用网络为我们的学习服务。网络是我们的工具,不能把它当玩具。但从研究结果看,大多数同学不是在查资料,而是在聊天、看电影、听音乐、玩游戏等。若是沉迷其中,学习成绩大概率会下降。从小学生上网的时间上来看,半小时左右的较多,但依然有一天上网一小时以上的。

针对这一情况,我们建议:

1. 小学生应该准确认识网络的作用。网络能够帮助我们在学有余力之时，提供更多的信息资源，帮助我们更好地学习。偶尔的放松娱乐可以，但不能把网络主要作为娱乐的工具。

2. 小学生应该合理规划上网的时间。平日里的学习生活，在没有特殊情况下，并不需要额外的网络支持。周末、节假日合理安排上网的时间可以帮助我们更好地学习、休闲。

3. 在我们利用网络之时，还要注意网络安全，做到文明上网。

（2）点拨：《关于"李"姓的历史和现状的研究报告》里的结论实际上跟整理出来的资料是一一对应的。第二篇结论是根据图表得出来的，不是直接简单地罗列数据，而是结合数据进行了分析，还根据得出的研究情况，有针对性地提出了建议，这能够更有指向性地解决研究的问题。（板书：一一对应、分析讨论、提出建议）

4. 小组合作，对照修改结论。

出示小组学习要求：

① 将自己的结论与组员交流，小组成员相互补充，合作把结论写完整。

② 小组成员分工合作，在卡纸上完成小组的研究报告。

③ 完成后，请组员合作介绍大家的成果。

5. 交流展示小组合作成果。

（1）小组合作介绍研究报告成果。

（2）互动评价：听了他们小组的介绍，其他小组有什么想说的吗？可以夸夸他们，也可以给他们提提意见。

（3）小结：无论是资料的整理，还是结论的撰写，都要紧紧围绕我们研究的问题来。这样的研究才更有针对性，最终的报告也更严谨。

（五）作业布置

1. 过渡：我们围绕着"汉字"这个话题，通过比较阅读、交流、小组合作，尝试写了最常规的一种研究报告，从中了解了汉字的历史、文化，同时也为汉字的规范使用做了一些力所能及的事，收获真不少！

2. 作业布置：课后，请每一位同学完整地写一份属于你自己的研究报告。相信会比刚才的更加精彩哦！

板书设计：

- 写简单的研究报告
  - 提出问题
  - 研究方法
  - 整理资料
    - 条理清晰
    - 数据真实
    - 图表直观
  - 得出结论
    - 一一对应
    - 分析讨论
    - 提出建议

六、课后反思

学生在综合性学习之后还能有兴趣地进行严谨的研究报告的写作，创设学生感兴趣的交际活动情境是关键。本节课的设计紧密结合习作所在单元的“汉字”主题，在规范汉字使用、传承弘扬汉字文化的交际活动的任务引领下开始了。

（一）结合交际主题，布置研究活动

习作课开始前，结合“汉字”这一交际主题，设置任务情境：给学生一周的时间，通过自主选题、自主组队、自主设计方案开展研究活动，并要求将活动中所得的所有资料留档，以备习作所用。这样的活动情境不仅能让学生感受研究性学习的乐趣，还有助于提升他们应用文习作活动的兴趣。

（二）整合课程资源，助力研究进程

研究报告作为一种严谨的应用文体，如何激发学生的习作兴趣，并借以提升学生的习作能力？在设计中我们想到了研究报告中的难点——资料整理。材料的收集和整理是五年级习作能力中不容忽视的一项，在研究报告的撰写中如何培养学生的选材能力？我们搭建了学习支架，通过呈现两篇阅读资料，让学生发现资料整理的方法。但如何在有限的课堂时间内快速呈现学生收集的资料？我们想到了跨学科的整合。可以整合数学学科的统计知识、信息技术学科的图表的制作，同时，使用平板电脑既能激发学生学科整合的兴趣，又能让资料的整理更加高效，更是为之后结论的撰写提供了便利。

（三）倡导自主合作，共享研究成果

新课标倡导“自主、合作、探究”的学习方式，学生是学习的主体，教师

是学习的主导。这次习作，从课前的研究计划，到课中的探索发现、整理资料、修改结论，都离不开教师作为引导者的合理规划，也离不开学生之间的相互合作。特别是结论的撰写这一环节以任务前置的方式进行，意在让学生先自主从整理出来的资料中获取结论，但这时的结论是相对单薄、粗浅的。接着通过引导关注两篇阅读资料中的结论，进一步让学生发现结论的撰写方法。交流后再通过小组合作的方式修改、完善结论，并综合上一环节的资料的整理，补充问题的提出与研究方法，组合成一份完整的研究报告。最后的小组展示环节，以自主评价与生生评价为主，辅以教师引导，重在关注研究报告的各部分组成是否完整，结论部分是否有针对性地指向问题的提出。

课堂的学习只是一个例子，对于研究报告这一应用文体的习得需要的是学生的自主练习、探索。课堂的习得更是离不开教师与学生的互动交流。基于生活话题的研究任务，学生在课程资源整合下开展小组合作学习，让习作过程趣味盎然，让应用文习作也不再枯燥。

七、学生习作

关于汉字识写水平的研究报告

一、问题的提出

随着社会和科学技术的不断发展，电脑、手机等各式各样的电子设备进入人们的生活。这些电子设备以及智能输入法，一方面满足了现代生活的需要，提高了输入速度和效率；但另一方面，也使得人们对于汉字识写的重视程度有所降低。那么现在人们的汉字识写中到底存在哪些主要问题呢？我们能为提高人们的汉字识写能力采取怎样的措施呢？

二、研究方法

带着这样的问题和目的，我们“汉字研究小队”编制了调查问卷，走进了市图书馆，通过问卷和随机访问的形式进行调查研究，进而收集我们需要的资料。

三、资料整理

通过对研究活动中收集的136份问卷的整理，我们发现：

1. 汉字正确书写情况

通过对回收问卷的数据分析得出，受访者中73%有提笔忘字的情况，而频繁出现忘字情况的占13%。同时，问卷中要求正确书写的“一(　)千里”“迫不(　)待”等词中，超过半数的受访者存在书写错误。

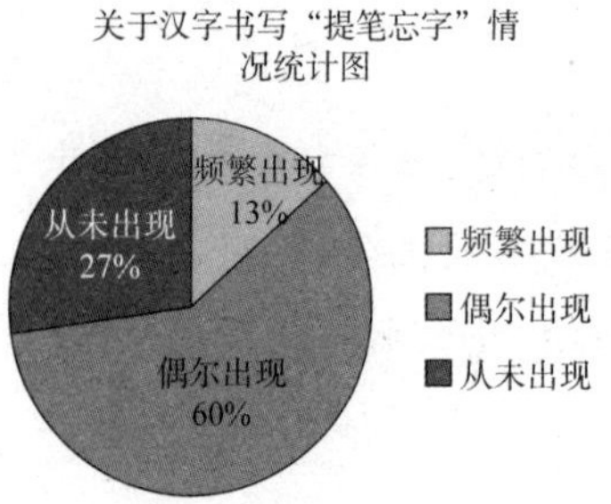

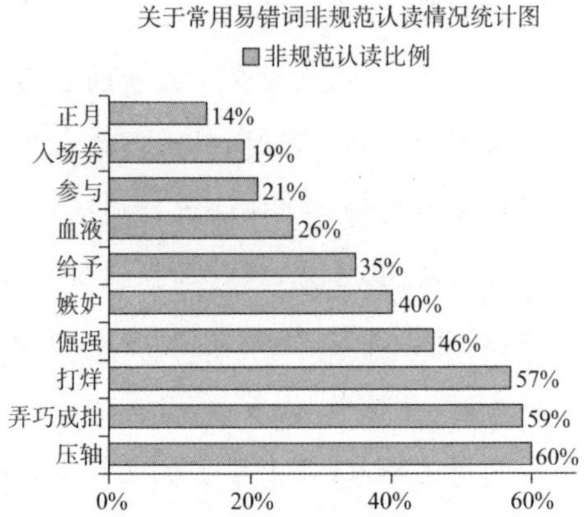

2. 汉字规范认读情况

在常用易读错词的规范认读上，10个词语仅有11%的受访者能规范认读，且不规范认读情况如上图所示。

3. 汉字识写意识态度

受访者中有66.8%没有练字的习惯，仅有8%的市民有每周花半小时到一小时的时间进行硬笔、软笔等书法练习的习惯。除了学生以及教师等，其他多数受访者表示，现在日常汉字书写的频率相较以前低了很多。

四、研究结论

分析以上数据研究所得，我们认为，随着电脑办公的普及，相较于手写文稿来讲，计算机打字方便快捷，也更加容易修改。而且在电脑输入法当中，大多受访者表示选择的是拼音输入法，加上输入法软件的词汇联想功能，也导致了人们在打字的同时，对于汉字的形体结构涉及较少。久而久之，当需要手写汉字的时候，人们会出现提笔忘字、书写不规范的情况。同时，网络以及日常的不规范认读，很大程度上给了人们一定的误导，易错词的错误读音给汉字的正确识写带来了一定程度的负面影响。

另一方面，汉字的悠久历史及丰富的文化内涵，在如今人们的生活中似乎不被重视。人们对汉字的重视程度不够，日常汉字的书写习惯不佳，对自我的汉字书写美观意识不强等，很大程度上都导致了人们汉字识写上的问题。

综合以上研究发现,我们建议可以从这几方面入手,改善人们对汉字的规范识写、使用情况:

社会层面,媒体可以通过对汉字起源及历史等的普及,增进人们对汉字的了解,增强人们对汉字文明的认同感和自豪感,从而让人们产生正确读写汉字的兴趣。同时,针对网络及生活中不规范用字情况,相关部门应依据国家通用语言文字法进行规范。

个人层面,首先,通过加强对汉字文化的了解,增强自我的汉字读写兴趣,规范识写意识;其次,珍视生活中书写汉字的机会,做到多用多写、正确书写、美观书写;最后,身体力行,起到规范汉字读写的示范作用,从而影响周围的人,让中华传统汉字文化传承下去。

五年级下册第六单元《习作:神奇的探险之旅》教学设计

浙江省宁波市海曙区爱菊艺术学校　徐潇潇

一、教材解读

“神奇的探险之旅”是五年级下册第六单元的习作。单元语文要素指向习作的是:根据情境编故事,把事情发展变化的过程写具体。统编教材第三学段共安排四次想象类习作,习作要求逐步向具体、真实、有条理过渡。“把事情发展变化的过程写具体”是想象类习作在五年级上册“根据习作提纲分段叙述,把重点部分写具体”基础上的一个提升。本次习作,学生不仅要联系已有的知识和经验,展开合理、奇特的想象,还要根据情境编故事,把从“遇险”到“脱险”的过程写具体。

教材中提示了习作需要关注的关键要素:组建探险团队、确定探险地点、选择探险装备、设想可能遇到的险情、思考如何解除险情。要引导学生运用已有的知识和经验合理想象,由此构建出合理的情节。同时,教材还提供了拓展性活动,即续编探险故事,让学生的思维能力和习作能力进一步提升。

二、学情分析

五年级学生对“探险”非常向往。学生接触了许多相关的影视作品和书籍，对这种惊险与刺激的冒险有着无尽的想象。学生通过对单元课文的学习，揣摩人物的思维过程，提高了把握事情发展的推理能力，为单元习作作好了铺垫。但学生缺乏实际探险的经验，如何让想象的险情惊险与合理并存，让作文的情节与描写相融合是本次习作的难点。

本次教学通过创设探险情境、结合资料、借助情节图分步落实“一个险情”的情节设计，以及通过评价凸显描写，指导学生根据探险情境把故事的发展变化写具体。

三、设计意图

本次习作教学着力点定在合理想象险情和对“遇险求生”场景的描写上。引导学生联系已有经验，借助资料，展开丰富合理的想象，把探险过程写具体。

通过四个板块落实：一、通过多媒体、教师语言的引领，创设探险情境，激发学生想象自己亲历探险的情形，激活习作思路。二、借助资料，引导学生合理想象险情，通过绘制“探险情节图”，帮助学生将复杂多变的想象落实到笔尖，让写作思路更加清晰。三、读写结合，评价提升。学生通过赏读《海底两万里》片段，习得作家在写“惊险一刻”时凸显心理描写的方法，修改完善自己的习作。四、课后延伸，鼓励学生创编探险故事，激发学生创编想象类作文的兴趣。

四、教学目标

1. 进入情境，激发探险欲望，能借助资料，设想神奇、合理的险情。

2. 借助“探险情节图”，把探险中遇到的险情、求生的方法写具体，尝试写出心情的变化。

3. 根据要求修改习作，课后续写编成《探险日记》，享受想象创作的愉悦。

五、教学过程

课前：教师和学生一起交流阅读探险类书籍的感受。

（一）创设情境，激发探险热情

1. 课件播放冰山、洞穴、沙漠、雨林等图片，教师用神秘的语气将学生引入探险情境：地球上有太多神秘的地方等着勇敢的探险者们，你最想去哪里探险？

2. 学生交流最想探险的地区，并说明理由。

3. 揭示探险目的地，规划探险前期任务：组建探险队，选择探险装备。

(1) 四人小组为一队，队员互相握手、打招呼。

(2) 根据两张援助卡，选择队友和装备。

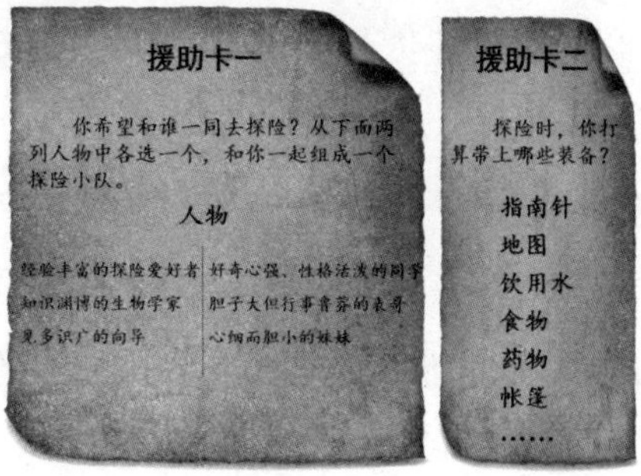

(3) 小组交流，说明选择的理由。

(二) 绘制图示，理清“遇险”情节

1. 营造探险情境。教师绘声绘色地介绍：各位探险队员，经过认真筹备，热带雨林探险活动今天开始了。请摆好行李，系好安全带，乘坐国际航班飞往智利(伴随起飞声)。(响起飞机降落声)好，智利机场到了，请大家背上行李，准备出发……

2. 设想险情。

(1) 险情设计要神奇。

头脑风暴，想象危险：遭遇未知生物攻击，遇到自然灾害，丢失重要设备，与同伴失联等。

(2) 险情设计要合理。

借助资料，合理设想险情。阅读“资料袋”，圈画关键信息，尝试用小标题概括，如猛兽突袭，蛇口逃生，群鳄围攻等。

3. 绘制图示，设计情节。

(1) 绘制探险情节图。

例一：小标题串联式

突降大风→躲进山洞→蟒蛇袭击→逃出山洞→点燃火把→被风吹灭→用斧头砍→逃出魔爪

例二：简笔画式

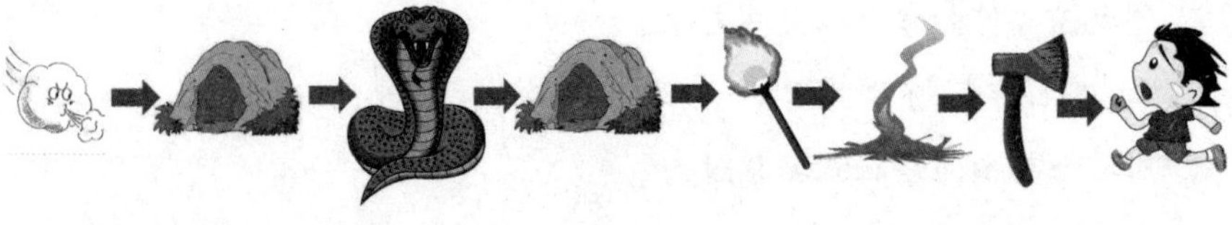

例三：图文结合式

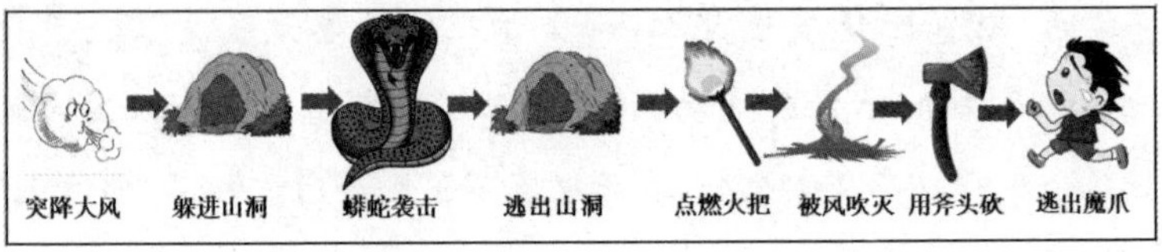

（2）交流探险情节图。

预设问题一：情节设计较为平淡，缺少一波三折的起伏变化。

预设问题二：情节设计一波三折，但缺少队友的助力、工具的使用。

（3）学生修改、完善情节图。

（三）聚焦细节，创编“惊险一刻”

1. 创编探险过程。

（1）根据探险情节图，独立创作探险过程，教师巡视指导。

（2）展示习作片段，交流评点最让人感到惊险的描写。

学生习作片段：

“快看！这花好特别！”我顺着小马同学的视线望去，发现那花长得十分特别，叶子长 30～40 厘米，花生长在叶子中央，细小精致，颜色异常鲜艳，还散发着淡淡的香气，形状酷似齿轮。小马同学忍不住伸出手想采几朵，可是李博士却惊恐万分地大叫：“别碰！千万别碰！小心！”可太迟了，小马的手已经抓住了那朵花。瞬间，那花就紧紧地缠绕在小马同学的手腕上，无论他怎么挣扎，那藤蔓都没有丝毫松动的迹象。我迅速拿出匕首，一下子割断了藤蔓。

学生交流：

① 把遇险到脱险的过程写清楚，写具体。

② 抓住探险队员的动作、语言进行细致描写，让人身临其境。

③ 对花缠人的动态描写要仔细，凸显险情。

2. 补充心情变化，凸显“惊险”。

（1）课件出示小说《海底两万里》的片段：

“大怪兽！”加拿大人大叫起来。

我凑上前去，不看则已，一看打了个冷战，忍不住一阵恶心。在我的眼前，一个可怕的怪物正招摇过海。

这是一条巨型章鱼，有八米长。突然，章鱼的一条长腕像蛇一样从洞口钻了进来，打在一位水手身上，一下子把他给卷走了。“救我！救救我！”他喊的是法语，我深受震动，顿时惊呆了！船上原来有法国同胞，也许有好几个！呼救声撕心裂肺，我死也忘不了！等回过神来，那位倒霉的同胞已经被绑票了！

我们人人怒火冲天，与章鱼怪势不两立！所有人都加入了战斗，突然尼德·兰被一只怪物打翻在地。啊！我又急又怕，心都快碎了！尼摩船长抡起斧子飞进章鱼的大嘴里，加拿大人奇迹般地获救了。我顿时长舒了一口气。

（2）学生交流惊险瞬间，发现：作者不仅描写细腻，而且随着情节的推进，人物的心情也随之变化，故事变得更生动、更惊险。

（3）补充心情变化，加工“惊险一刻”。

修改前	修改后
“快看！这花好特别！”我顺着小马同学的视线望去，发现那花长得十分特别，叶子长30～40厘米，花生长在叶子中央，细小精致，颜色异常鲜艳，还散发着淡淡的香气，形状酷似齿轮。小马同学忍不住伸出手想采几朵，可是李博士却惊恐万分地大叫：“别碰！千万别碰！小心！”可太迟了，小马的手已经抓住了那朵花。瞬间那花就紧紧地缠绕在小马同学的手腕上，无论他怎么挣扎，那藤蔓越缠越紧，没有丝毫松动的迹象。我迅速拿出匕首，一下子割断了藤蔓。	“快看！这花好特别！”我顺着小马同学的视线望去，发现那花长得十分特别，叶子长30～40厘米，花生长在叶子中央，细小精致，颜色异常鲜艳，还散发着淡淡的香气，形状酷似齿轮。如此独特的花立马勾起了我的兴趣，正想伸手去采几朵，没想到小马同学的动作更快，已经把手探了出去。李博士见了，却惊恐万分地大叫：“别碰！千万别碰！小心！”可太迟了，小马的手已经抓住了那朵花。还没等我们反应过来，那花身下的藤蔓就紧紧地缠绕在小马同学的手腕上，无论他怎么挣扎，那藤蔓都没有丝毫松动的迹象。眼看着小马的手腕因为剧烈挣扎已血迹斑斑，我们急得团团转，却因害怕藤蔓的威力不敢轻易靠近。突然，我的余光瞟到了靴筒里的长匕首，真是天赐良机！我迅速拔出匕首，一下子割断了藤蔓，将小马救出了藤蔓的包围。看着躺在地上呼呼喘气的小马，我仍心有余悸：若刚才自己伸手的动作再快些，现在躺在地上的就是我了。看来，野外探险需谨慎啊！

(4)学生将修改后的片段读给四人小组听。

(四)课外延伸,拓展想象空间

1. 小组合作,为探险片段取好小标题。

2. 课后延伸:课后续写探险经历,形成《探险日记》。在“探险故事会”上评选“最佳探险之旅”“小小探险王”“优秀探险小队”等。

3. 推荐阅读优秀的探险类作品。

[法]儒勒·凡尔纳《海底两万里》《神秘岛》《气球上的五星期》

[英]罗伯特·路易斯·史蒂文森《金银岛》

[英]詹姆斯·希尔顿《消失的地平线》

[德]卡尔·麦《荒原追踪》《印第安酋长》《恐怖的大漠》《沙漠秘井》

附:

《神奇的探险之旅》学习单

一、你希望和谁一同去探险?从下面两列人物中各选一个,和你一起组成一个探险小队。

人物

经验丰富的探险爱好者	好奇心强、性格活泼的同学
知识渊博的生物学家	胆子大但行事鲁莽的表哥
见多识广的向导	心细而胆小的妹妹

我们队的选择:____________________

二、你打算带上哪些装备?下面的提示供你参考。(不超过5个)

装备:指南针、地图、饮用水、食物、药物、帐篷……

我们队的选择:____________________

三、绘制情节图。

四、写一写探险过程中,你遇到的最惊险的一幕。

六、课后反思

课程标准高段习作的要求是:“能写简单的纪实作文和想象作文,内容具体,感情真实。能根据内容表达的需要,分段表述。”本次习作要求学生按事情发展的顺序写一个探险故事，展开丰富的想象，把遇到的困境、求生的方法写具体，尝试把探险过程中的心情变化写出来。

高年级的探险故事想象虽然具有理性思辨的含量，但这样的想象习作要基于现实的合理性，无论想象多么天马行空，表现的依然是学生内心的真实情感。笔者努力创设趋于现实的交际情境，引导学生在探险情境中进行丰富、合理的想象，力求让想象作文思绪放飞与思维落地并重。

整堂课主要从三方面帮助学生搭建平台，落实习作教学。

（一）以交际活动作为习作教学的出发点

本次习作本身契合儿童心理。因此在课前谈话时，就让学生对自己喜欢的探险类书籍、电影进行交流，激发学生表达欲望，对“探险”有一个初步认识。接着，多媒体展示地球上众多未知领域，通过选择探险之地，组建探险团队，选择探险装备，搭乘飞机等接近现实的情境，让学生仿佛身临其境。值得一提的是，笔者在学生组建探险团队后，第一步要求队员之间互相握手、打招呼，并将“同学们”的称呼替换成“队员们”，极大地激发了学生习作的积极性，以“我要写”的原动力去挖掘学生内在的创作潜力。

（二）把险情的设计作为习作教学的落脚点

教学的过程就是教师组织和引领学生学习表达的过程。笔者在教学中，努力营造活跃的交际氛围，让学生在交流中得到启发，并把这种交流所得当习作素材，然后将“探险活动”的经历完整地写出来，形成文章。

1. 借助资料，设置神奇且合理的险情。

习作的关键词是“神奇”，对险情的描述与应对是本次想象作文的重点。“神奇”意味着非比寻常，是学生日常生活中不会遇到的。教学时，通过调动学生在书中或影视作品中已有探险知识与经验进行“头脑风暴”，引导学生打破常规思维，大胆想象险情。

但学生毕竟受知识、经历的限制，对险情的设计较难展开合理的想象。笔者为学生补充探险目的地的资料，引导学生阅读资料，提取关键信息，使险情的设计更加合理。

2. 搭建支架，厘清想象情节。

故事的发展虽然是学生想象的，但需要构建合理的情节。笔者在习作重难点上为学生搭建支架，让学生自主设计“探险情节图”，既鼓励大胆想象，又提供了合理想象的支架和策略。同时，引导学生发挥同伴互助、探险工具的作用，拓宽思路，及时调整、丰富符合逻辑的想象，帮助学生将复杂多变的想象落实到笔头，让思路更加清晰。

（三）将激发想象进行创作作为习作教学的延伸点

教材最后提供了拓展性活动：续编探险故事，让学有余力或兴趣浓厚的学生进一步探索相关题材，以提高学生的思维能力和写作能力。笔者鼓励学生与队友合作，将探险经历编成《探险日记》，通过举办“探险故事会”，引导学生在聆听同学创编的神奇探险之旅的同时，关注本次习作中曲折的故事情节、丰富大胆的想象、细腻生动的描写、人物形象的塑造、内心世界的刻画、探险意义的探寻等，激发学生创编想象类作文的兴趣。

七、学生习作片段

片段一：

太阳下了山，狼嗥越来越密集，我们试了试手电筒，可惜已经遭水浸泡，无法使用了。环顾四周，几双泛着绿光的眼睛晃了过来。“不好!”胡云开下意识扣动了扳机。随着一声枪响，几只狼应声散开。狼群见有人，稍作调整便以迅猛之势朝营地扑来。我不禁打了个冷战：天哪，这么多狼，这……这要是体力不支，葬身狼口怎么办？我还在胡思乱想之际，一旁的叶皓丞已将干柴沾上油，投掷了出去。前面的几匹狼身上着了火，疯狂地跑着、打滚。战况激烈，随着子弹、火把越来越少，狼群的数量也越来越少了……

终于，东边浮现一丝亮光，天亮了！狼群在头狼的嗥叫声中渐渐散去，而我和队员早已精疲力尽，纷纷瘫倒在地。

片段二：

深夜，我睡不着，便出来听重新响起的虫鸣声。我正听得入神时，突然感觉身后有什么东西在逼近。我下意识地往前一跳，回头一看，天哪，一只美洲豹！它一步一步向我走来，露出几颗尖牙，喉咙里发出不怀好意的低喘。我额头直冒冷汗，拔腿就跑，美洲豹紧追不舍。

我用尽全身力气，拼命向前跑着，但美洲豹很快追上了我，我都能感觉到它嘴里血腥的气息喷在我的后腰,连它的磨牙声和低吼声都近在咫尺。突然,一块石头挡在我的脚前,我心急火燎竟绊倒了,直接飞了出去!我重重地摔在地上,五脏六腑好像都在震动。更要命的是随之而来的美洲豹,我的目光与它直直地相遇,那利刃般的目光直向我刺来,仿佛要把我劈成两半,我却无法动弹,无法躲避。美洲豹俯下身来,尖牙抵住我的脖颈。它的牙齿太锋利了,虽然只是轻轻抵着,但我的脖颈好像已经渗出了血来。我绝望地闭上了眼睛……

片段三:

半夜,我被一阵笨重的隆隆声吵醒,感觉不太对劲。我推醒了身边的毛柏远,小声问道:“外面好像有东西,要不要出去看看?”

“好,但我们得先把贝爷叫醒!”

我点了点头表示同意。毛柏远轻手轻脚地起身,凑到贝爷耳边,轻声喊道:“贝爷,贝爷,快醒醒,外面有东西。”贝爷被叫醒了,他揉了揉惺忪的双眼,正准备打个大大的哈欠,忽然,帐篷外传来了野草摩擦的沙沙声。贝爷立刻警觉起来,小声说:“小心,听这声响,是咸水鳄,错不了。”说着,他从背包里拿出一把手枪,上好了膛。我们很害怕,紧紧跟在贝爷身后。

贝爷扒开帐篷的一角,借着微弱的月光向外望。在林中,一只巨大的咸水鳄正在爬行,看样子,最少也有 4 米!毛柏远吓得往后一倒,瘫坐在地上。这一坐,发出了微弱的响声。我们倒吸一口凉气,赶紧扶起毛柏远,希望咸水鳄没有发觉。但还是晚了,咸水鳄发现了我们,迅速逼近。贝爷见情况不妙,果断举起手枪,瞄准鳄鱼的头,砰砰砰连开三枪。但鳄鱼皮糙肉厚,根本不受手枪的威胁,继续猛冲过来。贝爷见鳄鱼毫发无损,又从包里掏出冲锋枪,对着鳄鱼就是一顿扫射。鳄鱼好像受了伤,咆哮一声倒在了地上。贝爷小心翼翼地上前察看,走两步一举枪,这样不断靠近,最后来到鳄鱼跟前。贝爷踢了踢鳄鱼,确定鳄鱼不再动弹才放下枪,对躲在一旁的我们大喊道:“没关系了,鳄鱼已经……”

话还没说完,原本趴着的鳄鱼竟动了起来,扑向贝爷。贝爷的冲锋枪掉在了一旁的河水里,他顶着鳄鱼的撕咬,用尽全力挣扎着。我们乱了阵脚,在这十万火急的时刻却想不出办法,急得在原地打转。

正当贝爷命悬一线时，一旁的毛柏远终于想出了点子，向我大喊："用火！用火！"对呀！野兽都害怕火！我冲进帐篷，从贝爷的包里找到打火机，飞快地点燃了一把枯草，朝着鳄鱼扔了过去。果然有用！鳄鱼一见了火就吓得后退。随着火势蔓延，鳄鱼一步步向后缩。趁这段时间，我们赶紧将贝爷拖进帐篷。鳄鱼最终退入水中，用寒气逼人的目光盯了我们四五分钟才渐渐向上游游去。等到它游远了，我们迅速用河里的水扑灭了燃烧的火焰。

五年级下册第七单元《习作：中国的世界文化遗产》教学设计

浙江省宁波市尹江岸小学　鲍　静

一、教材解读

"中国的世界文化遗产"是五年级下册第七单元的习作内容。这是一次实用性文体的习作练习，要求学生在搜集资料、整理资料的基础上，从中国的世界文化遗产中，选择一处自己感兴趣的介绍给别人。习作的要求"搜集资料，介绍一个地方"是本单元的语文要素。此次习作，从阅读课文，了解世界文化遗产，到选择内容进行介绍，同学之间相互交流，根据习作要求和同学的意见进行修改，都意在引导学生通过交际性活动，了解令中国人骄傲的世界文化遗产，培养学生对中华文化的认同感，提高学生的审美情趣。

本单元的教材先让学生通过《威尼斯的小艇》《牧场之国》等课文的学习，以及"阅读链接"的拓展，逐步认识"世界文化遗产"。在习作中，又从"搜集资料""整理资料""撰写"等几方面进行指导，有序衔接，层层递进，为学生提供了习作的支架。

本次习作注重提高学生如何有目的地搜集相关的资料，如何对资料进行筛选和完善，怎样有针对性地运用资料并进行有感情的介绍等能力。教学时，教师可以通过引导学生互相交流、评改、分享等方式，让学生学会介绍中国的世界文化遗产，习得写法，丰富情感体验，从而达到相互学习、共同提高的目的。

二、学情分析

习作前,学生通过课文和口语交际等板块开展了相关学习,奠定了一定的基础。本单元的课文中,《金字塔》用了文字加图表、示意图、插图加数据、旁批的形式,分“最大的金字塔——胡夫金字塔”和“建造金字塔时的古埃及”两部分进行介绍。这样的阅读内容,不但可以丰富学生介绍的形式和方法,也提示学生在介绍的时候,重要的数据必须清晰、准确。口语交际“我是小小讲解员”则对“怎么作讲解”分步进行了具体指导。首先是讲解前的准备:确定讲解内容和讲解对象,搜集相关资料,根据了解的信息列提纲,适时删减或增加内容;接着是“怎么讲解”的提示:从语气、动作、表情到关注听众的反应等。在以往的学习中,对于怎样“搜集资料”“整理资料”,学生已有过实践经验。因此,此次习作,学生并非是零起点。但是本次习作对于资料的搜集、整理有了更高、更明确的要求,特别是在信息的整理、筛选方面有要求。同时更关注学生学习过程中的交际互动。这些都需要给学生以指导。

三、设计意图

应用文的生命力在“用”和“文”并重。只有服务于实践的应用文教学,才有价值和生命力。在关注核心素养的理念下,应用文的教学也应该从关注学会语文知识到关注学会用语文来解决实际问题。因此,在本次习作教学中,教师尝试将综合性学习和应用文教学相结合,学生通过活动参与、自主参与、合作参与开展学习过程,将语文知识与生活经验、语文知识与知识运用、课内与课外有机地结合起来,培养了信息搜集与整理的能力、综合表达能力、人际交往能力、组织策划能力、互助合作和团队精神等。让学生在对“中国的世界文化遗产”的介绍中,学习“怎样进行介绍”,体验习作的快乐,分享彼此交流的收获,感受我们祖先的智慧和祖国历史文化遗产的博大精深。

四、教学目标

1. 通过创设情境、比较阅读等方式,明确介绍的方法,激发习作兴趣。

2. 在以“中国的世界文化遗产”为主题的小组活动基础上，通过搜集、整理资料，使用图片、表格等辅助形式，合作完成习作。

3. 通过生生交流、互动评改以及分享展示等方式，进一步了解中国的世界文化遗产，提高对中华文化的认同感与热爱之情。

五、教学过程

教学准备：

1. 分四人小组，合作完成“小组合作任务表”。

2. 根据小组成员的任务分工，合作完成资料查阅及初步的资料整理。

（一）创设情境，明确任务

1. 创设情境，激发兴趣。

导入：同学们，学校的公众号从下月起，将推出“红领巾，云游中国”专题栏目，以便同学们在疫情下，也能通过阅读公众号欣赏祖国的大好河山。我们班收到了学校的约稿，大家有没有信心完成这个特殊的任务？让我们走进今天的课堂。（出示课题，齐读）

2. 明确任务：选择一处你感兴趣的中国的世界文化遗产，搜集资料，进行介绍。最佳作品将有机会登上学校的公众号哦！

3. 回顾之前的学习内容：通过本单元课文的学习和课前的活动，我们对世界各地的文化遗产有了大致的了解。课前，我们又以小组合作的形式，按照本次习作的要求，每一组选择一处中国的世界文化遗产，开展了相关资料的收集活动，并且进行了初步的整理。那么每个组是怎么分工合作的，又有哪些学习结果呢？请一个小组介绍一下吧！

小结：不仅是这一组，其他组的合作也非常高效、默契。（出示各组开展合作的活动照片）

（二）比较阅读，明确“怎么写”

1. 同桌交流，发现特点。

（1）师：通过前面的学习活动，我们已经初步把“写什么”的问题解决了。（板书：写什么？）那么怎么写呢？（板书：怎么写？）

（2）要求学生仔细阅读教材中的“撰写”这一部分，通过圈画关键词，了解介绍的方法。

(3) 出示四年级下册第五单元习作“游________”和五年级上册第七单元习作“________即景”的习作要求，让学生和本次习作要求比一比，与同桌交流自己的发现。

引导学生关注本次习作是在资料搜集的基础上，再进行分类整理与筛选。整理后的资料可以作为写作的素材，引用时需注明资料来源。

2. 范例引路，交流方法。

(1) 出示范例，让学生比较阅读，说说阅读以后的收获。

(2) 互动交流。

引导学生通过互动交流，发现范例在内容的选择、形式的丰富、凸显要点的方式等方面的特点，明确介绍时在内容上要做到简洁明了，条理清晰。

3. 自主交流，评改片段。

(1) 撰写片段。

请学生对自己搜集的那部分资料进行初步的整理，撰写成一段介绍，呈现在学习单的第一题中。

(2) 交流评改。(投影学生学习单)

景观名称	特点
柳浪闻莺	约 0.54 公顷，漫步其间，且听且行，柳丝拂面，生机盎然。
三潭印月	西湖最具标志性的景观，象征中国古代神话中的蓬莱仙岛。
双峰插云	每当云雾弥漫，两峰时露双尖，若隐若现，就像插入云端。
雷峰夕照	位于西湖南岸，约 13.19 公顷，以黄昏时山峰古塔剪影景观为特色。
南屏晚钟	每当佛寺晚钟敲响，钟声振荡传到山上的岩石、洞穴，增强了共鸣，形成共振齐鸣的钟声。

交流：根据刚才梳理的要求，你觉得这位同学的介绍片段怎么样？还可以给出哪些建议？

预设一：用表格的形式介绍“西湖十景”其中五处景点的特点，内容简洁明了，条理清晰。

预设二：如果在表格前加入有感情的引导语，那么介绍就更吸引人了。

4. 合作交流，撰写介绍。

出示“任务卡”：

任　务　卡

1. 参与商议：小组合作，商量习作的形式，确定分工。

2. 分工写作：每名组员按分工完成自己撰写的部分，可以使用图片、表格等辅助形式，使习作表达具体、清晰。

3. 合作成文：修改重复和表达不清楚的内容，完成本组的“中国的世界文化遗产”介绍。

4. 展示练习：试着将这一“中国的世界文化遗产”声情并茂地向全班同学进行介绍。

5. 小组展示。

师：同学们，“红领巾，云游中国”的投稿通道已经为大家开启了。让我们一起聆听每个小组的介绍，云游中国的世界文化遗产吧！

6. 集体评改。

（1）按照“介绍的条理是否清晰”“内容介绍的形式是否多样”“语言表达是否有感情”三个角度进行评价打分，并交流修改建议。

评价内容	自评	他评
条理清晰	☆☆☆	☆☆☆
形式多样	☆☆☆	☆☆☆
介绍声情并茂	☆☆☆	☆☆☆

（2）各小组根据同学的建议，进行二次修改。

（3）展示最终成果，评选全班最佳。

（三）课堂小结

师：今天我们以小组合作的方式，从“查阅资料”到“整理资料”，再到

"撰写",完成了介绍"中国的世界文化遗产"的习作。特别是在整理、撰写的过程中,我们还发现了介绍在语言表达和呈现形式上的丰富性,相信同学们都很有收获。

其实,介绍的应用范围非常广,撰写方法也大有不同,有兴趣的同学还可以尝试介绍其他东西哦!

六、课后反思

(一)设计开放的活动,让学生"动"起来

本次习作教学创设了公众号征稿的情境,设计了开放的小组合作活动,让每一位学生都积极参与学习的前期准备中。在活动中,介绍的对象是开放的,学生的分工是讨论决定的,搜集的内容是自己感兴趣的,四个人的组合也是自主选择的。开放式的实践任务尊重学生的个性,激发每位组员参与的热情,所有的孩子都为这次习作而"动"了起来。

同时,结合小组实践活动开展情况,教师在课前又安排了资料的搜集、初步汇总和整理。这一环节让组员们自主分享、交流、安排自己搜集的资料,太过冗长的稍作删减,重复的去繁求精,缺失的继续补充……

开放的实践给予了学生极大的学习自主性。教师作指导,聆听、观察学生的小组合作,适时地给予帮助。习作在他们的眼中不再是枯燥乏味的。

(二)整合开放的资源,让课堂"动"起来

任务驱动下的合作让学生的学习积极性高涨。大量的开放资料聚集之后,如果学生只是简单地读读说说,那这样的合作成果就只能流于形式。

如何在课堂上引导学生对开放的资料进行整合、提炼,进而内化成自己的语言,并有感情地向他人介绍,这就需要教师的引领。在本次课堂教学的过程中,教师安排了三次比较阅读,帮助学生整合开放的资源,明确"怎么整理""怎么读""怎么写",充分发挥搜集的资料的作用。

一比:同桌交流,发现特点。

比较此次应用文习作与以往写景类习作的区别。教师带着学生再次走进课文,仔细阅读习作要求中的步骤二和步骤三,并出示四年级下册第

五单元习作《游________》和五年级上册第七单元习作《________即景》的习作要求，通过对习作要求的细读、比较，引导学生发现这次应用文习作有别于以往的游记、写景类文章，本次习作的内容建立在资料搜集的基础上。所以，前期的活动非常重要。而且，搜集到的资料要进行分类整理和筛选。整理后的资料可以作为作文的素材，引用时需注明资料来源。

二比：范例引路，交流方法。

比较习作要求的差异只是基本上明确了本次习作的方法，在具体的习作中还需要内容和方法的指导。

教师以三份敦煌莫高窟的介绍为例进行示范，引导学生比较着读一读，想想从中受到哪些启示。

通过比较阅读，学生发现三份材料在内容上都是有针对性地选择有特色的几方面进行介绍；在呈现方式上，使用表格或者图文结合；在文字表达上，相对简洁；在凸显要点的方式上也是多种多样的，如在表头标注、用小标题罗列、在语段的第一句话出示等，都一目了然。

在这一环节的比较阅读中，通过对同一对象不同形式的介绍，让学生在具体范例的比较中，发现在内容选择、呈现形式、凸显重点的方式上的多样性，具有学习的指导作用。

三比：互动交流，评改片段。

范例引领给了学生直观的印象，而评价修改则能帮助学生真正动手将搜集的资料进行更有条理、有重点的整理和提炼。教师出示了学习单，学习单上，学生已经将自己负责搜集的资料提炼成了一两百字的片段。以此为对象，请学生依照习作要求进行评价，教师当场示范修改。

通过学习单的修改，学生提炼出本次习作的特点，即表达具体，条理清晰，方法多样。同时教师还提醒学生要注意介绍的对话感。

从第一环节比较习作要求的初步感知到第二环节对比阅读，学生有了形象的体验，再到同伴学习单互改评议实践运用，循序渐进，让学生对本次习作的特点有了更清晰的了解。

（三）运用开放的方法，让成果“动”起来

在教学过程中，教师在课前合作、课中合作的基础上，再次组织了小组合作。

本次合作有明确的任务要求，在有限的合作时间内让每位组员有事可做：商议介绍的形式，分工撰写，合作完成完整的介绍并向全班展示。整个学习过程，学生的参与热情非常高，而且最后完成的成果，无论是形式上还是内容上，许多细节可圈可点：有条理清晰的游览册，有图文并茂的海报，等等。学生通过声情并茂的介绍，让应用文真正被“用”了起来。对于学生来说，这样的习作练习趣味十足、收获满满。

七、学生习作片段

今天，我们小组将带着大家来到青藏高原南部的拉萨河谷，一起来看看现存海拔最高的宫殿——布达拉宫。布达拉宫位于中国西藏自治区首府拉萨市区西北的玛布日山上，是一个宫堡式建筑群。整座宫殿具有藏式风格，高 200 余米，外观 13 层，实际只有 9 层，自山脚向上，直至山顶。从图片上看，它建造在山腰上，与山岗融为一体，气势雄伟。这座宫殿最初是吐蕃王朝赞普松赞干布为迎娶尺尊公主和文成公主而建，于 17 世纪重建后，成为历代达赖喇嘛的冬宫居所，以及重大宗教和政治仪式举办地。

第五章

六年级交际活动作文案例

六年级上册第五单元《习作:围绕中心意思写》教学设计

浙江省宁波市海曙区雅戈尔实验学校　付琼洁

一、教材解读

本次习作要求学生选择一个感受最深的汉字,想清楚自己要表达的中心意思,围绕中心意思,从不同的方面或选择不同的事例来写。习作旨在培养学生“围绕中心意思”进行表达的能力。本单元要求通过精读课文、习作例文学习语言,领悟写法;借助“交流平台”梳理写法;通过“初试身手”初步练习;最后通过单元习作落实“围绕中心意思写”。

教材提供“甜、乐、泪”等 12 个汉字,由学生选择一个感受最深的汉字,写一篇习作,主题范围广,材料来源宽。学生可从教材提供的字里选择,也可根据自己的生活经验选择其他的字,并以它为题眼;可写生活中发生的事情,也可写想象故事,习作主题和内容的选择非常广泛。

二、学情分析

本次习作要求学生“围绕中心意思写”,学生在列提纲的过程中很容易出现同类材料重复写,事例选取不典型的情况,不能很好地从“不同方面”或通过“不同事例”来表达中心意思。

同时,重要的内容写不具体也是学生本次习作中比较集中的问题。大部分学生能把事情写清楚,但是写具体对他们来说是一大难点。本单元是习作单元,课文《夏天里的成长》《盼》,习作例文《爸爸的计划》《小站》都是学生习作很好的范例,教师应结合课例,教给学生方法,引导他们在习作过程中把重要的内容写具体。

三、设计意图

本次习作教学的重点是引导学生选择一个印象最深的汉字,围绕中心意思,从“不同方面”或通过“不同事例”进行选材,用喜欢的方式列提纲,把重点部分写具体、写生动。

通过以下五个板块进行落实:一、创设情境,通过播放汉字相关的视频，引领学生感受中华传统文化的博大精深，打开学生思路，为接下来的习作打下基础；二、围绕中心，构思提纲，由“迷”字入手，结合“初试身手”的选材练习，引导学生对提供的材料进行分类、组合，并选择感受最深的一个汉字，说说由这个字想到的内容，用喜欢的方式列提纲；三、结合课例，教给学生把重点部分写具体写生动的方法，即多种人物描写方法相融合以及情景交融的方法；四、引导学生用上述两种方法修改习作片段，通过自评、他评、全班评改和交际运用活动，让学生体会习作的意义和言语交际活动的成就感；五、课后完成整篇习作，并在班级微信公众平台、QQ群等进行发布，增强学生习作的积极性。

四、教学目标

1. 结合“初试身手”，了解怎样选择和安排写作的材料，选择感受最深的一个汉字，选择一个方面或一个事例，确定写作的内容。

2. 想清楚要表达的中心意思，围绕中心意思拟写作提纲，把中心意思表达清楚。

3. 借助课例，修改习作片段，与同伴交流习作，相互评价、修改。

五、教学过程

（一）课前谈话，了解汉字

1. 导入：中华文化博大精深，汉字不仅字音好听，内涵也非常丰富。那么，汉字到底是怎么产生的呢？

2. 出示具体汉字的案例微视频，引导学生感受中华传统文化的魅力。

3. 小结：汉字蕴含着中华民族独特的审美特征，细细分析，每一个字的诞生和演变都好似一个个奇妙的故事，引领我们走进多姿多彩的中华文化画卷。

（二）围绕中心，构思提纲

1. 出示“迷”字。让学生说说看着这个字，会想到什么。

提示：“迷”可以表示对某一件事特别投入，也可以表示心中的困惑。

2. 围绕“戏迷爷爷”这个中心意思，借助板贴引导学生对所选择的材料进行分类、组合。

提示：把表示同一个方面的材料放在一起；关注材料的顺序，先听戏，再学唱戏，最后组织业余戏班子。（板贴出示学生排序作品）

戏迷爷爷
- 听戏
  - 一看到戏曲表演就占着电视
  - 跑了几十里地去看戏
- 学唱戏
  - 到文化馆拜师学戏
  - 边炒菜边做戏曲里的动作，把菜炒糊了
- 组织业余戏班子　在爷爷的倡导下，街道组织了业余戏班子

3. 小结：围绕“戏迷爷爷”这个中心意思，选择了三个方面的材料。这三个方面的材料分别选取了不同的事例，这样就能把中心意思表达得全面、充分。为了凸显“戏迷爷爷”这个中心，我们还要选择其中的一到两个方面（事例）来作为重点，写得详细一些。

4. 回顾本单元学习的两篇课文，了解如何围绕一个中心意思来安排材料：《夏天里的成长》的作者从不同的方面来写；《盼》是通过不同的事例来写。

5. 出示习作中的12个汉字，让学生选择感受最深的一个字，用喜欢的方式列一列提纲，在自己想重点表达的地方做上记号。

提示：看着这些汉字，你又联想到了什么呢？请选择你感受最深的一个字，说说这个字让你想到了什么，从这些印象深刻的故事中你又感受到哪些意思。学着课文的方法，想想通过什么事例，或者从哪几个方面来写，怎么安排材料。

6. 交流反馈，教师评议。

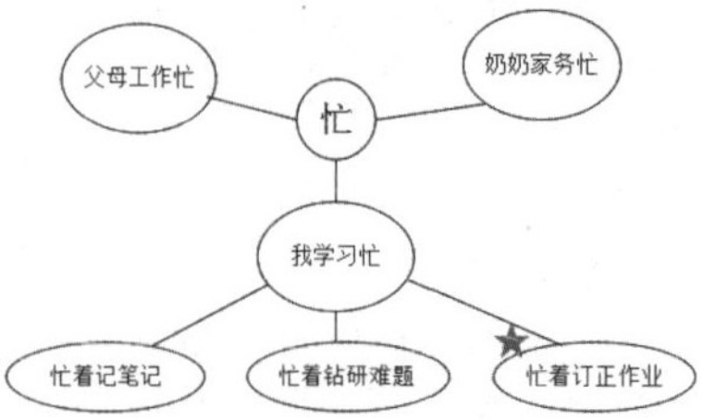

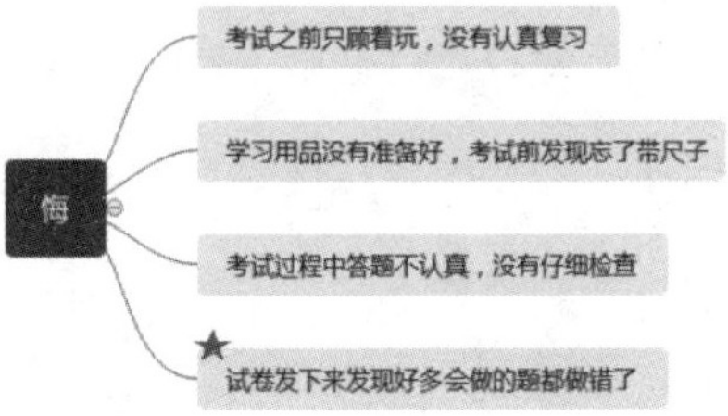

7. 生修改提纲。

（三）课例引路，学习表达

1. 请学生根据中心意思和提纲，从一个方面或选取一个事例写具体

写详细。

2. 生动笔，师巡视。

3. 交流反馈。

引导：这位同学围绕中心意思把事情写具体了吗？有哪些地方值得大家学习？还有什么修改建议？

4. 聚焦课例，学习把重要部分写详细写具体的方法。

(1) 多种人物描写方法相融合

“妈妈！”我嚷着奔进厨房。

“蕾蕾回来得正好，快把头发擦擦，准备听英语讲座！”

“可是……还差半小时啊。”我嘟囔着，心想，你怎么就不向窗外看一眼呢？

“那就休息一下。”妈妈说完，只听吱的一声响，原来她正往热油锅里放蒜薹呢。

“妈妈，我给你买酱油去吧，啊？”我央求着。

“你看，酱油我下班带回来了。”妈妈冲我笑了笑，好像猜着了我的心思。

“可是……不是还要炖肉吗？炖肉得放好多好多酱油呢。”我一边说，一边用眼瞟着窗外，生怕雨停了。

“我什么时候说过要炖肉？”妈妈焖上米饭，转过身来看了我两眼。

“你没说，爸爸可说过。”这话一出口，我就脸红了。因为我没见爸爸，也没人告诉我要炖什么肉。

点拨：语言、动作、神态、心理活动等多种人物的描写方法相融合，能把这一部分内容写得更加生动、具体，突出作者“盼”的心情。

(2) 情景交融

片段一：

有一天，快到家时，路边的小杨树忽然沙啦啦地喧闹起来，就像在嘻嘻地笑。还用问，这是起了风。一会儿，几朵云彩飘游过来，把太阳也给遮盖住了。天一下子变了脸色。路上行人都加快了走路的速度，我却放慢了脚步，心想，雨点儿打在头上，才是世界上最美的事呢！果然，随着几声闷雷，头顶上真的落上了几个雨点儿。我又伸手试了试周围，手心里也落上了两三个雨点儿。我兴奋地仰起头，甩打着书包就大步跑进了楼门。

片段二：

路上行人都加快了走路的速度，我却放慢了脚步，心想，雨点儿打在头上，才是世界上最美的事呢！我又伸手试了试周围，手心里也落上了两三个雨点儿。我兴奋地仰起头，甩打着书包就大步跑进了楼门。

点拨：两个片段比较阅读，发现片段一中既有对人物的直接描写，也有环境描写，把两者交织在一起的写法就叫——情景交融。关注表达效果，环境描写更加衬托出作者“盼”的心情。

（四）修改习作，交流分享

1. 运用所学的表达方法修改习作，让它更详细、更具体，读了给人留下深刻的印象。

2. 生修改，师巡视。

3. 上台展示，评议修改。

修改前	修改后
拿到试卷，我万分沮丧。看着眼前大大的红叉和醒目的56分，我的眼泪不自觉地落了下来，感觉周围人都在嘲笑我。我心中万分悔恨，考试的时候太粗心了，好多会做的题目都做错了。下课铃响了，我无精打采地走在回家的路上，看什么都不顺眼。想着父母看到试卷后的表情，我内心更忐忑了，真不知道如何跟他们交代。	考卷上那一个个醒目的红叉，那鲜红醒目的56分像利刃一般戳在我的心头。我如坠冰窖，整个人都呆住了，眼泪不自觉地落了下来。我心中万分悔恨，考试的时候为什么不仔细一点，好多会做的题目都做错了…… 放学铃响了，我无精打采地走在回家的路上，只觉得脚像千斤重的石块一样，一步一步艰难地挪着。天灰蒙蒙的，像是要下雨，老天也在可怜我吗？风吹拂着，一片小小的落叶在我不远处飞舞、旋转，久久不愿落地，似乎在苦苦挣扎，试图飞上枝头，却总是事与愿违。 以前考试失败时，父亲那“孺子不可教”的眼神，母亲无奈叹息的样子再一次浮现在我眼前，我心跳加剧，愈发忐忑不安。前方就是家门口了，不知怎的，今天的我却没有勇气往前走。那道棕色的门在等待着我，但我却望而却步，只是呆呆地伫立着。

4. 出示评价标准,同桌互评。

评价标准	评价星级
围绕中心合理选材	☆
重点内容描写具体	☆☆
运用多种表达方法	☆☆☆

(五)课堂小结,布置作业

1. 小结,布置作业:课后完成习作,并读给父母、同学听一听,请他们提提修改意见。

2. 优秀习作在班级微信公众平台、QQ群进行发布,让更多人欣赏。

六、课后反思

(一)借助提纲,定材料

六年级的学生已经学习并使用过思维导图,能通过思维导图梳理、安排文章的结构。但是列提纲的过程中学生很容易出现同类材料重复写、事例选取不典型的情况。这次结合“初试身手”中“戏迷爷爷”的选材练习,引导学生关注材料的归类、排序,更好地从“不同方面”或通过“不同事例”来表达中心意思,课堂效果不错。

(二)结合课例,学方法

本次习作,大部分学生能围绕中心意思把事情写清楚,但是写具体、写生动对他们来说是一大难点。

本单元是习作单元,要求聚焦课文的描写方法,唤醒学生的阅读积累,给学生提供习作支架,帮助学生提炼写作方法。重温《盼》这篇课文,通过对关键词句的感悟以及对两个语段的比较阅读,学生了解到多种人物描写方法融合、情景交融能够更好地表达作者内心期盼的心情。因此,学生在习作过程中迁移运用课文写法,尝试着把重要的内容写具体、写生动。

(三)关注评价,重修改

从构思提纲到修改提纲,从写习作片段到修改片段,从师生评到生生评,在整个过程中,学生交流分享,彼此鉴赏,相互启发,逐步掌握“围绕中心意思写”的习作方法。

例如评改“考试成绩不理想，内心悔恨”这个片段，刚开始，学生写得比较简单。经过修改，用上了动作、神态、心理活动等多种描写方法，同时借助环境描写，达到情景交融的效果，把内心的难过、悔恨从字里行间表现出来，进步明显。

课后让学生完成习作的剩余部分，读给父母、同学听一听，请他们提修改意见，并且把优秀习作发布在班级微信公众平台、QQ群，让更多人欣赏，学生习作的积极性也会大大提高。

七、学生习作

悔

“丁零零，丁零零……”上课铃响了，只见数学老师大步流星地走进教室，手里还拿了一沓试卷：“马上考试，请大家做好准备。”

试卷发下来了，我拿起笔刷刷地做了起来。一开始的基础题非常简单，我不费吹灰之力就写完了。接着到了选择题，第一题我就没底了。我使劲地在草稿本上演算、画图，少说也有十遍了，可就是算不出正确答案。

半个小时过去了，我做完了所有题目，只差那一道选择题没有做出来。我绞尽脑汁，可还是想不出来。时间一分一秒地过去了，转眼间离收卷只剩15分钟了。

这时数学老师说去办公室拿一下东西，我心生一计。环顾四周，只见每一个同学都在认真地检查，没有一点声音，也没有人抬头张望。于是我就想偷看一眼同桌的答案，他是数学课代表，成绩一向非常好。但我心里又有点害怕，万一被抓住就糟了。老师的脚步声越来越近，我也顾不得那么多了，偷瞄了一眼同桌的卷子，一看答案是B就填了上去。收卷时我长舒了一口气。

第二天报成绩的时候，全班只有我一个100分，但我却怎么也高兴不起来，反而感到有些沉重，我深知那个100分不是属于我的。

那一次我后悔了，深深地后悔了。

寻

上天给了我一双黑色的眼睛，我用它来寻找人间真情。

——题记

往年的夏天闷热不堪，今年的夏天却像个调皮的孩子，这两天又下起了小雨。临近考试，我的内心焦躁不安，一直想用洗澡来缓解紧张。可每次刚要进浴室，妈妈总是找借口，想自己先洗。

我一直都不理解妈妈为何这样做。但有一次，我在妈妈的床头柜里发现了秘密。原来，妈妈从网上下载了一份“宝典”，其中“洗完澡后浴室温度能升高一摄氏度”被妈妈标了记号。心弦被轻轻地拨动，我一直误解了妈妈，妈妈其实是不想让我在考试前感冒。

我寻找到了，一摄氏度的温暖，饱含着妈妈的情啊！

夜，好静谧，皎洁的月光洒满地。窗外一盏盏柔和的灯，伴着皎洁的月光，如此温馨和谐。我沉浸在题海中，感觉口渴，刚想出去倒杯水，咚咚咚，是爸爸的敲门声。“已经很晚了，早点睡吧，这里有杯热牛奶，睡觉前趁热喝了。”粗犷的眉毛，挺阔的身姿，一个大男人，对我的关怀却无微不至……

我寻找到了，一声叮嘱，一杯热牛奶，满溢着爸爸的爱啊！

亲人永远爱我，老师也一直给予我关怀。学习上的低谷也曾使我灰心丧气，但是，老师那肯定的目光又怎会让我失去动力？“有付出终有回报”，临别的赠言早已深深地印在我的脑海之中，从未褪色。我知道，千言万语都浓缩其中，这里，有老师对我的信心与期待啊！

一摄氏度的温暖，饱含着妈妈的情；一杯热牛奶，满溢着爸爸的爱；一句赠言，隐藏着老师的信心与期待！凭借一双慧眼，我寻找到了人间的真爱。带着这些真爱，带着感动出发，我坚信，我定能拥有梦想的翅膀！

六年级上册第六单元《习作：学写倡议书》教学设计

浙江省宁波市海曙区石碶实验小学　施静峰

一、教材解读

本单元习作是一项应用文习作练习。习作要求是“就你关心的问题写一份倡议书”，“让你的想法得到大家的支持”，并“根据倡议的对象，将倡议书发布在合适的地方”。

倡议书，一般是由个人或团体拟定，就某事向社会提出建议，或提议社会成员共同去做某事的书面文章，是为倡议、发起某项活动而写的号召性的公开提议的专用书信。它具有鲜明的社会性、交往性和应用性。

因此，本次习作首先要引导学生关注身边发生的事情和社会热点问题，如节约用水、垃圾分类等，培养社会责任感；其次，通过范例《“节约用水”倡议书》，让学生直观地感受作为应用文之一的倡议书，标题要鲜明，观点要明确，语言表达要严谨，行文格式要规范；最后，细化语文要素具体落实的要求和内容，如在《“节约用水”倡议书》的相应位置，非常醒目地标注了倡议书每一部分表达的具体要求：“用简洁的语言，把倡议的原因和依据写清楚”“标题要鲜明”“对倡议对象怎么称呼”“分点把正文写清楚”“应该署名并写上日期”。以上内容，体现了教材的生活性、严谨性、示范性和开放性。

二、学情分析

六年级的学生，由易到难地先后学习了一系列具有一定格式要求的应用文。因此，本次习作从形式上而言，学生已有一定基础。但学生对“怎样从几个方面把握主要观点”“怎样运用关键词句简洁明了地说明意思”等方法的把握与运用，尚需要引导和帮助。单元课文《只有一个地球》《青山不老》和《三黑和土地》都紧扣人文主题，关注社会热点问题。课后练习都围绕“抓住关键句，把握文章的主要观点”这一语文要素进行细化和设计，向学生提示如何表达自己的观点。口语交际“意见不同怎么办”，要求在明确表达观点的同时，关注生活中遇到有分歧的意见时，怎样协商和讨论，学会换位思考等。这些为学生在学写倡议书的过程中开展合作和商讨，在校园的公告栏、小区的布告栏、网络论坛发布倡议书后，友善清醒地接收来自不同群体的意见与建议，作了方法与态度的铺垫。

三、设计意图

（一）关注热点，培养责任意识

本课设计引导学生关注身边的社会现象和热点问题，提出问题解决的途径和方案，积极参与问题的解决，重在培养学生的社会责任意识。

（二）明确任务，细化教学目标

“学写倡议书”根据“让自己的想法得到大家的支持”的任务制定教学目标，通过创建真实的教学环境，把目标融入教学过程，形成一组独立有序却又紧密联系的学习任务，使教学目标可见可测。

（三）重视倡议，过程清晰落实

倡议就是“首先建议、发起”，这就要把本次应用文习作的行文要求摆在突出位置，引导学生关注倡议书的标题是否鲜明，主张的观点是否准确，表述是否清楚明白。

（四）参与实践，唤醒读者意识

倡议书重在应用，它的阅读对象指向特定的人群。学生的倡议书内容来源于生活，就应当回归现实，在真实的习作实践中得到证明，引发共鸣，进而唤醒学生应用文习作的读者意识。

四、教学目标

1. 掌握倡议书的基本格式，写清倡议发起的原因、倡议的观点、解决问题的建议和做法。

2. 通过课前调查，借助主题微课，开展小组合作学习，发布、分享所写的倡议。

3. 乐于表达自己的合理倡议，主动与他人分享，培养社会责任感和使命感。

五、教学过程

（一）解题，初识倡议之意

1. 回忆：在小学阶段，我们已经学过不少应用文，你还记得哪些？

2. 明目标：今天，我们将一起学写倡议书。

3. 解题：

（1）出示词义。

关于“倡议”一词，《现代汉语词典》中是这么解释的：“首先建议；发动。”

(2)明白倡议。

提示:根据词义,你觉得“倡议书”有什么特点?

交流、小结:倡议书是要“带头发动”,就是不仅要提出想法,更要写清怎么去做。

(二)微课引路,认识倡议之形

1. 看微课,初识倡议书。思考:倡议书是什么样的?写倡议书要注意什么?

2. 提炼特点:你觉得写倡议书要注意什么?把想法写下来。

学生交流反馈,师相机板贴。

总结:同学们概括得非常好,就是得注意标题鲜明、写清内容、分点说明、表明想法。

(三)比较阅读,探究倡议之要

1. 出示倡议书范例。

师:知道了倡议书的这几个注意点后,有一个班的同学也试着写了一份希望爸爸妈妈要节约用水的倡议书。请同学们和课文中的例文对比着读一读,特别要关注例文的旁注,仔细想想,有收获或有建议的地方圈一圈、画一画、改一改。

“节约用水”倡议书

爸爸妈妈们:

今天,我们向全体爸爸妈妈发出节约用水的倡议,让我们从今天起努力做到以下几点:

1. 爸爸妈妈们洗漱时,请及时关掉水龙头。

2. 请爸爸妈妈们做到一水多用,充分利用水资源。如用淘米水浇花,用洗脸水冲厕所。

3. 请爸爸妈妈在使用洗衣机时,注意节约用水。

4. 要正确对待身边浪费水的不良现象。

节约用水,人人有责。要求爸爸妈妈们一定要做到以上四点!

602 中队全体少先队员

3 月 4 日

"节约用水"倡议书

同学们：

我国是水资源紧缺的国家，爱护水资源是我们每个人的义务。节约用水不能仅仅是一句口号，我们还要时时刻刻注意。为此，我们向全校同学发出节约用水的倡议，让我们从今天起努力做到以下几点：

1. 洗漱时，请及时关掉水龙头。

2. 请做到一水多用，充分利用水资源。如用淘米水浇花、用洗脸水冲厕所。

3. 制作"节约用水"的标签并张贴。

4. 看到浪费水的现象，要及时劝说并制止。

一份倡议，一个承诺，一种责任。亲爱的同学们，让我们行动起来吧！

育英小学阳光中队全体少先队员

12月8日

2. 自主阅读：有了自己的想法后，请四人小组交流讨论。

3. 交流读后的收获或建议，并提炼要点。

板块一："正文开头"的比较。引导学生发现倡议的正文部分既要表明观点，又要交代原因。

板块二："人物称呼"的比较。

依据倡议的对象写称呼，有时也可以不用称呼，在正文中点出即可。

读旁注——说建议，删重复的人物称呼——提炼要点：倡议书要"语言简洁"

板块三："分点说明"的比较。

正文写清楚倡议的内容，可以分点说明。

读旁注——谈收获，倡议书分点说明，行文清晰——比较正文部分的倡议内容，提建议——倡议要"写清做法"

板块四:“结尾号召”的比较。

谈收获,体会结语要有号召性——提建议,对“要求爸爸妈妈们一定要做到以上四点”进行修改——提炼要点:“真诚有礼”

4. 补充完善学习单。

5. 小结。

师:比较两个《“节约用水”倡议书》,明确了写好倡议书的四个要点,即原因交代清楚,语言简洁明了,分点写清做法,语气真诚有礼。

下面,我们照着例文,就自己关心的问题,来写倡议书。

(四) 交流想法,关注社会热点

师:其实,你所关心的问题,正是倡议书的出发点。让我们来交流一下,我们六年级同学最关心的问题是什么,你最关心的问题又是什么,说说自己的想法。

(五) 自主学习,多角度书写倡议

1. 师:学着刚才的例文,就自己最关心的问题试着写一份倡议书。写之前,一起再看看小提示。

写作小提示:

1. 选择你关心的问题,可以自己写一份倡议书,也可以小组合作完成;

2. 写清倡议书的内容,写好倡议书的格式;

3. 如需要查找相关资料,可以上网,也可以请教同学老师。

2. 学生自主写倡议书,教师巡回指导。

3. 自我评价:写后,自己读读,然后根据“评价小提示”同学间评一评。(出示“评价小提示”)

评价小提示:

建议从“书写端正”“格式准确”“写清做法,分点说明”和“倡议合理,有可操作性”四个方面进行评价。

4. 投影学生倡议书,请学生到讲台上读倡议书。

（六）总结，让倡议走进生活

师：今天我们就自己关心的问题，学写了倡议书。希望大家继续留心身边需要改进的问题，并积极提出自己的倡议，让我们这个世界变得更加美好。

附：板书设计

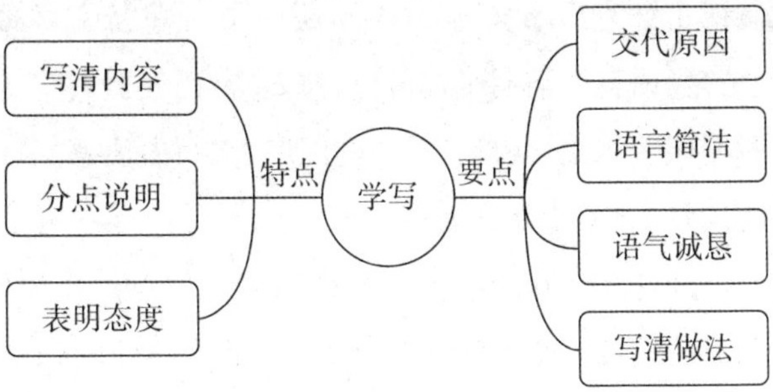

六、课后反思

教材在习作板块的内容多以任务驱动的形式呈现，这能激发学生挑战任务、完成任务的欲望。然而这些任务往往太富有挑战性，学生不能轻易完成。这就要求教师对习作任务进行板块分解，分散难点，分层推进，由易到难，循序渐进。

（一）观看微课，直观认识倡议之形

倡议书有固定的格式，应用文的格式是教学重点。植入微课，将倡议书的格式教学化抽象为形象，图、文、音相结合，在这样的学习情境中学习倡议书的格式，事半功倍。

（二）要点甄别，深入探究倡议之要

创建一个探究如何写好倡议书要点的学习环境，提供一份希望爸爸妈妈要节约用水的倡议书，请同学们去阅读和发现，在有问题的地方圈一圈、画一画、改一改，并通过四人小组合作交流讨论，交流例文中存在的问题，并提炼要点，为试写倡议书做好了准备。

（三）发现热点，实现多样化写倡议

出示贴近学生生活的热点问题，引导学生选择自己关心的问题，以个体的独特视角，去发起倡议，真正实现习作源于真实的生活，让习作变成学生的内在需求。

把“学写倡议书”分解成“识形”“甄别”“试写”三个彼此紧密相连且层层推进的学习任务，既着眼于学生的习作活动，又着眼于学生的能力训练，分步分解，细化落实，学习过程循序渐进，学生活动充分，习作效果明显。

学生习作《“护眼在行动”倡议书》能就当下社会热点问题“学生近视”提出自己的倡议，体现了一定的社会责任感。倡议的标题鲜明，易于引发共鸣。倡议背景及观点描述客观真实，简明扼要。分点说明的五个倡议，逻辑严密，贴近学生实际现象，提出了确实可行的行动指南，较好地达成了本次习作的目标。

七、学生习作片段

片段一：

地球是我们唯一的家园，我们只有一个地球。而我们曾经可爱的家园现在的面貌却是：土地沙化，洪水肆虐，资源枯竭……面对这样一个饱经折磨的家园，我们还能安居乐业吗？绿色地球是我们人类生存的首要条件，但是，近百年的现代发展却极大地消耗了自然资源。如果地球的资源消耗光了，我们将如何生存？为此，我向全校同学发出“节约资源，垃圾分类投放”的倡议，让我们从今天起努力做到以下几点……

这是一个学生写的倡议书的片段，主要介绍了倡议发起的背景原因及观点。虽然小作者搜集了不少材料，但是存在两个小问题需要改进：一、背景现状的材料大而空，应从学生所处的家庭、社区或者城市的现状入手，要努力贴近生活；二、现状材料的介绍，语言不够精练，要写得简洁明了，一读就懂。

片段二：

1. 科学投放各种垃圾，把自己的学习、生活垃圾分类投放。

2. 掌握垃圾分类的知识，通过阅读书籍、上网等方法学习垃圾分类的各种知识。

3. 做一次环保小卫士，午间或者课间到教室垃圾投放处监督、提醒同学分类投放垃圾。

4. 提醒爸爸妈妈把家里的生活垃圾进行分类，并按照规定，到垃圾集中投放点分类投放。

以上对于垃圾分类正文部分的四个倡议，做到分点说明，既有建议，又有具体可行的倡议。可见，学生已经初步掌握了倡议书的基本写法。但在行文的逻辑性上，还需调整。如第二点"掌握垃圾分类的知识"是垃圾分类的基础，应放在第一位，以突出重点，体现行文的逻辑严密性。

片段三：

一双健康的眼睛对于一个人是多么重要啊！在此，我呼吁每一位同学都应该珍爱眼睛，保护我们这双明亮的眼睛！

1. 了解、学习健康用眼的科学知识，可通过图书馆、网络等渠道。

2. 坚持保持正确的读书和写字姿势，保持"一尺一拳一寸"。

3. 用眼注意动静结合，连续看书、写作业超过半小时，要让眼睛休息片刻，看看绿色的植物或远处的风景。

4. 坚持做好眼保健操。

5. 坚决做到"六不"。不躺着看书，不边走路边看书，不在乘车时看书，不在强光或弱光下看书、写字，不长时间看电视，不无节制地用手机。

同学们，让我们从现在做起，从自己做起，为了我们明亮的大眼睛，为了这个美丽的大世界，加油！

六年级上册第八单元《习作：有你，真好》教学设计

浙江省宁波市海曙区广济中心小学　许静之

一、教材解读

"有你，真好"是六年级上册第八单元"走近鲁迅"的习作。单元语文要素指向习作的是"通过事情写一个人，表达出自己的情感"。"表达出自己的情感"是"写人"系列习作在五年级"学习描写人物的基本方法"基础上的一个提升。本次习作，学生不仅要根据"想到你""看到你"或者"说到你"的意思选择合适的材料，把事情写具体，还要在叙事的过程中表达自己的情感。

习作要求第一部分从解题入手，帮助学生打开记忆的闸门，打开思路，确定写作对象，选择相关的事例以及事例中印象深刻的场景，从而完成习作的初步构思。第二部分明确本次习作区别于以往习作的要求，强调要表达出自己对所写的人的真挚情感，同时，还提示可采用第二人称的方式来表达。第三部分是习作评价与交流的建议：一评事情是否写具体，二评是否融入了自己的情感，最后建议学生把习作与文中的“你”分享，体现了习作的交际功能。

二、学情分析

在五年级上册习作“我想对您说”中，学生已经学着通过书信的形式，用恰当的语言表达自己的心里话，让别人了解自己的想法，体会自己的感情。这都为本次习作打下了基础。

在叙事中表达自己的真情实感，与“让别人了解自己的想法，体会自己的感情”还是有区别的，这也是本次习作的难点。从选材角度看，学生对所选的人物和事例，怎样抒发出“真好”的感叹还需要引导。从表达角度看，六年级的学生虽已初步学会多种写作方法，但在实践中却无法巧妙地把这些方法融会贯通，运用细腻的描写，把事情写具体，把情感表达得真挚感人。

本次教学要引导学生打开思路，回忆生活，在真实的生活情景中选择恰当的内容，做到有事可叙、有情可抒。要以阅读引路，链接范例，指导学生在选材、叙事、评改、交流中表达自己真挚的感情。

三、设计意图

本次习作教学的着力点定在合理选材和场景描写上，引导学生以第二人称叙述，表达真挚情感。

通过四个板块落实：一、通过交流习作构思图、链接阅读等方式，打开学生的思路，让学生产生习作兴趣，选择习作内容；二、关注课文中的场景描写，学习通过对人物在场景中的动作、语言、神态、心理等细节和环境的描写，以第二人称叙述的方法，将直接抒情与间接抒情相结合；三、试写场景片段，通过自评、他评、全班评改，有针对性地修改习作片段；四、组织不同形式、不同范围的分享品评，培养读者意识、交往意识，使学生感受习作的乐趣和分享的快乐。

四、教学目标

1. 能围绕习作题目和要求，借助图示和课文链接，确定习作对象，选定恰当事例。

2. 通过试写评改、对比交流、场景赏析等方式，学习用第二人称进行叙述，运用细节描写和场景特写的方法，把事情写具体，把真挚的感情抒发出来。

3. 在交流、评价中修改、完善自己的习作，分享自己的习作。

五、教学过程

（一）构思选材，交流习作内容

1. 交流课前准备的习作构思图。

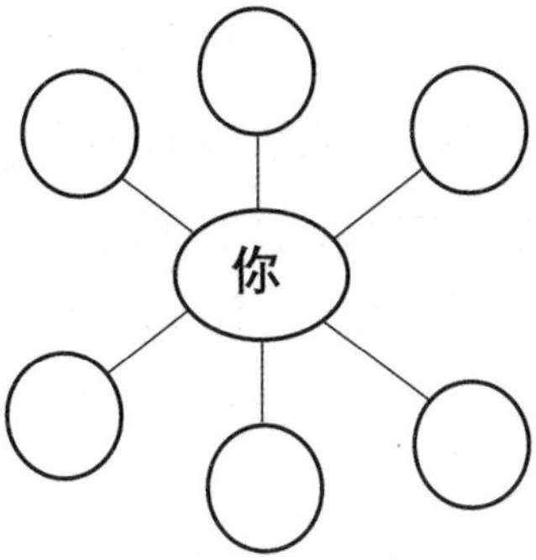

2. 多方链接，拓宽思路。

（1）结合课文，感知“真好”。（出示填空）

《少年闰土》中的“我”想对（少年闰土）说：“有你，真好！”因为________________________________。

《我的伯父鲁迅先生》中的（　　）想对鲁迅说：“有你，真好！”因为________________________________。

诗歌《有的人》中的（　　）想对鲁迅先生说：“有你，真好！”因为________________________________。

（2）联系生活，拓宽理解。

思考：这个“你”还可以是谁？还可能因为什么，让你感受到“真好”？

预设：这个“你”可以是父母、亲戚、老师、同学、朋友、陌生人……

认为这个人“真好”，可能是因为他让人感受到情意、关爱、温暖，也可能是他让自己变得坚强、阳光、乐观，还可能是他为他人服务，令人感动……

3. 确定习作内容。

提出要求：此刻你最想感谢谁？请在构思图的名字旁打上"☆"，也可以重新写下要感谢的人。接着想一想为什么觉得他"真好"，哪一件或哪几件事情让你感触较深。用简洁的语言概括事件，记录在旁边的事例栏中。

4. 小组交流，全班展示。

5. 学生修改自己的习作构思图。

（二）课文引路，习得方法

导入：这次习作是写人，本单元的课文是如何描写场景，体现出人物特点，表达作者感情的？

1. 学习细节描写。

课件出示：

第二日，我便要他捕鸟。他说："这不能。须大雪下了才好。我们沙地上，下了雪，我扫出一块空地来，用短棒支起一个大竹匾，撒下秕谷，看鸟雀来吃时，我远远地将缚在棒上的绳子只一拉，那鸟雀就罩在竹匾下了。什么都有：稻鸡，角鸡，鹁鸪，蓝背……"

老实说，我读《水浒传》不过囫囵吞枣地看一遍，只注意紧张动人的情节；那些好汉的个性，那些复杂的内容，全搞不清楚，有时候还把这个人做的事情安在那个人身上。伯父问我的时候，我就张冠李戴地乱说一气。伯父摸着胡子，笑了笑，说："哈哈！还是我的记性好。"听了伯父这句话，我又羞愧，又悔恨，比挨打挨骂还难受。从此，我读什么书都不再马马虎虎了。

我想，这么冷的天，那个拉车的怎么能光着脚拉着车在路上跑呢？

伯父和爸爸回来的时候，我就问他们。伯父的回答我现在记不清了，只记得他的话很深奥，不容易懂。我抬起头来，要求他给我详细地解说。这时候，我清清楚楚地看见，而且现在也清清楚楚地记得，他的脸上不再有那种慈祥的愉快的表情了，他变得那么严肃。他没有回答我，只把枯瘦的手按在我的头上，半天没动，最后深深地叹了一口气。

提问：这几个场景，作者是如何写具体、表情达意的？

小结：通过语言、心理、动作、神态等细节描写来表现当时的场景。

2. 关注环境描写。

课件出示：

深蓝的天空中挂着一轮金黄的圆月，下面是海边的沙地，都种着一望无际的碧绿的西瓜，其间有一个十一二岁的少年，项带银圈，手捏一柄钢叉，向一匹猹尽力的刺去。那猹却将身一扭，反从他的胯下逃走了。

小结：通过环境描写、外貌描写、动作描写来烘托人物形象。

3. 对比阅读，体会运用第二人称表达的好处。

（1）设想一下：当你想感谢的人就在面前，你用文字与他对话，你会怎么说？

（2）课件出示：

我于是日日盼望新年，新年到，闰土也就到了。好容易到了年末，有一日，母亲告诉我，闰土来了，我便飞跑地去看。

可惜正月过去了，闰土须回家里去，我急得大哭，他也躲到厨房里，哭着不肯出门，但终于被他父亲带走了。

将第三人称换成第二人称，男女生分角色再读。

（3）学生对比交流后，发现运用第二人称，感觉更亲切自然，更有利于直接表达情感。

（三）聚焦场景，再次评改

1. 请学生将自己印象最深刻的一个场景写下来，注意使用第二人称，把场景写具体，表达出自己真挚的感情。

2. 学生自主习作，教师巡视指导。

3. 投影学生习作，集体评改。

（1）从“使用第二人称”“把事情写具体”“充分表达情感”三个角度，给该习作评分。

评价内容	自评	他评
使用第二人称	☆☆☆	☆☆☆

（续表）

评价内容	自评	他评
能把事情写具体	☆☆☆	☆☆☆
能充分表达情感	☆☆☆	☆☆☆

(2) 提示：根据课文的表达方法，借鉴同学的习作，还可以对该习作的哪些内容进行修改？

引导学生关注第二人称的写法，想想自己的习作对人物的语言、动作、神态、心理等方面以及场景是否写具体了，环境描写、人物间接描写是否表达了真情实感等。

学生习作修改情况如下：

修改前	修改后
我看到爷爷在小区门口张望，等我们回家。他看到了我们，就拄着拐杖走过来，还让我慢点走，不要急。我拉着爷爷的手往家走去。走到了小区门口，我们见到了保安伯伯，伯伯说：“回来这么晚啊，你爷爷在这里等你们一个多小时了！”我惊呆了，心里有一种说不出的心疼，爷爷却笑了笑：“没事，我一天没下楼，无聊着呢，找大家聊聊天，顺便等你们回家罢了。”	我看到你熟悉的身影——深棕色的老人帽，鬓角处花白的头发，一双磨旧了的帆布鞋，一根黄色拐杖。你在小区门口四处张望，眼里露着期盼的神情。你在穿梭的车流中看到了我们，眼睛里顿时闪烁着喜悦的光芒。你拄着拐杖走得很急，口袋里的钥匙传来“当当”的声响。我迫不及待地奔向你。 在路灯的映照下，你充满慈爱地看着我，一边喊着：“慢点，别急！”又习惯性地从我背后取下重重的书包，拎在手里。我拉着你粗糙的大手，往家走去。一路上，你笑呵呵地说：“饿了吧？走，晚饭烧好了。”正说着，我们走到了小区门口，见到了保安伯伯，伯伯说：“回来这么晚啊，你爷爷在这里等你们一个多小时了！”我再次望向你，感到一种说不出的心疼，你却笑了笑：“没事，我一天没下楼，无聊着呢，找大家聊聊天，顺便等你们回家罢了。” 我握紧你的手，似乎全部的温暖都在你手心里。夕阳西下，万物染上了半是金黄半是绯红的颜色，这条回家的小路多了一份暖意。

（四）交流分享，布置课后作业

1. 将修改后的片段读给四人小组听。

2. 全班分享优秀习作，教师进行适当点评。

3. 布置作业：

(1) 按照题目要求,将习作写完整。

(2) 将自己完整的习作读给那个“你”听。

六、课后反思

(一) 回顾、探讨:让构思不拘一格

“有你,真好”是一个温暖的话题,这里的“你”是本次习作的对象,要求学生通过事情写出“你”的好,表达出自己的情感。所以,写作内容的选择很重要。

课前学生完成的习作构思图是在自主审题基础上进行的初步选材。第一次交流时,学生构思中的“你”以及有关“你的事”,大多是写父母亲戚、同学好友,也选择了感触比较深的事例。为了帮助学生打开思路,教师围绕“有你,真好”这一主题,引导学生回顾本单元课文《少年闰土》《我的伯父鲁迅先生》《有的人》,并选择相关的内容进行交流。学生在练习过程中感知到除了父母亲人、师友长辈外,有一面之缘的陌生人、经常看到但并不认识的某个人,甚至是自己的对手,都可以成为习作中的“你”。一些不常见的小事更能给人留下深刻印象,引起情感共鸣。学生联系生活,经历了一场“头脑风暴”,想到了很多值得感谢的人,罗列了不少真实的、富有感染力的题材,如等自己放学而在楼下站了很久的爷爷,在一次次比赛中激励自己前进的对手,疫情期间铁面无私的小区保安……交流的题材丰富多样,激发了学生的写作欲望。

(二) 交流、整合:让描写有法可依

习作除了人物、事件,还要关注场景,强调要“表达出自己的情感”。场景描写和细节描写是高年级习作训练的重点与难点,学生在叙事写人的过程中,对如何融入情感往往缺乏方法。

聚焦课文的场景描写,可以唤醒学生的阅读积累,给学生提供习作支架,帮助学生提炼写作方法。重温《少年闰土》中闰土谈“雪地捕鸟”的场景,《我的伯父鲁迅先生》中“谈读《水浒传》”、伯父沉思叹气的场景,学生感受到细节在场景描写中所表现出来的力量。欣赏《少年闰土》中一开头闰土“月夜刺猹”的场景,学生知晓了环境描写、人物外貌描写对加深人物印象、抒发感情的作用。学生通过交流、比较,体悟到习作时可以通过一

个表情、一个动作、一句话，甚至是一个背影来表现人物、表达情感，可以通过环境描写来烘托情感，还可以借助事情中的某个具体场景来表达自己的感情。

习作“有你，真好”极能凸显读者意识。我们要让学生明白，文章是为了读者而写的，用第二人称写容易表达对“你”的真挚情感。教学时让学生现场用第二人称修改《少年闰土》片段，帮助学生在练习、对比中感受到第二人称叙述在本篇习作中的作用。

（三）实践、评改：让情感自然流淌

课堂上捕捉印象深刻的场景进行片段练写，是对习作重难点内容的聚焦和确认。第一次试写结束后，通过评价表、示范评改、自主评改、同桌互评、小组分享等方式，不仅加强了习作评改的互动性，也强化了学生习作的读者意识。

评改“爷爷等我放学回家”这个场景时，学生初次写得比较简单，用第三人称难以引发作者与读者之间的情感共鸣。在大家的建议下，该生首先修改了人称，使文章的情感有了变化，再具体描写了爷爷当时等待“我”时焦急的神情，看到“我”时迫不及待的动作、关心的话语。场景最后的环境描写堪称点睛之笔，将温情融入景物中，学生运用直接抒情、间接融情等方法，让本次习作中“表达情感”这一目标得到了真正落实。

当然，还有值得完善的地方。比如片段描写虽然凸显了对场景描写的关注，但是使文章的连贯性受到了影响。还存在其他共性问题：开头与结尾的方式较为单一；学生在列举多件事情的时候，事例筛选不够典型，事例比较相似。

七、学生习作片段

片段一：

有一次，我们全家去走玻璃栈道。来到栈道上，看着脚下的万丈深渊，我不由得开始发抖，腿也软了，心“咚咚”直跳，不敢再往前迈步。这时，我的手中出现了一只肉乎乎的小手，原来是你，我的妹妹。你用柔软而温暖的小手拉住了我的手，说：“哥哥，你来保护我吧！”突然，我浑身充满了勇气。男子汉大丈夫，难不成会被区区一个栈道吓倒？我点点头，拉着你的小手说：

"好，我们一起走!"我们在玻璃栈道上一步步往前走，你紧紧拉着我的手，那一刻，我感觉自己就像一名勇士，因为我可以保护你！从栈道下来，你又拉拉我的衣角，奶声奶气地说:"谢谢哥哥!"其实，我更想谢谢你。

片段二：

蔚蓝的天空中偶尔飘过几丝浮云，可教室里却"阴云密布"——那道数学题牵住了同学们的心。大家百思不得其解，有的呆呆地望着黑板，有的托着腮帮子做思考状，有的飞快地在草稿纸上验算，可终究束手无策。就在老师快公布答案的那一刻，我举起了手。站起来时，我用余光瞥了瞥你，眼里掠过一丝得意。平日里，你我便是对手，不是我棋高一着，便是你略胜一筹。这次，你输定了。果然，老师肯定了我的发言，我掩饰不住兴奋，回头看你时，却发现你突然把手举得高高的，眼神是那么坚定，那么执着。我不由心慌：难道，你还有绝招？你从容不迫地站起来，说出了一种更为简单易懂的解题方法。看着同学们羡慕的目光，我觉得难堪极了，脸变得滚烫滚烫，头垂得低低的。

下课后，你竟然走到我身边。难道是来笑话我的？空气中仿佛弥漫着浓浓的火药味儿。谁知，你只是拍拍我的肩，说:"论速度，是你赢了；论方法，是我赢了。这次咱打平!"窗外的阳光洒在你身上，光线勾勒出金黄色的轮廓，你在柔光中对我点头微笑。我内心所有的尴尬、不忿烟消云散，取而代之的是满满的感动。

你是我学习路上的对手，是你教会了我不能自大轻敌，是你激励我不断努力。在一次次角逐中，你加快了我前进的步伐，给予我战胜困难的勇气，成为我坚持不懈的动力。有你做对手，真好！

六年级下册第一单元《习作：家乡的风俗》教学设计

浙江省宁波市海曙区雅戈尔小学　郑　燕

一、教材解读

"家乡的风俗"是六年级下册第一单元的习作。本单元的主题是"民风民俗"，语文要素是：分清内容的主次，体会作者是如何详写主要部分的;习作时抓住重点,写出特点。围绕这一单元的主题,本次习作要求学生介绍家乡的一种风俗,或者是参加一次风俗活动的经历,亲近地方文化,感受风俗特色。

习作提示第一部分以一句"离家三里远,别是一乡风"点明民俗文化的多样性,并配以三幅插图,即春节拜年、元宵赏灯、除夕包饺子,以极具代表性的节日风俗唤醒学生对家乡风俗的生活体验,帮助学生拓展习作思路。

习作提示第二部分明确本次习作可以介绍一种风俗,也可以写参加一次风俗活动的亲身经历。写之前要引导学生做好充足的准备:介绍一种风俗前,可先查询资料或问问长辈,深入了解这种风俗,再想一想这种风俗的主要特点是什么,可以分几个方面介绍,重点介绍什么。介绍的时候要给予学生内容安排上的指导:可以适当写自己对这种风俗的实际体验,或在写参加风俗活动的亲身经历时适当穿插风俗的特点和来历,然后重点描写活动现场的情况和自身的感受。

习作提示第三部分提出:写好后和同学分享,根据同学的意见修改、完善。有条件的话,全班集中展示习作,编成一本民俗作品集。要求学生在"自我表达"之后还要"与人交流",这是习作最核心的要素,也是培养学生"读者意识"和提升言语交际能力的重要一环。

二、学情分析

单元课文的学习让学生对"民风民俗"有了一定的理解。针对单元习作主题"家乡的风俗",学生往往停留在浅层的了解,缺乏深入而细致的探索与体验。因此,课前要充分利用预学单帮助学生有目的、分类别、抓重点地查阅资料、询问家长,以丰富学生的所知,为习作做好准备。此外,分清主次,有重点地介绍自己家乡的风俗,突出风俗的特点是本次习作的重点。有选择地运用查阅的资料并自然而连贯地穿插在文中则是本次习作的难点。

三、设计意图

民风民俗学生已多次接触:二年级下册《传统节日》是学生的初次接触,三年级下册综合性实践活动"中华传统节日"中,学生初步学习收集传统节日资料，交流节日的风俗习惯，还尝试写了过节的过程。因此，六年级下册写“家乡的风俗”应该在学生原有认知的基础上落实以下几点：1.拓宽习作角度，确定习作对象后有目的、有选择、有重点地搜集资料，不仅可以写传统节日，还可以写地方美食、风俗礼仪，如婚礼、祭祀、乔迁、满月等，更可以写民间手艺、民族服饰、建筑特色；2.掌握写作手法，可以抓住重点安排详略，可以采用点面结合、人物描写等方式写出风俗特点，还可以将传统风俗的资料自然穿插于习作之中；3.提供展示途径，习作最核心的要素是“与人交流”，应尽可能多地提供展示空间，如班级宣传栏、主题班会活动、班级书刊、班级公众号等，培养学生的“读者意识”，提升言语交际能力。

四、教学目标

1. 通过采访、查阅资料等方式，了解家乡的一种风俗。

2. 根据搜集到的资料，有选择、有重点地安排材料，写出家乡风俗的特点。

3. 利用各种展示活动，感受家乡的传统文化。

五、教学过程

课前交流：

1. 根据风俗诗句猜节日。

2. 观看《舌尖上的中国》美食合集，猜地名。

3. 小结并利用图片拓展了解更多地方风俗，学生搜集资料，完成预学单。

（一）交流预学，确定内容

1. 展示预习单，介绍了解到的家乡风俗。

2. 全班交流，说说他从哪些方面介绍了家乡的风俗。（根据回答，请学生贴关键词）

传统节日、风俗礼仪——时间、来历、寓意、活动……

地方美食——来历、做法、外形、口感……

（二）绘制导图，拟定提纲

1. 回顾课文：重点梳理《北京的春节》和《藏戏》，并出示示意图。

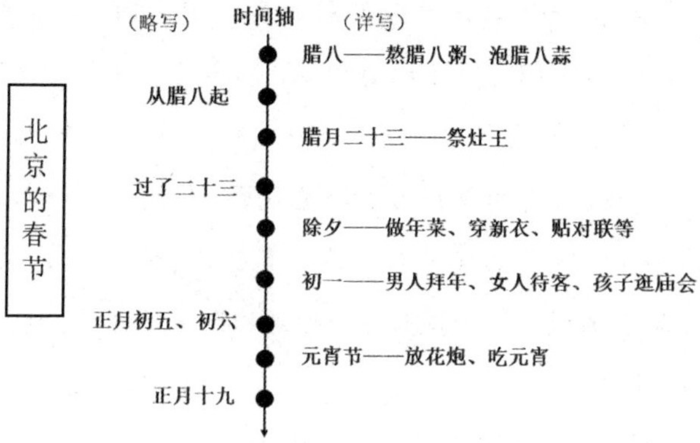

《北京的春节》

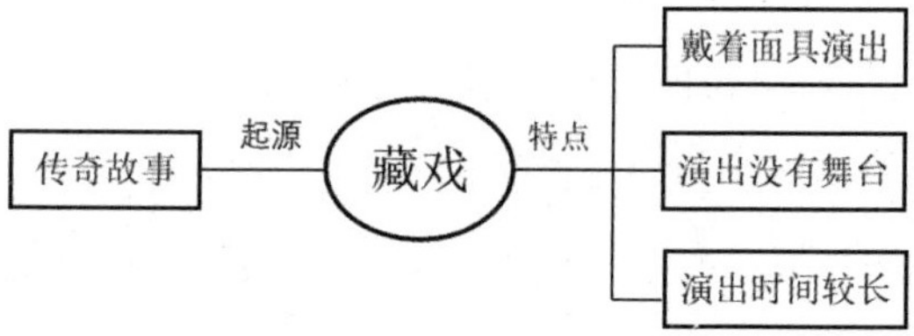

《藏戏》

2. 了解课文详略安排的好处。

预设:抓住最有地方特色的一方面,详细描写。(板书:抓特色)

3. 根据主题和搜集到的资料,抓住几个方面绘制示意图,并确定习作重点。

(三) 交流写法,初试身手

1. 出示"习作提示"第二部分,交流写法。

提取关键信息,预设如下:

介绍一种风俗:适当写写自己对这种风俗的体验。

写自己参加风俗活动的亲身经历:重点描写活动的现场情况和自身感受。

(板书:结合经历,写出特色)

2. 出示例文:如何描写参加风俗活动的经历呢?我们来看一篇例文。

放眼望去,龙舟上的队员整装待发,一个个手持摇板,精神抖擞,好像等待冲向战场的战士。

只听一声令下，一只只龙舟像离弦的箭一样向前冲去。咚锵咚锵！随着急促的鼓点，队员们有节奏地划动着。随着队员身体一俯一仰，摇板入水，激起了片片水花，龙舟飞一样向前冲去……这时一条十二米长的龙舟冲在最前面。你瞧，那指挥用力击打着鼓面，身体一蹲一起，还有力地大喊："加油，加油！"队员们摇板入水的节奏也在加快……湖坝上的人们使劲鼓着掌，高声呐喊。只见龙舟飞一般地冲到了终点，霎时间全场响起了震耳欲聋的欢呼声。

3. 学习写法：文章是如何写端午赛龙舟的？

预设一：按事情发展的顺序，比赛前—比赛时—比赛后。

预设二：点面结合写出场面的激烈。

预设三：重点刻画人物的动作、语言、神态。

4. 初试身手，尝试写家乡的风俗。

5. 展示习作片段，交流点评。（点评重点为按照一定的顺序，事情描写具体，人物描写丰富）

（四）修改习作，锦上添花

1. 师：结合自身经历，我们将家乡风俗的特点展现了出来。那么如何将其余的几个方面自然融入其中呢？再来看一篇例文。

电视里赛龙舟正放得激烈，妈妈递给我一个粽子，问："你知道赛龙舟、吃粽子的来历吗？"我说："知道呀！相传，龙舟竞赛是为了捞救投进汨罗江的爱国大诗人屈原。把粽子投进江河，是让鱼、虾、蟹吃饱了，不再去吃屈原的遗体。""你懂得还真不少。"说着，妈妈在我的耳朵上抹了雄黄，在我的手腕上戴上了红线绳，还说这是古人留下的风俗习惯，希望孩子能健康成长。

吃完粽子，我和爸爸妈妈去散步。一路上，我唱着端午儿歌："五月五，是端阳。插艾叶，戴香囊。吃粽子，撒白糖。龙船下水喜洋洋。"念着念着，爸爸妈妈也加入其中了。

预设：将更多有关家乡风俗的资料巧妙穿插于人物活动、儿歌童谣之中。（板书：穿插资料）

2. 修改习作，穿插家乡风俗习惯的资料。

3. 展示交流，自评，同桌互评。

评价标准：抓住重点，结合经历，写出特色，穿插资料。

评价内容	自评	他评
抓住重点	☆☆☆	☆☆☆
结合经历	☆☆☆	☆☆☆
写出特色	☆☆☆	☆☆☆
穿插资料	☆☆☆	☆☆☆

（五）集结成册，展示作品

课后，引导学生开展民风民俗展示活动：

1. 将习作绘制成手抄报，张贴于班级宣传栏；

2. 将全班习作编成一本民俗作品集，装订成册，人手一本；

3. 在班级公众号中推出“家乡的风俗”专栏，发表学生的习作，评选出班级“家乡风俗推广大使”若干名。

六、课后反思

我在“仔细研读教材—研究学生特点—反复修改教案—实践教学活动”的过程中，有了不少写作教学的新思考。

（一）课前——提供支架，拓宽学生思维

民俗文化涵盖的内容广泛，大部分学生只窥得冰山一角，对丰富的民俗文化的真正内涵知之甚少。初次试教时，从学生的预学单上搜集的资料来看，大多是网上搜索并一股脑地打印出来的，没有进行任何筛选，是漫无目的的搜索。

对此，开课前我采用根据风俗诗句猜节日、观看美食视频猜地方、展示民俗图片知礼仪等方式，帮助学生拓宽写作的思路。学生在文字、图片、视频的影响下，明白节日风俗、饮食文化、风俗礼仪、民间手艺、传统服饰、戏曲文化等都可以成为本次习作的对象，习作思路被打开了。

确定习作对象后，引导学生有目的地查询资料成了摆在面前的又一个难题。我利用写作预学单，模仿“交流平台”的模式，采用人物对话框、表格的形式，帮助学生了解可以分类别、有目的地通过多种途径搜集相关资料（如图）。

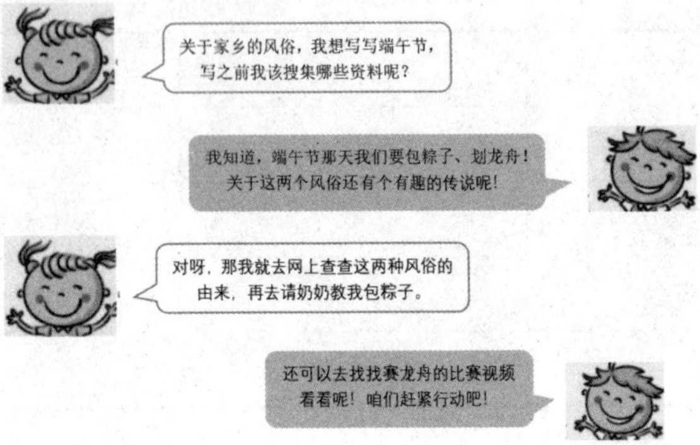

我想介绍的风俗是____________（节日风俗、饮食文化、风俗礼仪、民间手艺、传统服饰、戏曲文化等），关于这种风俗，我打算介绍以下方面：

风俗	类别	途径	摘录资料

由此，学生搜集资料的目的性和方向性更明确，为接下来的习作做了充分的准备，学生搜集资料的能力也明显提升。

（二）课中——巧用范文，悟得写作方法

习作方法的指导应针对学生现有问题进行。试教时，请不同层次的学生根据课文习作提示和搜集到的资料，现场完成习作一篇，发现了三个共性问题：第一，普遍以资料的堆叠为主；第二，不同方面的内容前后连接生硬；第三，各方面的内容都有涉及，没有重点。

针对问题，我尝试写下水文，以“端午节”为主题，重点刻画划龙舟的场面，并自然穿插吃粽子、讲来历、抹雄黄、戴红线于整件事情之中，最后又利用一首儿歌将端午的习俗来个总结，有详有略，且每个方面的内容都巧妙地穿插其中。学生在研读、交流、模仿的过程中慢慢掌握写作的方法。

（三）课后——搭建平台，激发习作热情

叶圣陶先生曾说："写作就是用笔说话。"也就是说在"自我表达"之后还要"与人交流"，这是习作最核心的要素。因此，本次作文教学特别重视建立"读者意识"和"发表意识"，实现多元评价，这样，学生才会产生写作的愿望和动力。

我在学生完成习作后并没有结束教学活动，而是创造了一系列交流评价的平台：绘制手抄报，编成民俗作品集，班级公众号评选"家乡风俗推广大使"。这样一来，学生的习作有了更多的读者、更高的平台、更广的评价，习作教学朝着更真实、更实用的方向发展，真正达成交际作文为了交际而表达的目的。

七、学生习作片段

片段一：

大米蒸熟了，它被机器推进了肚子里，接受捶打。没过多久，白白胖胖的年糕就通过传送带滑了出来。这时，年糕还是连在一起的，可以按照自己的需求，任意切割。我和爸爸人手一个切面食的塑料板，一边切年糕，一边用塑料袋包起来。我一时嘴馋，切下一块放进嘴里。呀，软软的、糯糯的，真好吃！

片段二：

这时，电视上传来了划龙舟的喧闹声。划龙舟在江西可是重头戏，有"初一到，初二歇，初三初四划到节"的说法。《南昌县志》也有记载："五月初五，赣江之上龙舟待发，士女立而观之，或乘小舟逐而观之。""加油，加油！"激烈的喊声将我的注意力又拉回到了划龙舟的场面。只见现场你追我赶，锣鼓喧天，好不热闹！

片段三：

祭祀开始，一群身着素服的男子走了上来，这是在祭拜鄞县县令王元暐，他也是十月十庙会起源的一位重要参与者。唐太和五年十月初十是王县令的生辰，他大摆筵席，并趁此宣布它山堰开工。演变到后来，就变成了十月十庙会。

庄严的祭祀结束后，便是精彩的文艺演出。人群中，舞龙舞狮队穿梭往来，所到之处锣鼓喧天。大头娃娃扮相喜庆，他们一个个咧着嘴、摇着扇、踏着步，紧跟在舞龙舞狮队后跟人群打招呼……最难得一见的要数宁波走书了。瞧，舞台上一男子身着一袭浅色长袍，拉着二胡坐在桌子旁伴奏，一女子身着翠绿色旗袍坐于桌前演唱，她的一颦一笑、一吟一唱博得了在场观众的阵阵掌声！妈妈告诉我这可是咱们宁波传统的特色曲艺文化呢！听到这我可真有点骄傲呢！

这些表演把庙会的气氛推向高潮，大人们议论纷纷，小孩则目不转睛地看着，远处卖小吃的吆喝声也被他们抛到脑后，再顽皮的小孩也会坐下欣赏那有趣的表演。

六年级下册第二单元《习作：写作品梗概》教学设计

浙江省宁波市海曙区集士港镇广德湖小学　王　芳

一、教材解读

“写作品梗概”是六年级下册第二单元习作。本组课文围绕“外国文学名著”编排，与五年级下册“阅读古典名著”单元一脉相承，旨在引导学生阅读世界经典名著，了解更多元的文化。单元语文要素为：借助作品梗概，了解名著的主要内容；就印象深刻的人物和情节交流感受；学习写作品梗概。

习作创设了三种情境：学校征集最受欢迎的少儿读物，要求高年级每个同学推荐一本最喜爱的书；班里每周请一位同学简要介绍一本书；你的好伙伴看到你最近读一本书很入迷，很想知道你读的这本书讲了些什么。这些情境贴近生活，应用性强，学生在日常生活中也经常遇到。教材还通过“遇到以上情况，需要我们对书的内容进行概括，以梗概的形式，用简练的语言介绍这本书”这一解说，让学生明白梗概的用途，知道写梗概是为了满足交往需求。

教材重点提示“写作品梗概”的基本步骤：第一步，读懂内容，把握脉络，引导学生理清内容的基本框架，把握要点。第二步，筛选概括，合并成段，引导学生保留“主干”，去除“枝叶”，用简明的叙述性语言概括每个章节的内容。第三步，锤炼语言，连贯表达，引导学生适当补充内容，自然过渡，使语意清楚连贯。这“三步法”简称“理、筛、连”。

二、学情分析

本次习作，学生自由选择读过的一本书写梗概，写作空间比较大。但写梗概是阅读与写作紧密结合的训练，它伴随高级认知过程，需要厘清作品的故事情节、明确作品的中心思想，需要较高水平的筛选、概括与合并能力。六年级学生虽然具备了一定的概括、归纳能力，也曾在五年级有过“缩写文章”的学习经历，但毕竟是第一次接触“作品梗概”这一习作类型，对他们而言，难点有三：一是通读作品难以准确把握作品的脉络与要点；二是对作品的主要情节难以进行合理的删减与恰当的合并；三是在写作过程中难以适当补充语句，使文章自然过渡、清楚连贯。这正是本次习作有待突破的重点和难点。

三、设计意图

一篇好的梗概就是一篇好的文章，它能帮助读者清晰地了解作品大意，并对作品充满期待。但学生初次学写梗概，名著又篇幅长、人物多、情节繁，难免“望而生畏”。为此，我在本单元教学之初就整体统筹，提前布置《快乐读书吧：漫步世界名著花园》的活动，以期落实“由读到写，读写并进”的理念。

本次习作，我通过“情境创设、范例引领、实践展开与评价修改”四个板块展开，引导学生在自主、合作、探究的学习过程中明确梗概的文体特点，把握写作要领，在体会其应用价值的过程中不断完善所写的梗概。其中，“范例引领”主要依托教材中的梗概，从三个维度引导学生习得梗概的要领：一、借助原著目录和阅读经验，理清作品要点；二、合理取舍，抓住主要情节概述，舍去次要情节；三、锤炼语言，用简洁、概括性的语言串联主要情节。

四、教学目标

1. 借助“例文支架”，明白写梗概的三步法——理、筛、连。

2. 选择读过的一本书，运用“理、筛、连”的方法写作品梗概。

3. 与同学分享梗概，根据反馈，对没写清楚的地方进行修改。

五、教学过程

（一）情境创设，学习要领

1. 了解学校读书节活动，交流：什么是梗概？一般在什么情况下写？

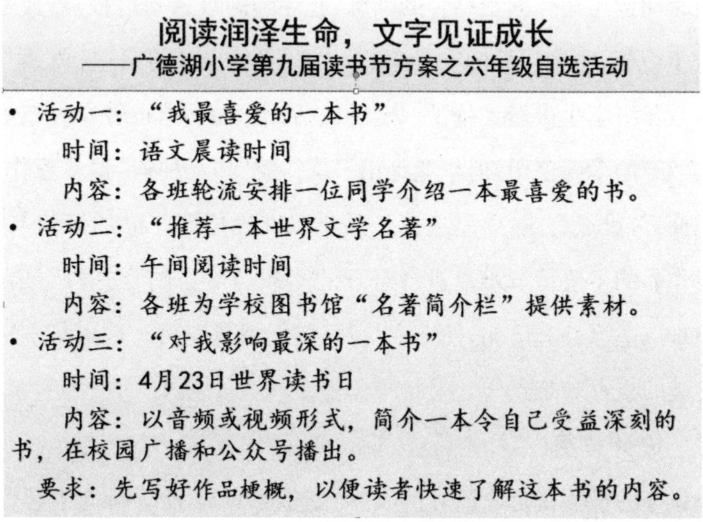

2. 阅读“习作提示”，思考并讨论：怎么写梗概？

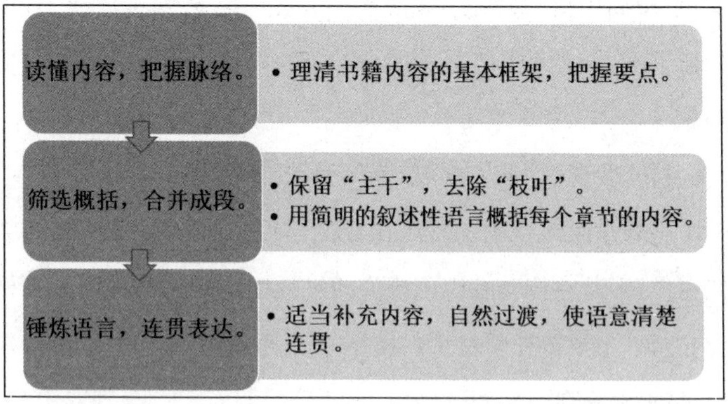

点拨：梗概篇幅短小、语言简练，无需细节描写，但应包含故事的六要素。写梗概的三步法是“理、筛、连”。课前绘制名著脉络图的过程就是“理”。

3. 重温名著脉络图，梳理要点，思考如何“筛、连”。

(二) 课文引路,写法探究

1. 自主比对《鲁滨逊漂流记》梗概的首尾和原著的描述,交流收获。

原著目录	原著的描述	梗概的叙述
第一章 矢志远航 …… 三万余字	我生于一六三二年,在约克市的一户好人家……除了航海以外,我对别的一概都不乐意干…… ……但是,我当时被厄运缠住了身子,一心只想往前闯,绝不回头,固执得什么也挡不住我…… ……但是,我不听理性的引导,而是受爱好的摆布,盲目地唯命是从,一个劲儿地干下去。于是,等到按照我同合伙人所谈定的那样,准备好海船,上好货,一切办妥当以后,我在一个不吉利的日子登上了船,那是在一六五一年九月一日……	从前,有一个叫鲁滨逊的英国人,他喜欢航海和冒险,到过世界上很多地方,碰到过许多危险,但他一点儿也不畏惧,希望走遍天涯海角。 一句话
第二章 荒岛生活 …… 一万余字	…… 我乘着这艘船,经过漫长的航行,在一六八七年六月十一日抵达离开了三十五年的英格兰。	…… 一句话
第三章 回归文明 ……	我踏上英格兰后,不管从哪个方面说,完全成了一个陌生人,好像这儿从来没有一个人认识我似的……	在荒岛上度过了二十八年后,鲁滨逊终于回到了英国。

预设:梗概开头用一句话概述人物信息,交代故事起因,结尾也十分简洁。

点拨:叙事类作品的梗概,首尾简单介绍起因和结果就可以了。

2. 聚焦《鲁滨逊漂流记》梗概和原著目录,同桌讨论:作者是怎么"筛"的?

预设:删减了第一、第三两章,选取了第二章中与主人公的命运和作品的中心密切相关的章节。

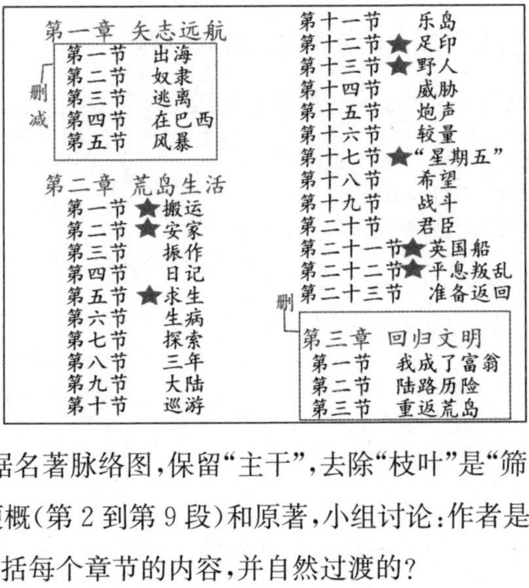

点拨:依据名著脉络图,保留"主干",去除"枝叶"是"筛"的基础。

3. 对比梗概(第 2 到第 9 段)和原著,小组讨论:作者是如何用简明的叙述性语言概括每个章节的内容,并自然过渡的?

预设：作者采用主人公“何时＋遇到问题＋采取行动＋相应结果”的结构概述主要章节的内容；用时间词、关联词和过渡句连接前后段落。

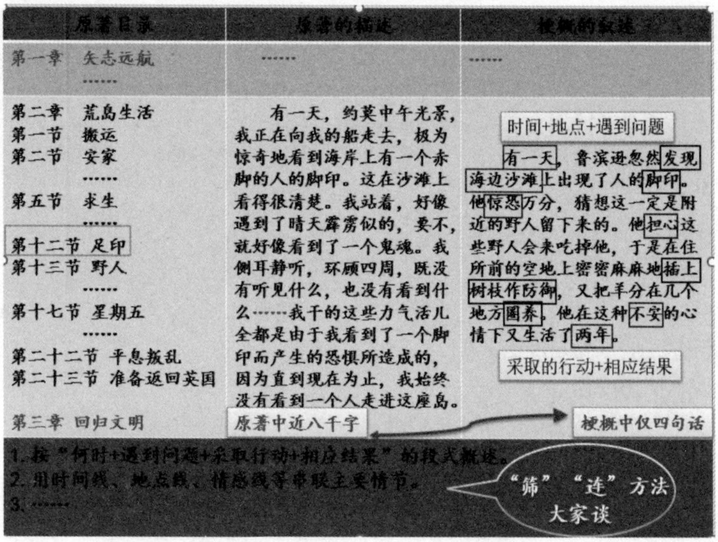

点拨：去粗取精，用简明的叙述性语言概述主要情节，这是“筛”的关键；前后呼应，用时间线、地点线和情感线等串联“主干”，这是“连”的方法。

（三）聚焦“主干”，习作实践

1. 选择最近读过的一本书，理清要点，提取主干。

2. 用简明的叙述性语言概述作品，力求语意连贯。

3. 把写好的梗概读给同学听，根据反馈修改习作。

（1）小组之间对照标准评价，反馈修改意见。

评价内容	自我评价	小组评价	反馈
理清作品基本框架，把握原著要点。 （把握主要人物、起因、经过和结果）	☆☆☆☆☆	☆☆☆☆☆	
保留原著主要情节，舍去次要情节。 （根据中心、人物特点选取主要情节）	☆☆☆☆☆	☆☆☆☆☆	
用简明的叙述性语言概括主要情节。 （如，何时何地、因何做什么、怎么样）	☆☆☆☆☆	☆☆☆☆☆	
过渡自然，情节连贯，语意清楚。 （抓时间、空间等顺序，用衔接句连接）	☆☆☆☆☆	☆☆☆☆☆	

（2）讨论：借鉴课文梗概的写法，这篇习作的主体部分还可以作哪些修改？

预设：作品要点齐全，不能遗漏；主要情节需要筛选与合并；用简明的叙述性语言概述，无需细节描述；段与段的连接力求自然，避免生硬……

（3）二度修改，展示集体评议前后的修改情况。

修改前	修改后
一群大雁飞过，家中的一只雄鹅莫顿想跟大雁们一起飞行。尼尔斯为了不让雄鹅飞走，紧紧抱住雄鹅的脖子。这时，雄鹅飞上了天空，把尼尔斯也带了上去。 当群雁知道尼尔斯是一个人后，它们很害怕。晚上，在它们睡觉的时候，尼尔斯从狐狸斯密尔那儿救回了群雁中的一只大雁，这才得到了群雁的接纳。 一天早上，狐狸斯密尔挑唆乌鸦群去劫持尼尔斯，帮助它们打开一个装有小银币的罐子。尼尔斯用身上的小刀脱离了危险。 有一次，因为受到渔夫枪声的惊吓，尼尔斯从鹅背上掉了下来，和雁群失散了。他被送到一个公园，恰巧发现阿卡的养子——老鹰高尔果被关在一个笼子里。尼尔斯用小刀锉开了笼子。高尔果带他回归雁群…… 尼尔斯跟着雁群遨游各地，变得聪明勇敢、自信善良……	一群大雁飞过，家中的一只雄鹅莫顿想跟大雁们一起飞行。尼尔斯为了不让雄鹅飞走，紧紧抱住雄鹅的脖子。这时，雄鹅飞上了天空，把尼尔斯也带了上去。 起初，群雁的头领阿卡对尼尔斯很反感，不愿意带他飞行。晚上，在它们睡觉的时候，尼尔斯从狐狸斯密尔那儿救回了群雁中的一只大雁，这才得到了群雁的接纳。但狐狸因为偷盗失败，很生气。 某一天早上，雁群们去库拉山参加一年一度的鹤之舞表演大会。尼尔斯欣赏了乌鸦的飞行舞、大松鸡的啼叫和马鹿的角斗、白鹤的表演。前来报复雁群、企图破坏表演大会的狐狸斯密尔受到了惩罚。为了报仇，斯密尔一直跟踪雁群，并企图伤害大雁，但每一次都是因为尼尔斯而无功而返。 一天早上，狐狸斯密尔挑唆乌鸦群去劫持尼尔斯，帮助它们打开一个装有小银币的罐子。尼尔斯用身上的小刀脱离了危险。在一家农舍，尼尔斯还满足了一头母牛的愿望。随后，他继续跟着雁群飞行。 有一次，因为受到渔夫枪声的惊吓，尼尔斯从鹅背上掉了下来，和雁群失散了。他被送到一个公园，恰巧发现阿卡的养子——老鹰高尔果被关在一个笼子里。尼尔斯用小刀锉开了笼子。高尔果带他回归雁群…… 尼尔斯跟着雁群遨游各地，变得聪明勇敢、自信善良……

点拨：要点清晰、连贯自然的梗概能激起没读过作品的读者的兴趣。

（四）评议修改，分享收获

1. 将梗概读给没看过原著的人听，看他是否明白大意，根据反馈作修改。

2. 小组推选佳作，向学校公众号、广播、图书馆、报刊投稿读书节作品。

3. 每位同学在课后誊写作品，总结写作经验，并在班级墙报中展示交流。

六、课后反思

小学生写作品梗概，难度比较大。为此，我试图创设交际语境，努力发挥应用文写作的语言交际功能，并以此为核心，让学生易于动笔，乐于分享。

（一）引入生活情境，明晰作品梗概的价值

本次习作教学实践恰逢2020年线上线下教学衔接之时，全班共读了《鲁滨逊漂流记》，选读了《汤姆·索亚历险记》《骑鹅旅行记》和《爱丽丝漫游奇境》。课前，学生都能以示意图的形式绘制作品脉络图，并作了交流和分享，这无疑为本次习作注入了源头活水。

我引入的读书节活动“我最喜爱的一本书”“推荐一本世界文学名著”“对我影响最深的一本书”，都要求“先写好作品梗概，以便读者快速了解这本书的内容”，这与教材的培养目标相吻合，与学生的能力发展相契合。交流中，学生发现：五年级学过缩写长文章，六年级学习写作品梗概，这是概括能力的升级；写作品梗概与读后感不一样，作文要根据实际要求来写。

（二）借用范例支架，掌握写作品梗概的方法

学生初次写梗概，离不开教材的引领。《鲁滨逊漂流记（节选）》的梗概堪称典范：以千字篇幅，浓缩了原著二十多万字的内容，且要点清晰、前后连贯。为落实统编教材“从读学写”理念，我积极引导学生基于阅读经验，探究写作要领。

经过小组合作交流，学生发现：课文梗概缩减了原著第一章，舍去了第三章，因为“这些不大要紧”；梗概中的五大情节（流落荒岛、建房定居、

驯养培育、救“星期五”、回到英国)正是小说第二章中最精彩的内容;梗概采用了主人公“何时+遇到问题+采取行动+相关结果”的结构来概述这些情节;梗概严格使用原著的时间词,还巧用关联词、过渡句、情绪词等连缀成文……我顺势总结提升:这些妙招都可以运用到此类作品的梗概写作中。

(三) 对照评改标准,亲历修改梗概的过程

如果说,发展学生习作能力的过程有如“雪中送炭”,那么,培养学生习作评价、修改作文的能力,则似“锦上添花”,同样需要教师“授人以渔”。我首先提供了适切的评价标准,实施有针对性的评改,保障习作教学目标的达成。其次是丰富评价主体和评价形式,凸显习作主体,让评改“看得见”:像课文一样,合并一些情节,用关联词、过渡句等连接前后内容。最后是提议每个学生在课后将作品梗概向学校公众号和校园广播投稿,从中体会应用文写作的价值,进一步激发学生的修改热情,领悟“佳作常自改中来”的真谛,实现自主修改。

回顾整堂课,我们从“为什么写”“怎么写”到“写得怎么样”,在言语交际活动中逐步培养学生习作能力,力求教得清晰、教得扎实。我坚信:“少成若天性,习惯成自然。”

七、学生习作

片段一:

《骑鹅旅行记》梗概(开头)

瑞典乡村有一个男孩尼尔斯,生性顽皮,专爱恶作剧。一天,他因捉弄小精灵而被变成了拇指大的小人,还能听懂动物的语言。为了不让家里的雄鹅跟着天上的大雁飞走,他抱紧雄鹅的脖子,不料被带上了高空。

片段二:

《骑鹅旅行记》梗概(结尾)

带领几只大雁回家时,雄鹅被尼尔斯的父母抓住。请求妈妈不要动手宰雄鹅的那一刻,尼尔斯如愿变成了人。他不再听得懂动物的语言,最终和雁群分别了。

例文：

《汤姆·索亚历险记》梗概

汤姆·索亚父母双亡，和波丽姨妈住在美国圣彼得堡小镇上。他顽皮好斗，不爱上学。乔·哈波和爱睡在空木桶的流浪汉哈克是他的两个朋友，他还喜欢女同学贝琪。

一次，汤姆产生了当海盗的念头。为了练胆，他和哈克半夜提着死猫去坟地听死人的说话声，却目睹了一起杀人凶案。来盗墓的印第安·乔杀了一个医生，却把杀人的刀塞在昏倒的同伙波特的手里，等波特醒过来时，错以为是自己杀了医生。因为害怕，汤姆和哈克发誓绝不把看到的一切说出去，要誓死保守秘密。波特被抓进监狱，汤姆和哈克没勇气说出真相，经常去安慰牢里的波特。

和贝琪闹了别扭后，汤姆和乔、哈克离家出走，扬帆起航，前往杰克逊岛去当海盗。他和伙伴们每天嬉戏打闹，在游戏和冒险中寻找自由，也曾在半夜回家时体会到姨妈的担心。星期日早上，镇上的人在教堂为他们举行葬礼，他们突然现身，人们大吃一惊。

谋杀案开审日，汤姆的良心和正义战胜了恐惧，出庭作证。波特重获自由，印第安·乔逃跑，汤姆和哈克每天提心吊胆。

一天，汤姆约了哈克去挖海盗留下的财宝，在鬼屋偶遇杀人凶手印第安·乔和一个陌生人，在恐慌中听到了一批财宝的线索，还发现印第安·乔藏身于二号客栈。

星期六晚上，在客栈守夜的哈克听到印第安·乔要伤害道格拉斯寡妇的消息，向附近的人报信，寡妇得救了。野餐的汤姆和贝琪却在山洞迷路了三天三夜，还在洞中看见了印第安·乔。汤姆牵着绑在石头上的风筝线探路，终于找到了出口，带贝琪回到了家。

恢复体力后的汤姆去看望贝琪，听说洞口被封了，他带着大家来到山洞，印第安·乔已经死了。他和哈克商量着再次进洞探险，真的挖到了印第安·乔的财宝。

面对重回空木桶的哈克，汤姆提出了新的历险计划。

六年级下册第三单元《习作:让真情自然流露》教学设计

浙江省宁波市海曙中心小学西校区　何慧儿

一、教材解读

六年级下册第三单元为习作单元。单元习作围绕“让真情自然流露”,引导学生写一件印象深刻的事,自然而然地流露自己真实的情感。

本单元语文要素是“体会文章是怎样表达情感的”,单元安排了两篇例文《别了,语文课》和《阳光的两种用法》,内容源于生活,情感表达真实自然,为学生习作提供了范例。《别了,语文课》借助具体事例写作者对“语文学习”的情感变化;《阳光的两种用法》描写“我家”和街坊毕大妈两家人,因为有了“老阳儿”,庸常、艰辛、琐碎的生活也变得温暖,变得有滋有味。两篇例文的旁批从不同角度提示如何表达真实情感:可以用具体事例,可以写内心独白,可以选择合适的材料,可以围绕一条主线等。

习作提示有两组共十四个表达情感体验的词语。一组词语表达的是积极的情感体验,一组表达的是消极的情感体验。这些词语激活了学生的体验,打开了写作思路。

教材编写为本次习作作了全程指导:写作前,根据自己选定的情感,选择合适的事例;写作中要求把事情写清楚,情感表达真实,如果情感有变化的,要把情感变化也写清楚;写完后,同学间交流、评价、修改。

二、学情分析

本次习作的要求是叙事。以往习作更多强调的是把事情写清楚、写具体,而如何在叙事中表达真实情感,在事情发展中写出情感的变化则是本次习作的重点,也是难点。

本次习作要引导学生关注随事情发展,情感变化的事例,并尝试运用融情于人、事、物、景的直接与间接抒情,借助内心独白表达心情等多种方法表达。这是学生此次写作新的提升点。

三、设计意图

文章最能打动人心的莫过于真实的情感。结合本次习作的要求,教学中重在落实选材与表达，激发学生写作兴趣，引导学生自然流露真情实感，并能清楚地表达情感的变化。

首先，以情境引发回忆，打开学生思路，交流中积累素材，对比中选择事例；其次，关注情感变化，通过绘制导图理清事情的变化过程；再次，借助课例引领，让学生重温情感表达的方法，合理地将直接抒情和间接抒情相结合；最后，从片段试写到谋篇布局，通过自评、他评、师评、生评等多种评改形式，调动学生参与写作的积极性，提升思维品质，锤炼语言表达。

四、教学目标

1. 激发学生表达内心想法的欲望。

2. 从生活中寻找真实的情感体验，学会表达真实情感。选择合适的事例，梳理事情过程中的情感变化。

3. 借助例文学习情感表达的方法，把印象深刻的内容写具体，把情感变化的经过写清楚。

五、教学过程

（一）创设情境，引发情感回忆

1. 观看小视频，感受屏幕里萌娃的快乐。

2. 揭题：让真情自然流露。

3. 引导：经历的一切，都会带给我们真实的情感体验，除了“快乐”还有什么？（出示词语，进行分类）

4. 读习作要求，明确任务。

5. 交流：哪次的情感体验给你留下了深刻印象？

（二）绘制导图，理清事件过程

1. 回顾“盼望”，感受心情变化。

（1）回顾上学期的课文《盼》：围绕课题“盼”，作者写了哪些内容？

小结：心情随着事件的发展，也会有很多变化。

出示《那个星期天》的板书，学生交流当时“我”心情变化的内容。

（2）思考：选材除了要注意情感变化外，还需注意什么呢？（出示《别了，语文课》中的第三个旁批）

小结：选择印象深刻、特别触动自己情感的事情。

2. 选择“典型”，梳理变化过程。

根据选定的印象深刻的那件事，画出这件事的经过和情感变化图。

独立完成后再同学交流。（板书“选材典型”）

（三）关注重点，表达情感变化

1. 关注重点，尝试练写。

（1）师：大家选择的事例中，哪一部分的内容你印象最深？在情感变化图中做好记号。

（2）师：怎样才能写好这部分呢？回看课前的小视频。（萌娃为了表达他的快乐兴奋，把爬、拍、笑融在了这些具体的举动、事例中）

出示课文语段，感受、交流作者心情：

这段时光不好挨。我踏着一块块方砖跳……院子很大，空空落落。

——《那个星期天》

我兴奋地仰起头，甩打着书包就大步跑进了楼门。

“妈妈！”我嚷着奔进厨房。

——《盼》

（3）板书“融情于事”，引导学生用上这样的表达方法，尝试写一个部分。

2. 分享交流，修改建议。

（1）展示片段，共同评议。

预设一：重点评议“融情于事”。

预设二：补充“融情于景”。（出示《那个星期天》《盼》语段）

小结：心情不同，对身边事物的感受也不同。把情感融入这些景物中。

预设三：补充“内心独白”。（出示《那个星期天》《别了，语文课》语段）

发现语段特点：是作者独自一人的所思所悟，表达的是内心世界。

（2）修改习作。

（四）分享交流，归纳整理成篇

1. 加上开头和结尾，完善其他部分内容，形成一篇完整的文章。

2. 出示评价标准，做到一条，打一颗星。

评价标准	星级别
表达一种情感	☆☆☆
选材典型	☆☆☆
融情于事	☆☆☆
融情于景	☆☆☆
内心独白	☆☆☆

3. 师生、生生打分，自主修改。

4. 小结归纳。

六、课后反思

情感是写作的动力和文章的生命。写作要选真事，表真情。教学中，努力开启学生思维，带动学生自然流露真情。

（一）创设情境，激发“真情”

写作需要生活，亲身体验、经历过的，才能写出真情实感。构思中，我鼓励学生从自己熟悉的生活中筛选素材，把“写什么”这个动笔前最烦恼的事变成快乐的事。课始，特意选择具有表现力、画面感十足的快乐萌娃视频，激发学生的写作兴趣和灵感。视频马上引起了学生的共鸣，他们打开了思路：终于赢得拔河比赛的兴奋；原本想在同学们面前炫玩魔方的技术，却意外失败感到尴尬；失约后的无比愧疚……

（二）借助支架，抒发“真情”

习作中最大的难题是写什么真情，怎么写真情。我们帮助学生搭建支架，习得方法，自然流露“真情”。支架有：

1. 导图。习作中，思维导图对提高写作水平有着重要的意义。明确选材要求后，让学生根据自己选定的印象深刻的那件事，试着画画这件事的经过和情感变化导图。学生的思考过程也构成了习作的框架。

2. 示例。例文在形式、内容上引起学生的共鸣，帮助学生循序渐进地搭建起自己的思路框架和语言构架。为了习得“真情自然流露”的方法，联系精读课文、习作例文，感受“情以物迁，辞以情发”，明白写文章要抒发自己的情感。写作中，可以直接抒发情感，也可把情感融入具体的人、事、物、景中，在叙述中自然流露。在指导讲评中有效引用了例文的片段，让学生在读悟中模仿练写。

（三）交流分享，传递“真情”

写完作文后交流讲评，既是习作指导的延伸，也是习作中取长补短、相互促进、小结提升的过程。叶圣陶说：“教是为了不教。”

课中围绕“叙事”“抒情”的表达方法，设计评价标准，多次安排交流，通过师生评、生生评、个人修改、共同评议等多种评改形式，让每个学生参与评改，有所发现，有所感悟，有所改变，做到真情自然流露，习得写作技巧。

一学生在《忙碌的一天》中写道：

写完作业，已是八点多了。我收拾好书包，躺进柔软的被窝里，进入了甜蜜的梦乡。养足精神，就能够以更好的状态去迎接、去挑战忙碌而又充实的新的一天。

作文自然而然地结尾，写到了要去迎接“忙碌而又充实的新的一天”。心愿美好，但真情表达不足。学习“融情于景”的抒情方法后，学生进行了修改，借美好的夜色表达忙碌之后的充实与满足之情。以下为修改后的作文结尾：

等到作业完成，窗外早已一片漆黑。不知什么时候，一轮圆月已爬上树梢，皎洁的月光洒进窗户，照亮了房间的一角。我透过窗户凝望夜空，一颗，两颗……星星点点，照亮了夜空，恍然间，也照亮了我的心窝。忙碌之后的疲惫让我沉沉睡去，睡梦中感到丝丝甜味，或是满足，或是欣慰，或是新的憧憬……

一学生在《炫魔方》习作中写道：

“用不着了！”我轻笑道。二话不说，我飞快地扭动着手中的魔方。

句中一个动作，只展现了作者玩魔方时的熟练，但与题目中的“炫”还有距离。通过对例文“运用内心独白”方法的学习，学生尝试把自己的想法直接表达出来，让情绪自然流露。以下为修改后的片段：

“用不着了！”我轻笑道。呵呵，就你这些小“伎俩”，还敢在我面前卖弄，还需要你拼好给我玩？真是笑话！上次班级比赛，我因病假没能参加，才让你躲过了一劫。哼！今天是时候展现我的实力了，让你瞧瞧我的厉害！二话不说，我飞快地转动起手中的魔方。

此外通过《阳光的两种用法》的学习，一学生尝试在文中反复提到“柠檬水”，贯穿起全文的情感脉络。以下为几处写“柠檬水”的片段：

杯子里的水不满，一片薄薄的柠檬片飘在上面，淡淡的清香让我原本就干的嗓子似乎着了火，烧得发干。

一转身的工夫，水杯已经“跑”到了弟弟的嘴边，杯子斜着，水流着，那片柠檬无情地撞向弟弟的嘴角。

杯子静静地立在我面前，那片柠檬因刚才的晃动，在水面上忽上忽下，似乎被赋予了新的活力，再加上一小片薄荷叶的点缀，好看极了。我轻轻喝了一口，凉爽一下子沁到了我的心里。

修改中，小作者们综合运用情感表达的方法，有的把情感直接说出来，有的把情感融入对事物、景物的叙写中，有的把情感融入对人物外貌、语言、心理、动作等的描写中。随着事情的变化，字里行间自然流露着情感变化。文字中饱含的真情真意也打动着每一位读者的心。

七、学生习作片段

片段一：

“用不着了！”我轻笑道。呵呵，就你这些小“伎俩”，还敢在我面前卖弄，还需要你拼好给我玩？真是笑话！上次班级比赛，我因病假没能参加，才让你躲过了一劫。哼！今天是时候展现我的实力了，让你瞧瞧我的厉害！二话不说，我飞快地转动起手中的魔方。

魔方涡轮般飞转起来，发出咔咔的响声，如同一曲带有节奏的音乐，在我的手中流利地演绎着。同学们不约而同地发出一阵惊呼，我用余光瞟了一眼他们，嘴角微微上扬。我熟练地转动着魔方，好像一位魔术师，不断变换着手中的动作，为同学们奉献着一出美妙绝伦的表演。我的手腕不断地扭动着，手指灵活地把控着。随着魔方六面的颜色不断变幻，整齐的画面初见雏形。我专注地盯着魔方，不断地将脑中的公式转换为手中的动作。最后一下转动后，随着一声清脆的响声，原先杂乱无章的颜色在我的手中片刻间变成了规规整整的六面。抬头瞬间，才发现我已成为同学们关注的焦点，周围一片欢呼声。

片段二：

“对不起，刚刚那件事是我做错了。”他低下头，把茶杯放在茶几上，“这杯柠檬水赔给你，我尝过了，挺甜的……我们和好吧！”

我惊讶地看着他，好久才挤出了两个字：“好吧！”

弟弟一听，破涕为笑。阳光照在他的脸上，他的笑容更灿烂了，连那颗小虎牙也变得更萌了。

杯子静静地立在我面前，那片柠檬因刚才的晃动，在水面上忽上忽下，似乎被赋予了新的活力，再加上一小片薄荷叶的点缀，好看极了。我轻轻喝上了一口，凉爽一下子沁到了我的心里。

我有些后悔，之前真不该那样评价弟弟。我扭头悄悄拭去眼角的泪水，故意向弟弟埋怨道：“都怪你，把柠檬水弄得那么甜！”

六年级下册《综合性学习：难忘小学生活》教学设计

浙江省宁波市海曙区镇明中心小学　李慧琼

一、教材解读

“依依惜别”是统编教材六年级下册综合性学习单元中的第二部分活动，包含了“举办毕业联欢会”和“给老师和同学写信”两项学习内容，分别从集体活动和个人活动两个角度为学生提供了表达惜别之情的平台。对毕业班学生而言，这样的内容安排是基于真实交际需求的。

本单元的语文要素是“运用学过的方法整理材料”“策划简单的校园活动，学写策划书”。围绕单元语文要素，开展这两项学习活动时，一方面需要合理、充分地运用教材资源：“策划书”这一应用文体是学生第一次在教材中接触，教学时要引导学生关注教材中展示的“毕业联欢会活动策划书”，了解策划书的基本格式，以及“泡泡语”提示的撰写注意点；“给老师和同学写信”这一板块，教材提供了四份“阅读材料”，运用诗歌、演讲、书信、赠言等形式为写毕业演讲、毕业赠言、毕业书信等提供了样例和参考。

另一方面,作为综合实践活动,要特别重视让学生在真实的交际情境中开展学习:策划书的撰写是为"举办毕业联欢会"这一实际需求服务的,给老师同学写信是为表达情感服务的。

二、学情分析

本单元是小学语文教材的最后一个单元,在方法上整合了小学阶段各项语文知识和能力的要求,在活动内容上与学生的生活联系紧密。在即将告别自己的童年时代,开始迈入新的学习生活阶段这样一个重要的时间点,学生对老师、对同学、对母校、对自己都有很多话想说。笔者与班级学生交流时,发现几乎所有的学生都期待能够在毕业前举办一场毕业联欢会,为自己的小学生活画上一个圆满的句号。基于这样的学情,开展"策划毕业联欢会""写信赠别"活动符合学生内心的愿望。

毕业班学生已经开展过"诗歌朗诵会""趣味汉字交流会"等综合性学习活动,因此在制定活动计划、筹备活动、开展活动等方面已经具备一些经验。四年级上册学过的"写信"也为此次综合性学习作了铺垫。

三、设计意图

综合性学习重在学生的实践与体验,旨在让学生通过全体参与、全程参与,综合运用语文知识与技能,习得方法,提升能力。

在设计教学时,我特别重视让全体学生在真实的情境中设计、参与,让学生明确:两次活动都有具体明确的内容和目的——为了举办毕业联欢会而撰写活动策划书,为了将内心对同学、老师的情感真实地表达出来而写信、读信。唯有在真实的学习需求驱动下,学生才能积极参与到活动中来。

同时,要保证学生的学习主体地位。通过合作学习,学生能够在学习小组中充分表达自己的想法,也能从他人的发言中获得启发,实现同伴互助,共同进步。在全班交流中,借助分享、比较等方式,让学生充分地参与,在讨论、交流、展示的过程中获得学习能力的提升和发展。

作为语文综合性学习,我们力求凸显浓厚的"语文味"。在开展这两项学习活动时,教学的重点在于引导学生习得、运用语文知识与能力,知道如何撰写一份清晰、明白、可以操作的策划书,如何在写赠别书信时,更准确地表达自己的情感。

四、教学目标

1. 通过自主学习教材范例,了解“策划书”的基本样式。

2. 通过小组讨论、比较、交流、展示等方式,学写策划书,做到符合主题,分工明确,活动流程清楚。

3. 通过学习阅读材料,尝试在毕业书信中表达依依惜别之情。

五、教学过程

第一课时　毕业联欢会活动策划书

(一) 回顾小学生活,激发策划活动的欲望

1. 回顾前一项活动。

师:在前一次活动中,我们回顾了六年的小学生活,制作了成长纪念册。时间飞逝,很快我们就要分别,我们都希望在毕业前夕举行一场毕业联欢会,给我们的小学生活画上圆满的句号。

2. 激发策划活动的欲望。

师:课前各个小组已经在班级收集了许多联欢会的节目。是不是有了这些节目,我们的毕业联欢会就能够顺利地开展了呢? 这节课我们就一起来策划一下怎样举办毕业联欢会,学习如何撰写活动策划书。

(二) 借助范例,了解策划书格式

1. 阅读课本中的“毕业联欢会活动策划书”范例,请学生说说自己的发现。

预设:

(1) 内容包含:活动名称、活动目的、活动时间、活动地点、活动分工、活动流程(含节目单)。

(2) 活动分工包括:节目统筹、会场布置、道具准备、主持与串词撰写、秩序维护、场地清洁、活动报道等。

(3) 撰写时要注意:分工职责要明确,活动流程要清楚。

2. 小结:策划书以条目式撰写,语言表达要简洁,内容呈现要清晰,分工职责要明确。

(三) 小组合作,学写活动策划书

1. 小组合作,尝试撰写“毕业联欢会活动策划书”,完成学习单。

2. 投影展示小组撰写的策划书，讨论是否符合策划书撰写的要求。

（1）小结学生的讨论，明确策划书撰写要点：

① 活动名称既要体现活动目的，也要有吸引力。

② 活动地点要选择适合的地方。

③ 活动分工可以根据实际需求，补充或删减岗位。如：可以增设“导演”“联络员”等岗位。

④ 活动流程顺序要清晰，环节可以根据实际情况适当增减。如：可增加“老师致辞”“父母致辞”“颁发毕业证书”等环节。

（2）指导节目单编制。

① 投影展示一份节目内容较少的节目单，请学生评价。

在学生交流的基础上，教师小结：节目单内容要丰富，一般安排十个左右的节目为宜。

② 邀请几个小组展示自己编制的节目单，重点介绍本小组节目单编制的亮点。

明确编制一份优秀的节目单需要考虑以下几点：

a. 根据节目内容，确定节目顺序；

b. 节目形式要多样；

c. 节目安排要动静结合；

d. 节目表演过程要活泼，可以穿插小游戏，实现台上台下互动；

……

3. 根据刚才的学习，小组内再次讨论，修改策划书。

（四）比较修改，形成“最佳策划方案”

1. 教师将每个小组修改后的“毕业联欢会策划书”复印，分发给各个小组，请每组讨论推选出一份“最佳策划方案”。

2. 汇总选票，选出班级“最佳策划方案”。

3. 请学生介绍自己小组选择这一方案的理由。

4. 小组讨论：综合其他小组策划书的优点，给“最佳策划方案”提出修改和完善建议。

5. 全班交流，形成班级策划书，并在教室张贴，供全班同学随时查阅。

（五）活动小结，活动延伸

1. 教师借助板书，小结撰写活动策划书的要点。

2. 明确下阶段综合性学习活动要求：对照策划书，每个人确定自己的职责，开始筹备毕业联欢会。

第二课时　写信

（一）创设情境，明确任务

1. 学习回顾，继续话题。

师：时光飞逝，一转眼我们已经是毕业班的学生了。回忆六年的小学生活，你最不舍的是谁呢？

2. 明确本课学习任务。

师：在毕业之际，你一定有很多话想说，我们可以用什么方式来表达呢？（板书：写信）

（二）明确内容，尝试学写赠别书信

1. 师：作为赠别的书信，你觉得可以包含哪些内容呢？

学生交流，教师相机板书：感恩之情、不舍之情、祝福之意、中肯建议……

2. 师：你想给谁写一写赠别书信呢？

学生交流，明确写信对象：老师、同学、母校、自己……

3. 师：把你想要说的话，用书信的形式在学习单上写一写。

（三）交流评议，明确写信的基本要求

1. 投影展示学生书信，学生在比较评议中习得方法。

关注书信的格式：

（1）展示一封书信，学生快速浏览，关注格式。

（2）在交流的基础上，学生复习巩固书信格式。

关注书信的内容：

（1）投影展示一封书信，请学生进行评价。

预设：内容具体，有真情实感，语言亲切。

（2）思考如何才能够把内容写具体，表达出写信人的真情实感。

仔细阅读书哲同学给老师的一封信，思考书哲同学是怎样把信的内容写清楚、写具体，同时又表达出自己的真情实感的。

• 回忆往事，把内容写具体。

① 学生交流：书哲同学回忆了六年生活中的三件往事，表达对老师的感激与不舍之情。（板书：回忆往事）

② 配乐展示微课，学生回忆六年间发生的动情难忘的事情。

③ 引导：回忆了那么多感人的往事，在写信时可以选择哪些写进去？

④ 师生交流碰撞并小结：印象最深、动情难忘。

• 按照顺序写，条理要清楚，语言要亲切。

① 书哲同学把三件事情按照时间顺序记录下来。

② 在学生交流的基础上，教师小结：清晰地记得所写的事情发生的时间，按顺序把事情写下来，做到条理清楚，语言亲切。

关注书信的卷面，做到整洁美观。

2. 学生修改自己的书信。

（四）互赠书信，实现现场交际

1. 交际展示。

（1）请一位同学朗读并赠送书信。

（2）请收信的同学说说收到书信后的感想。

2. 互赠书信。

（1）教师播放音乐，学生将书信送给自己想要送的同学或老师，并且深情地读给对方听一听。如果是写给自己的，也请深情地读给自己听。同时也请收到信的同学把自己的感受说给对方听。

（2）写信给不在现场的老师或者写信给学校的同学，可以课后将信送到相关老师手中。

（五）拓展延伸，总结活动

1. 教师借助板书总结。

2. 教师出示写给全班同学的一封信，为学生送上美好的祝福。

3. 课外延伸：要向同学、老师等表达情感，除了写信，还有很多方式，如写毕业赠言等，有兴趣的同学课后可以写一写。

板书设计：

写信

内容具体 真情实感 —— 回忆往事 / 印象最深 / 有序、亲切

感恩之情
不舍之情
祝福之意
中肯建议

六、课后反思

（一）依据学情，创设情境

综合性学习重视学生的实践活动，只有在真实的情境中，活动才会显得有意义。教师不但要努力营造民主、和谐、融洽的实践氛围，还需要创设一个真实的活动情境。

学生即将毕业，对母校、对同学、对老师自然会生出不舍之情，他们也迫切希望在毕业前夕能够举办一场毕业联欢会，以正式告别自己的小学生涯。基于这样的学情，在设计这两堂课时，教师力求让“真实的交际需求”贯穿始终，让学习成为满足学生需求的过程，进而激发了他们参与活动的积极性。

在课前，教师了解到学生想要举办联欢会的心愿，就让同学之间相互收集联欢会的节目内容和素材。学生兴致高涨，班级里形成了浓厚的交际氛围，既调动起了学生学习的兴趣，也为课堂学习做了充分的准备。

课堂上，当学生修改完自己的书信时，教师请学生将书信读给收信人听，并请收信人说说收到信后的感想。写信是一种交际活动，写信的目的是为了让对方更好地体会到自己的情感。开展现场交际，可以让学生更加真实地参与到学习中，彼此分享，促进交流。

课后，教师请学生对照策划书，确定自己的职责，开始筹备毕业联欢会。这就使“学写策划书”这一活动与现实需求紧密结合，做到人人有任务，人人有收获。

（二）小组合作，追求深度

小组合作能够最大程度地实现学生之间的交往，在同伴互助中，学生相互交流、讨论，不断优化自己的学习思路。

例如，在小组合作撰写活动策划书这一学习环节中，教师和学生一起

讨论，明确了小组合作的学习步骤：组内讨论—合作撰写—提出修改。通过组内讨论，每位学生充分发表自己的建议，同时听取其他同学的发言，在表达与倾听中，实现思维的碰撞，优化自己的学习思路与学习成果。合作撰写策划书则是一个学习整合的过程，每位学生要充分进行批判性思考，合理取舍，去粗存精，实现方案的最优化。最后的修改需要学生整体思考整份策划书，他们需要把个人的意见与学习成果进行综合思考和交流。这样，学生在讨论、交流中，逐步把活动引向深入。

“撰写活动策划书”这一课结束后，学生根据班级的“最佳策划方案”，又将组成新的合作小组，按照策划书中的分工要求，合作筹办班级毕业联欢会。他们需要将课堂上学过的合作方法、合作要点运用到课后的实践中去，这是对课堂教学内容的延伸拓展和再应用。学生的交际能力、实践能力在一次又一次的合作中不断得到锻炼和提升。

（三）个性评价，提升质量

学生在学习中出现的问题既有共性，又有个性。将学生的问题作为学习的契机，借助个性化的评价，能够帮助学生突破习作中的难点，激发表达的动力。同时，评价的对象也应该是多元的。作为以学生为主体的实践活动，需要有教师的评价，更需要有学生之间的相互评价，这样的评价不但能够解决学生切实存在的问题，同时也是一种学习的过程。

“撰写活动策划书”的课堂上，通过比较两个小组撰写的策划书，呈现学生的真实问题，引导学生发现同伴作品中值得学习的地方，进而提炼出写策划书的一些要点：活动名称既要体现活动目的，也要有吸引力；活动分工可根据实际需求补充或删减岗位；活动流程顺序要清晰，环节可以根据实际情况适当增减等。有了真实问题的呈现，同伴互助的作用就更加重要。通过这样真实的评价，学生不但学到了知识，也明白了在遇到问题时，与同学探讨能够获得很大的收获，这是一种很宝贵的学习品质。

在“写信”课堂上呈现一位同学的书信，请学生来评价，进而发现大部分学生写赠别书信时会出现的一个问题——内容空洞而导致情感表达不够真切。之后，教师借助教材中的范例，引导学生去发现解决之法。带着需求的互读，使“依依惜别”的学习主题更加明确，活动的效果可见可测。

七、学生习作

给母校的一封信

亲爱的镇明中心小学：

您好！

这是我在母校的最后一年。漫步于书声琅琅的校园中，仰望着那鲜艳的五星红旗，六年的镇小生活就如一条快乐的清流，流淌在我的心间。初春，寒意还未散去，可我那颗心仍如暖阳般温暖。想着即将告别相依数年的母校，欣然提笔，书写我的所思所念。

2015年9月，沐浴着秋日的暖阳，我第一次走进了镇小的校园。大队长姐姐牵着我的手，带着我走在通往教室的道路上。宽大的操场，高高的教学楼，还有鲜红的五星红旗，这一切对于我来说都是那么新奇。我一下子就喜欢上了这个我将学习生活六年的校园。

忘不了入队仪式时，当五年级的大哥哥把鲜艳的红领巾挂上我的脖子时，我内心的激动与澎湃。那时的我暗下决心，一定要好好学习，成为一名优秀的少先队员。在这里，我学会了什么叫进取。

忘不了三年级的拔河赛场上，我们十个同学虽然涨红了脸，磨破了手，但是没有人放弃。场下的啦啦队也扯开嗓门为我们加油，连平时温柔的老师此时也毫不顾忌形象地挥拳呐喊。在大家的齐心协力下，红绳终于慢慢地移向了我们。赛后，我们拥抱在一起，尽情享受胜利的喜悦。在这里，我学会了什么叫团结。

忘不了六年级的新年活动，我们满操场地跑，参加脑科学游园活动。精彩的活动项目令我们流连忘返。下午的义卖会，我们献出了爱心，也买到了各自心仪的物品。学校用我们的义卖款为贵州贫困地区的孩子买了画笔，实现了他们的五彩梦。在这里，我学会了什么叫奉献。

学生的成长离不开老师们的辛勤付出。他们以声情并茂的语言、活灵活现的课堂、深入浅出的教导陪伴我们成长，用白粉笔与大黑板描绘出一道令莘莘学子心驰神往的风景线。在老师的哺育下，我们如向日葵般尽情沐浴于温暖的阳光下，生根发芽，茁壮成长。

在这即将离别的时刻，许多美好的回忆与难忘的往事浮现心中，千言万语皆化作对您的衷心祝福。

祝您

再续华章，永创辉煌！

604 班　刘梓歆

2021 年 1 月 30 日

毕业联欢会策划书

活动名称　“感恩母校，梦想启航”——镇明中心小学 604 班毕业联欢会

活动目的　时光荏苒，在即将告别母校之际，为了表达对老师和同学的感恩之情，特地策划了这场毕业联欢会。暂时的离别是为了更好的相聚，让我们一起放飞梦想，信心百倍地走向新的征程。

活动时间　7 月 1 日

活动地点　华琴体艺馆

活动分工　总导演：刘姿含

节目统筹：刘姿含、贺梓涵

会场布置：马雨欣、蔡昱琳、张若寒、余钊炀、邬宸锴

道具准备：史佳熙、刘梓歆、范宇翔、隋鹏昊

主持与串词撰写：刘梓歆、马雨欣、孙嘉瑜、余钊炀

秩序维护：陈其然、唐一诺、潘俏霖、邵立仁

场地清洁：张馨艺、周泉、王嘉瑞、孔梓铭

活动报道：刘梓歆

拍照：蔡昱琳

联络员：贺梓涵

活动流程

第一篇章　追忆往昔

在电脑屏幕上滚动播放老师和同学的珍贵老照片，以及同学们在母校学习、生活的精彩视频，渲染气氛，唤起同学们对六年校园生活的美好回忆，从而深深体会恩师爱、同学情。

节目表演。

第二篇章　感恩母校

学生代表发言，激情昂扬地表达对母校的热爱，对老师的感恩和对同学的感谢。

学生代表给任课老师献花，跟他们拥抱，并讲一句最想对老师说的话。千言万语汇成一句话，浓浓的师生情令人热泪盈眶。

节目表演。

第三篇章　放飞梦想

班主任发言，激励同学们为了更美好的明天奋力拼搏，永不言弃。

校长寄语，表达对同学们无限的祝福和殷切的期望。

颁发毕业证书

节目表演。

节　目　单

第一篇章　追忆往昔

童年(歌舞表演)

欢声笑语(小品)

上课(相声)

成语接龙(游戏)

第二篇章　感恩母校

You Raise Me Up (歌曲合唱)

师恩难忘(集体诗朗诵)

烛光里的妈妈(钢琴独奏)

校园(三句半)

第三篇章　放飞梦想

少年中国说(配乐诗朗诵)

怒放的生命(歌曲)